为跑偏的教育

张冠秀 / 著

一度角

知识产权出版社

全国百佳图书出版单位

图书在版编目（CIP）数据

为跑偏的教育转一度角 / 张冠秀著. — 北京：知
识产权出版社，2015.6
　ISBN 978-7-5130-3568-2

Ⅰ.①为… Ⅱ.①张… Ⅲ.①教学研究—初中 Ⅳ.
①G632.0

中国版本图书馆CIP数据核字（2015）第130876号

内容提要

本书作者是一位资深的地理老师，她总结了多年的教学经验，逐步形成了"大地理"教育理念，呼吁改变"唯分数论"的教育考核标准，倡导学生走出教室，走进实践这一广阔的"第二课堂"。

通过践行"大地理"教育，实现了让学生在快乐中求学，全方位发展并终身成长的目标。在她课堂上的学生，既乐意积极主动地学习，又能得到语言表达、组织协调、通力合作等能力的锻炼。她的教学理念既有创新的一面，又与传统教育有相通之处，不仅值得学校教育者借鉴学习，对广大家长也有很高的参考价值。

责任编辑：卢媛媛

为跑偏的教育转一度角
WEI PAOPIAN DE JIAOYU ZHUAN YIDUJIAO

张冠秀　著

出版发行	知识产权出版社有限责任公司	网　址：http://www.ipph.cn
电　话：010-82004826		http://www.laichushu.com
社　址：北京市海淀区马甸南村1号		邮　编：100088
责编电话：010-82000860转8597		责编邮箱：31964590@qq.com
发行电话：010-82000860转8101 / 8029		发行传真：010-82000893 / 82003279
印　刷：三河市国英印务有限公司		经　销：各大网上书店、新华书店及相关专业书店
开　本：720mm×1000mm　1/16		印　张：19.5
版　次：2015年7月第1版		印　次：2015年7月第1次印刷
字　数：234千字		定　价：37.50元

ISBN 978-7-5130-3568-2

谨以此书献给孩子们，

献给那段疾驰的岁月，

和所有支持我这个草根老师绿色教育活动的朋友，

以及正在为梦想打拼的您！

▲　张冠秀老师(最右)和孩子们在一起

前　言

//

　　一种别人眼中另类的"大地理"教育思想用 10 个 365 天来实践，一段真诚的绿色教育故事用数不清的欢乐和泪水来采撷，一本生命之约用 130 多个孩子的成长留言来承载——这就是作者对本书的心灵诠释。是的，总有一种感动让你铭记一生。

　　一个相信读书能启迪智慧的人，希望自己的孩子们学会阅读与写作，从而更好地服务于社会；一个因演讲、节目主持等活动受益的人，希望自己的孩子们拥有一定的艺术素养，而且能言善辩，大方自信地站在人生舞台上；一个有心中盈爱的人，希望自己的孩子们能传递人间正能量；一个热衷公益实践活动的人，希望孩子们能从理念到实践，从书本到生活，描绘自己的青春梦想。事实上，学校教育是为了让孩子更好地走向社会，我们的教育不仅仅需要课本上固守的文字，更需要贴近生活的实践教育活动。

就当前教育现状而言，倡议"绿色教育"的呼声似乎不少，但是具体实践的并不多，很明显，我们的教育仍然面临着极其艰难的挑战。一个底层的草根女地理老师，多年来跟孩子们实践教育行动，其境况可想而知，但她仍然带领孩子们默默地感染了很多人。经历了几番风雨几轮曲折的"大地理"教育模式终于在学校、家长、社会的支持下变得日渐圆润与成熟。

这是一组真实的爱的教育镜头，每一个活动情节都浸透着作者和孩子们的成长和追求；这是一段纯真的师生情谊，每一篇心灵感悟都饱含着作者和孩子们的快乐与收获。她说："假如'教育'是我的躯体，'活动'就是我的血液，离开了血液的躯体，我的'大地理'教育生命将会是一具空壳。"

期待更多的志愿者参与进来，一起帮助孩子们健康成长！

期待我们共同进步，用宽容和尊重，用微笑和阳光去迎接孩子们的精彩未来！

代 序：
野百合也有春天

张
冠
秀

无论如何，这本师生成长记录要送出去了！

当我摩挲着储存多年的沉甸甸的回忆，欣喜之余总有一丝丝酸楚，不知道这份粗拙的笔记会不会给孩子们的成长带来或多或少的鼓励，也不知道它能不能给自己心中所谓的教育一个或多或少的交代。

出这本书，是想完成一个心愿：珍藏和分享一个草根老师和孩子们之间的绿色教育故事，书中记录了十年来孩子们与我一起经历的精彩瞬间。直到定稿，还有些顾虑，因为据我了解，大凡著书的人都硕果累累且是名家，而我呢？我只是一名对教育产生了一点点思考并全身心付诸实践和探索，想为跑偏的教育转一度角（意识或理想），固执地跟孩子们走过一段心路的草根地理老师，有什么可以跟大家炫耀的呢？但心底却总有一种强烈的声音要我去表达，在决定做与不做的踌躇满怀之际，几乎日夜不寐。我的柔弱的心在痛苦地挣扎，往事在脑海中不停地翻滚，太多太多的纠结让我昏昏沉沉，竟像狂风暴雨后的孤零落叶一样残软无力。也许，是自己不会遗忘，抑或不想遗忘，只想永远锁定与孩子们一起的快乐时光！

一个没有取得任何成绩的人，一个没有多少文字基础的人，却想出版这本书，我曾不止一次地质疑自己——能坚持下来吗？还好，已有很多朋友帮我擎起了支持的大伞。似乎，我心中的教育生命只为一句话而生机勃勃：不要紧紧勒住孩子们的肉体死抠分数，他们是有灵魂的人！我喜欢怀特海的"学生是有血有肉的人，教育的目的是为了激发和引导他们的自我发展之路"，我赞同泰戈尔的"教育的目的应当是向人传送生命的气息"，我欣赏李希贵"为了自由呼吸的教育"而奋斗的精神。

一个普通的地理老师，做的是微不足道的绿色公益教育，不为别的，只想在课堂上，看到孩子们阳光的笑脸，听到孩子们响亮的声音；只想让孩子们在户外实践活动中体验什么快乐，什么是生活，什么是学习的情趣；只想帮孩子们拥有出色的演讲能力和对事物的辩证分析能力；只想给孩子们创造快乐成长的机会，提高互助合作实践和写作能力，为孩子们一生的发展奠基；只想让孩子们在环境不断恶化的今天懂得对自然的尊重和对生命的珍惜……因为，我认为孩子的一生最重要的是拥有健全的人格，懂得感恩，勇担责任，学会生存，而这些比学习死板的知识更重要。在活动中获得学习的乐趣，激励孩子们自我发展，是我的绿色教育思想的全部。

参加工作至今已20年有余，如今，随着年龄的增加，身体状况大不如前，记忆力急速下降，很多时候说过做过的事情一秒钟就会忘记，疾病和衰老随时不请自来。不是开玩笑，趁着生命还在延续，追梦的精神仍在，尝试做些语丝记录吧。整本书没有文笔，没有煽情，没有高深的理论综述，只有多年来真实的点滴记录，谨为一直活跃在心头的、所谓基层教育工作者的一丝宁静，几缕回忆，或是想追寻所谓的积极人生之梦而作吧。

简单做人，认真做事，无愧教育，无愧我心。

感谢打击我的人，让我学会坚强；感谢帮助我的人，让我感受善良。对于任何质疑，我不会去争论，谨让孩子们10年来的健康成长说明一切。如果有人问我什么是教育，我真的不懂，我仅是在知识海洋的岸边偶尔捡拾几个漂亮的贝壳，用心呵护着，将这原生态的美印在心底的旅者；我仅是在所谓的教育长河中和孩子们一起欢快嬉戏的一条小鱼；我仅是领着一群小"绿鸽"自由飞翔在碧空蓝天的大鸟……

孩子们是我的爱，孩子们成长的足迹永远烙印在我的心海。

回忆，总有一种幸福的滋味弥漫在心头，它为我催开前进的风帆；回忆，总有丝丝的无奈涌入眼底，无论怎样用力，也不能熨平那曾经的波澜；回忆就是一首歌，用步履艰难的拓荒者颤抖的音符，谱写着一段青春摇摆的生命……

喜欢诗意的四月，喜欢鲜花怒放的猛烈，因为自然界有了各种各样的花，才增添了我们生命的充盈和完满。庭院里的娇花有绽放的喜悦，公园里的观赏花有盛开的迷离，山谷里的野百合一样有春天。我始终坚信！

2014年4月

目 录
CONTENTS

起航的风帆

形单影只

第一部分

怀揣傻傻的梦想

蹒跚在教书育人的路上

绿色思想的潮水

如奔涌的河海激流涌荡，然而

前进的路上形单影只

冷讽热嘲钻透我的脊梁

不解的目光，如剑一样刺进我的胸膛

我在黑夜的水中战栗

谁能与我扁舟共度

让征途不再迷茫

凝望星空的闪烁点点

哪一颗才是我期盼的馨园

徘徊，犹豫，挫伤了我的双眼

胆小，怯弱，绑住了我的双桨

尽管如此，心底仍有

无数个怯怯的声音在颤抖——去吧

哪怕追寻半米阳光

也要展望未来，只为

孩子们的成长多一丝健康

无论波涛还是漩涡

只要前方有爱的召唤

我便义无反顾地选择起航

第一章　懵懂教学

　　1994年7月，刚满二十岁的我赶上教育政策的第一轮聘任制，被双向选择后分配到家乡的中心初中任教。起初，我对教师工作基本没有什么概念，完全尊重分配。于是一个傻乎乎的活跃分子，一头扎根在家乡教育的这块热土上。

　　乡镇十年，是我最青春朝气的时候，从懵懂少女到成家有子，有太多值得留恋的事情。而今，在这个生机勃勃的四月，我慢慢打开曾经的生活收藏夹，咀嚼着十年乡镇教师的酸涩年华。

　　十年中，给我印象最深的就是学科的频繁变动。我是个思维极其简单的人，不懂为什么，也不去问，更不会对此事做较深层次的思考。不过，总感到有点奇怪，其他老师可以一直教着某一学科，而我却是领导安排教什么就去教什么，到处打"补丁"，哪儿需要就放哪儿去，而我从不会拒绝。想法单纯得很，总认为无论教哪科反正都是跟孩子们一起。因为我喜欢孩子，我喜欢教师这个职业，而且自己也是永远长不大的孩子，童心不泯是我的特点。经过了乡镇学校"打补丁"的生涯，在艺体组里摸爬滚打了六年，后来转入文化课，先后学教过体育、美术、音乐、生物、政治、地理（到世纪学校后又教过语文、思想品德、社会、心理、环境）等多门学科，几乎每年都要重新备课。还好，我能迅速适应各种环境。当然，我得感谢领导让我频繁换科的"好意"，不仅让我拓宽了知识面，还帮助我在不经意间学会了各科的融合。因为知识本是大通大合的，教学本是各科相互关联、互相嵌入的，单一的、独立的教学不可能走远。

经过多科的锻炼，我最终于2000年稳定在地理学科（是自己做着班主任，教着6个班的地理和2个班的生物换来的，后来领导终于觉得过意不去而给我"减负"了）。在乡镇初中唯一的两年地理教学后，我开始产生思考——为什么地理的有趣之处体现不出来，学生只会沉闷背诵？单调的漫漫文本掩盖了地理的趣味，为什么没有丰富多元的版图？为什么不把黑白的课本彩色化？学生喜欢的是直观的地图和丰富的拓展知识啊！文字版的都有答案，是八股文式的，老师是轻松了，划题、背诵成了主要教学方法，但是学生呢？能理解吗？地理的奥妙究竟在哪里？文本抽象的东西能真正地掌握起来吗？教学之余，我总冒出这样的想法。

恰在此时，一次外出学习机会姗姗而来，我被市教研员张宁海老师推荐参加全国地理课改大会，这对我来说可是个千载难逢的学习机会。2002年5月25日，我跟潍坊市的教研员王新奎和胡有朋老师等一行13人坐上了去湖南长沙的火车，几经颠簸才到达湖南教育出版社大厦。经过多日会议，收益颇丰，终生难忘。因为当时是湘版地理教材在潍坊试验使用的第一年，我们几个老师作为代表与教材编写专家面对面。

当我在现场拿到彩色的课本，第一眼就被深深吸引了——大幅的彩色版图，动脑、动手的活动题设计，还有丰富的知识链接……一下子与心中理想的教材产生了共鸣，真的好感动。第一次与朱翔、仇奔波、夏至芳等教材专家一起，第一次聆听新课改的理念，什么"学习终身有用的地理，学习身边的地理，帮助学生树立可持续发展的观念"……那高兴劲就甭提了。我曾久久地捧着湘版地理教科书大呼："课改，为什么你不早一点到来？我对你已经期盼许久！"尊敬的读者，也许您会说："张冠秀，你真会煽情！"但是，我认为您没懂我，因为……一个没有对知识渴求体验的人不能理解我的心情，一个没有对教育产生思考的人不会认同我的痴狂！这是一个对教育有感情的人的思想闪现；这是一个在黑暗的淤泥里行走的人遇到的一丝亮光；这是一个几乎压抑窒息的人呼吸到的第一口新鲜空气！

2002年湖南课改大会，是我多年来认识地理、实践地理教育所经历的最有价值的一次会议，也是我的思想改变的转折点。回来后，我无法控制深度学习的欲望，取得了董希平校长和侯镇教育组的宋宝水主任的支持，争取机会去潍坊、烟台再次追随课改和教材编写专家们潜心学习。他们被我想学习的劲头打动，特别推荐我外出培训。就这样，两个月的时间内我聆听了专家讲座三次，每一位教材编写人员的讲座都听了个详细。面对面的交流碰撞，新课改的理念深驻我心，这次的学习足以弥补以前的所有空白。一个层次一个水平，不得不这样说。之后，我被安排在寿光地理教师教研会上做了二次培训，及时巩固了学习收获。

新课改的集中学习令我大开眼界，重要的是一种新教育思想的豁然开朗。在这里，我想说：没有一位有思想的领导，草根老师的成长很难，我深信这一点。爆发式的课改学习结束后，我立即跟董校长做了汇报。他是一位琴棋书画样样精通、能吹会拉多才多艺有想法的校长，对我的学习心得大加赏识。激动，至今澎湃在心，用什么样的语言来描述呢？——新课改，犹如一阵柔情的春风，轻轻地吻上了我的脸，沁入我求知的心田；一只蠢笨的丑小鸭储存了多年对教育的困惑，终于寻到了答案；一个并非专业的地理老师，开启了对"大地理"教育的思考与初探。

在新思想的推动下，我的业务学习有了很大进步，讲课逐渐形成自己的风格，教学成绩更是一直居高不下，6个班的地理平均分达到99分（按比率），几乎不可思议，创造了当地地理教学的奇迹。所以，我在四年之内，一路过关斩将取得了寿光市优质课、教学能手、地理学科带头人、课改先进个人、潍坊市优质课、潍坊市教学能手等荣誉——当然都是小范围的。自此以后，我就一头扎进了绿色实践教育的探索活动中。而今，说这些显得异常单薄，我只是在家乡的一亩二分地上忘情地耕耘，遗憾的是未曾看见外面的天空有多高，有多远。

从最初认为教学就是简单的分数，没有将教学深入到"教育"，更不懂教师教育的真正含义在于"育人"，到对教育开始了一顶点儿的思考，自己有了进步，但还没有能力加深探究，信息闭塞，没有导师，读书少，思想淡如白纸，只有傻乎乎的热情。我整个人几乎每天都埋在繁忙的地理教学工作中，快乐地编织着属于自己的青春梦想和田园风光。

2004年3月，一场历史性的变革降临到我的身上——寿光世纪学校招考教师，我在层层考试后幸运入围。事实上，其他的老师基本上早去世纪报道了，因为世纪正在建校之初急需人手，我则选择坚持送完最后一级会考。我做事的原则是善始善终，如果从半路上一撤，势必给学校带来师资等很多麻烦，对学生也是极不负责的。

等会考结束，必须要走了，世纪学校已经催得很急，但我宁可在学校再打打杂，迟迟不愿离开曾经工作、生活了十年的这片故土。多留几日，就能再为乡村教育做点什么，因为在这里，有一种感情难以割舍，乡镇十年的风风雨雨，令我回味无穷。而今，要走，怎能没有藕断丝连、心海涟漪？

我留恋乡镇学校的一草一木，我留恋大大的荷塘——教学楼后边的几亩地除了麦田、油菜地，还有一片荷塘，长方形，没有任何修饰，朴素得很。每逢春季，荷叶渐渐抽芽、拔节。等到泛绿的荷叶铺满荷塘，赏荷的老师们便多了起来。因为荷塘的位置恰在领导的视线里，如果直接驻足观看，会引来不满。所以，总能看到有人在去厕所的路上，慢慢地走，或是摇摇晃晃地踱。呵呵，起初不懂，后来自己也汇入其中，原是为了多吸一点荷叶的清香和生命的自由。等天暖和了，有老师放进几只小鸭子，每天的喂食和看小鸭戏水便成了我们课间必不可少的休闲主题。这样的情景，活了荷塘，趣了师生。难得的美景，怎能不好好享受？地理会考前夕，我把学生们带到荷塘，在满是阵阵荷香的小路上铺着课本和试卷，和他们狠劲咀嚼，荷塘边的复习，为紧张的会考增添了自信和轻松。

暑假，是荷花盛开的时节，粉红色的荷花羞灿灿地立在塘里，有娇滴滴半开的，有全开的，有刚冒出嫩箭的，个个如风情万种的少女撩弄身姿，向路人展示妖娆。偶有小孩子摘一片荷叶，顶在头上，当是太阳帽，快乐地疯跑在荷塘的周围。而这时，老师们基本上都休假回家，荷塘就很少有人打扰，只有鸟儿、风儿、蝉儿，陪着我的影子，伴着荷花莲藕静静悄悄地发育成长。

每到冬季，等你不想欣赏满池残荷凄美意境的时候，便到了莲藕收获的季节。校长会雇人开冰采藕，大家围观，也有人抢着生吃小嫩藕的，都不用忌讳。小藕瓜，拿过用水一冲，甩干淤泥，粉嫩粉嫩的，"吭哧"一口就下了大半截。年龄长的老师在一旁大声说："这是我们用大粪浇大的，你看，还沾着便便呢。"于是引来笑声朗朗，文明的队伍里也不乏小幽默。采上来的藕，总会被大家评论，哪个胖嘟嘟的藕瓜好，哪个瘦瘦的营养不良。而后，不管胖的瘦的都被一起装到几个大篓子里，抬到伙房的长廊上，再一捆一捆按人头分好，抓阄，成为老师们的过节福利。等分完了，老师们提着藕互相打趣着赶回家，要用最新鲜的藕下锅。此时，破冰采藕声、孩子们的笑声、老师们在厨房里噼啪的炒菜油炸声连成一片，回荡在冬季的乡村校园，又是一道美不胜收的亮丽风景。

我留恋校园的"露天餐厅"——记得单身的时候，学校里有一排房子，共10间，带有小厨房，是专门为结婚后的单职工们准备的，随着她们工作单位的变迁，我们几个小单身也有幸挤了进去。最有趣的是做饭的时候，如果有一家做好，就把桌子搬到中间地段，把菜往上一放，大喊一声："开饭喽——"不用第二声，其他各户就纷纷端出自家的拿手菜，通常一张桌子不够，那就再来第二张、第三张，大家挤到一起，说说笑笑，好不热闹，筷子、板凳经常长久混用。最快乐的是小孩子们，围着桌子吃百家饭长大，无论走到哪张桌子上，总有人往他们的小嘴里夹菜，还没等到自己妈妈喂，一会就肚儿圆圆了。

也有令人哭笑不得的回忆，就是吃完饭后大家依然不肯散去，而是在饭桌上玩扑克，要是从胡同里面往外走，很难走动，基本都被扑克迷们挡住了。有晚自习的上课去，没有晚自习的就地儿一坐，把小胡同塞得满满的，打的有劲，看的上瘾。等各家的小孩子们困了，吵着要睡觉时，大人们的扑克宴席还没有结束，就各自吼着各家孩子："自己爬到床上睡去！"不敢反抗爸爸妈妈打牌的小孩子们，便踩着小板凳，歪歪扭扭地爬上床睡觉了。有时候夫妻还会为扑克的输赢而摔马扎子打架动真格呢。呵呵，这等趣事也成为日后的美好回忆，但在这样环境下，出来的孩子像徐佳辉、赵大康、邱红梅等居然学习都不错，而且自理能力超强。时光荏苒，这会儿他们已经大学毕业了。

　　而我既是扑克盲，又是电视盲，等绕过扑克堆，就快步走向办公室，因为那里才是我的天堂——有理查德·克莱德曼、柳公权陪我，有吱扭吱扭的老掉牙的风琴和我；我愿做一只永不疲倦的小鸟，翱翔在知识的海洋；我愿依偎在阅读天堂的怀抱，享受这青春生命的美好！

　　离别是一首悲伤的歌，离别是一段笨拙的舞，离别是一本永远继续的日记。我慨叹——我的思想，我的追求，我的生命的教育长河啊，你是远方遥不可及的梦，何时我才能跋涉到你的身旁？

　　一直拖到最后期限2004年6月25日，我才离开乡镇，奔赴另一战场——寿光世纪学校。从此，我荣幸地成为150名世纪"元老"之一。

　　仰望世纪学校——弥水西畔，南环路边，一座现代化的美丽花园，崛起在中国蔬菜之乡。高起点、双硬件，迎来五湖四海新生源，生态化、信息化、人文化、国际化，汇聚成师生爱的教育神话……

　　世纪学校是一个集初中部、小学部、幼儿部一体的综合性寄宿制学校。2004年即招生第一年，因为小学部只有极少的老师，而报名的学生大大超出我们的想象（可以看得出家长重视小学阶段良好行为习惯的养成），一时教师数量无法应急。原计划教初中的老师基本都被改调到小学去重新适应，我也不例外，被毫无选择地分到了小学部五年级，任教语文、思品、社会等，做着班主任、教师发展部的工会部分事务，担任少先队辅导员、学生发展部长等职务。尽管忙碌，倒也充实，几天都不能回到距离学校七公里的家。

　　那时，刚好三十岁，有的是精力，有的是激情。

　　因为太忙，等工作结束的时候常常已是半夜，不好再回家，就在混合宿舍里住下。有时回去，家人已睡，就轻轻地开锁，脱了鞋子，光着脚，踮着脚尖走进卧室和衣而睡，第二天要在六点之前赶到学校。不是我个人素质怎样，当时整个学校的情况基本都这样。建校的第一年，是学校领导与我们共同奋战的一年，也是最艰苦的一年。刚建校时很少有同类学校可以效仿，为集思广益开拓创新，有很多人被一批批派到外地学习，但后期学校的成长都是领导和师生们的摸索和再创造。

创业的辛苦完全可以理解，一天近十五个小时的工作量，很多人被高度紧张的忙碌累病，有时会看到低年级的老师，一手抱着一个，一手领着一个，师生团在一起，蹲在宿舍旁，呜呜地哭。因为刚来寄宿制学校孩子们不会独立睡觉、吃饭，习惯得一点点地教，也有的东北孩子较大胆的，要伺机"逃走"……到现在，我写这段回忆的时候眼睛仍不乏湿润，那段日子真的不堪回忆，回忆就是一首苦涩的歌！也曾有老师和孩子们的想法一样，要逃避，但最后大家都咬紧牙关挺了过来。我们必须明白一个刚起步的学校，每走一步都需要大家的坚持，学校每一天的运转都需要大家的共同协作和努力。创业之初，困难是必然的。不过，睿智的领导很快就调整了工作管理体制，积极做好老师的心理疏通工作。有困难，大家一起解决，齐心协力，建立积极乐观的工作态度。经过一段时间的磨合和适应，老师们感受到了家的温暖。

而今，十年了，我们每一个跟世纪走过风雨的人都能理解，就是敞开大门让我们走，我们也很难离开这块曾经战斗过的沃土。那是因为——不曾忘记，那每一寸我和吴祥远老师趴在地上亲手绘制设计的校园走廊文化图；不曾忘记我联系在上海求学的英语专业八级的表妹翻译校园文化的周折；不曾忘记，2004年深秋的晚上十一点半，领导和我与同事们一起光着脚用水龙头喷刷清扫水泥路，而第二天早上不到五点就要起床整理校园卫生，为迎接重要人物指导视察做准备的情景；不曾忘记，很多老师的家在乡镇，刚坐车到家门口，又被紧急开会的电话召回在返程的路上，却不曾回家看一眼孩子和亲娘的情景；不曾忘记，学校办学起点之高、软硬件之强，引起国内外到校参观者络绎不绝，而任何一个世纪人只要看到，都会主动上前担任解说员。那是学校发展创业的特殊时期，无论是官是民，都是绝对的无私奉献者，凝聚力很强，很革命，大家都为了一个共同目标，就是为了让世纪学校早一点辉煌屹立于当地、全省乃至全国教育的顶峰舞台！

那段日子很苦，似乎有点不愿回首；那段日子很累，却值得用一生去回味！

最初的世纪给我印象最深的不是身体的疲惫、工作的忙碌、招生的火爆，而是学校领导、教育局副局长刘玉祥和张照松校长不惜重金，想方设法邀请国内各大领域的教育家们如魏书生、李振村、李镇西、朱永新、窦桂梅、任小艾、沃建中、陶继新等，上门为我们做学术报告。报告厅里座无虚席，领导的用意就是老师的教学工作再忙，也要一起聆听教育智慧，用教育家的大智慧对老师们进行"思想洗礼"，用科学的理念指导我们的教学实践。其实，我早已明白，这才是一场真正的静悄悄的心灵教育革命。对我，更是求之不得的学习机会，我总是早早地抢坐在报告厅的最前排，近距离地吮吸着新的教育思想。这种"定时与名家对话""观名课"现象成了学校给我们的最好的精神福利和成长大餐。曾有人开玩笑说："世纪学校的老师就如炮台上的小鸟，什么动静没听过？"那可不！我就在这样一个新起点、新理念、新应对的一个教育生命乐园——世纪学校开启了小小的创新教育之门。说不清具体从哪刻起，一种强烈的想法把我推进了一种新教育——自以为是新教育的小种子，开始慢慢躁动、发芽、孕育在世纪学校这一片沃土上。

尽管是新校，但因为有社会、政府等各界的支持，生源特别好，而教师的严重短缺成了领导的难题。春节后，初中部的地理会考师资很棘手，因为在入校的第一年，为了补缺爆满的小学，初中只暂留了1名地理老师，根本无法完成10个班的会考任务。但想把老师从小学部平调到初中部却非常难，各部室的门看得很严。其实，最核心的问题就是师资紧张。我们一起来的8个地理老师，被分到小学部改行的有5个。面对这些情况，我曾经反复考虑，在小学部的语文教学（我唯一的半年语文任教）和其他学部的工作别人好接替，但是初中部的地理会考老师难寻，学校第一年的会考成绩几乎可以代表世纪整体教学水平。学校正在起步，如果会考成绩不理想会给招生带来不良影响，眼下正是初中部最需要地理老师的时候，从学校大局发展着想，我作为普通老师知道该怎么做。考虑到这些，我提出申请，想放弃小学部的所有职务，到初中部任教初三地理，应急学校会考。

因为我当时任职较多，待遇较高，学校奉行多劳多得，工作量工资和绩效工资中拿的数额在全校前10名，很多人羡慕我。而今，我没有提任何条件，将赤裸裸地离开小学部，所以同事们对我的做法极不理解。而我内心迫切希望领导顺利答应我去初中部任教地理，做一个最贴近孩子们的大朋友，做一个快乐的平民老师。我的离去，恰好也能给别人工作机会。更重要的是学校领导的窘况能被解围，初中部的分管领导欣然同意。

更因为，从2002年接触地理课程改革，结合自己在第一线10年的教学感受，走进孩子们内心，陪伴孩子们健康成长是我的奢求，能跟学生们一起快乐则是我一生最大的快乐！

要走，总是留恋不已，尽管只有半年的相处，我却与五年级一班的孩子们建立了深厚的感情。学生们在课间直喊我的名字，很少有人叫我老师。每逢回家返校，他们都是带自己最爱吃的东西来跟我分享。这次，真的要走，学生们甚至把自己的弟弟妹妹的照片都送给我，还有学生王荣把心爱的红领巾用彩色包装纸包了又包，放进一个信封，与几个同学跑到我的初中部办公室看我。师生间纯真的感情不能言表。而今，袁通、王李卓越、张海宁、李小溪、袁鹏他们都已经考上名牌大学了，祝愿这帮爱徒一生幸福快乐！

▲　和李小溪同学主持我策划的"托起世纪明天的太阳"
小学部国庆晚会（2005年10月1日）

我欣慰，因为我的付出为他们稚嫩的生命注入了灵性的血液。同时，我也惭愧，前段的教学生涯只是帮我解读了所谓教育的小部分内涵。前进的道路没有尽头，追求的梦想仍很遥远，但我坚信，只要用心呵护每一位学生的心灵，爱就会像清新的空气一样，充盈在世纪园的每一个角落；爱就会像蓬勃的种子一样，茁壮成长在每一位世纪人的心灵沃野！如此，我们的教育才能充满生命力，我们的孩子们才能真的幸福！

2005年春节之后，我被协调前往初中部支援地理会考。世纪学校跟其他学校不一样，第一年的招生中，有不少是外地学生，教材不同，学生还得有个寄宿制的适应期，好多原因导致学生不能马上进入学习状态，各科老师的管理都得跟紧。然而就在基础差、难度大的情况下，会考任务还是在大家的努力下出色完成。这个半年，没有丝毫特别的记忆，只是每天埋在地图里，跟学生们大搞题海战术，而且只能如此，因为会考成绩必须在短时间内爆发性提高。

会考结束后，按照惯例，一般回初一年级轮流任教，但因为我的教学成绩较突出，在2005年暑假之后的岗位聘任会上，学部领导高文春副校长依然安排我去初三会考班，其实当时师资已经没有问题了。那一刻，我却有种对初三会考日渐久远的感觉，因为心底里有种莫名的力量在不断地升腾，这种力量死死阻绊着我。它不是金钱，不是职位，而是一种源于对孩子们的牵挂和眷恋！

"拒绝"再上会考班的理由很简单，很真实。接近聘任会前夕，我打开信箱，发现里面有好多去年带过的五年级一班孩子的邮件，原来他们马上要升六年级了，六年级跟初中部在一座教学楼，就能多看到他们了，就可以遵守我曾经许下的"孩子们，老师在初中部等你们"的诺言了。当我一封封慢慢打开那些邮件的时候，看到上面满是孩子们的童真和期待，我的眼睛不禁湿润，泪水夺眶而出——

"老师，我们马上就要上六年级了，到了初中时，你一定要教我们啊！"

"老师，咱俩可是拉了钩的，你别忘了说过的话啊！"

"老师，我给你的红领巾还有吗？"

"老师，我弟弟的照片你还保存着吗？"

"老师，我是袁通，感谢你鼓励我参学校的鼓号队，现在我的长笛吹得可好啦！上六年级就去你们那座楼，我到初中部给你吹，你喜欢听啥就吹啥。"

袁通，我的班长，曾经用"一吹长笛嘴唇就会裂开，爸爸不同意吹"为由拒进管弦乐队，而今已被我忽悠成为出色的长笛手了。还有胖乎乎的袁鹏，几乎每月都给我邮件问候，初中、高中都有联系，现在都早已经成为大小伙子了吧？——这一切，老师哪能忘记？

李小溪，一个非常优秀的孩子，也给我留下了肺腑之言。记得当年11岁的她，在文化课、声乐、电子琴、画画、演讲等方面都非常出色，不知多少人费了多少周折，都没能把她请进世纪学校。当学部领导李艳主任最后把任务甩给我后，我只打了半个小时的电话，并邀请她全家五口人到校进行了整整一上午的参观，把世纪学校的好处和孩子的发展前景剖析得当，就轻松把她请进了世纪。然后，又连续几年为她申请减免了四千元全额培养费，作为专门为她准备的特别通行证，并鼓励她连年取得奖学金。到现在她和妈妈还一直感谢我，说选择了世纪学校没有后悔。其实不是我个人的能力怎样，我只是完成了一个"挖才"任务，而最重要的是学校惜才、爱生的治学理念，让好孩子们上得起学，给学生提供一切可能的成长平台是我们学校的发展宗旨。

记得临走时，我跟五年级孩子们的告别语是："孩子们，感谢大家跟老师走过的半年时光，是你们给我带来了欢乐！我的信箱是'欢乐一生'的汉语全拼（huanleyisheng@163.com），祝愿我认识的朋友和认识我的朋友'欢乐一生'！"而在信箱里，王立卓越跟我留言说："老师，我的信箱是'欢乐宝贝'全拼，记住我啊！"袁通说："我的信箱是'欢乐袁通'全拼，记住这是你的班长啊！

……

"我先走一步，在初中部等着大家，同学们好好努力！"临别，孩子们和我相拥而泣——这一切，我哪能忘记？

而今，领导让我继续上初三会考班，可我……总是心太软，在孩子们面前，总有种强烈的想法，想再次做班主任。我跟领导商量说："今年的会考老师已经不缺了，我想遵守诺言——我曾说过在七年级等着这帮五年级教过的孩子们。"

于是，开学之初，我参加了世纪学校的第一届班主任竞选，顺利、荣幸地成为七年级四班的班主任，并任教六个班的地理课。早晚的课时累加，工作量之大可想而知。

——那一年，我32岁，我年轻，我气盛，我朝气依然。

到初中部的第二年，即2005年，我做了七年级四班和十二班两个班的班主任（是半年后分班变成两个班）。在班级管理上，我主张"活动主宰一切"，让频繁的竞赛、才艺展示陪着孩子们长大。学校组织的活动，我积极动员学生们参与，学校不组织的活动，我用自己组织的班级特色活动补充，而且妙趣横生。

丰富多彩的活动总是我班快乐永恒的话题，我总会创造机会让孩子们痛痛快快地玩闹。孩子们可以在放松中学习，在愉悦中合作，寄宿的日子回味无穷。

不过，刚开学就小小酸楚了一回——

小百灵"辍学"记

音乐课代表"小百灵"张倩琳竟然要转学？消息很快传到我的耳朵里。原因是她无法适应世纪学校的寄宿，尽管家距离学校只有五公里，可她以前从没有离开过家门，自理能力不算好，想妈妈，想家，每晚都哭。

这不，一周的军训刚结束，她就要借着放假的机会转学。当休班后再开学的时候，张倩琳已经收拾好东西哭着要离开，要妈妈来接她。我当时的心情实在无法形容，因为在乡镇初中的时候，因为班里一个孩子要辍学，我去田里找他劝学的事情仍然历历在目，我从内心不希望在我的班里再有孩子离开。当我怎么劝说也行不通，当看到张倩琳实在无法挽留，和家长一起走出我办公室的时候，我的眼泪刷地流下来——孩子，你为什么这么早离开我们？是刚刚建立的班级没有让你感到温暖和留恋？这是我马上要做的事情啊。在初中部一号大厅里，我哽咽着牵着张倩琳的手，说："倩琳，你走后，如果有一天还想回来的话，我们七（4）仍然是你的家。"然后跟她在大厅相拥洒泪而别。

事情并没有完结，晚上，我让班干部宋鑫、寇素涵等同学轮流给张倩琳电话，给她问候，让她有个好心情到别校去，嘱咐打电话的孩子们不能露出一丝挽留或遗憾的意思。也许，直到现在张倩琳也不了解老师的用意。

第二天中午，我又给张倩琳去了电话，询问她在别校适应的情况，那头的她说："还好。"可到了晚上，我却突然接到了她妈妈的电话，说孩子想回世纪。哈哈，真搞不懂，刚转走了一天哦，孩子的心情怎么就转得这样快？

原来，转学后的第一天正好是周一，张倩琳只上了一天课，但是很难适应那里的环境。那个学校的班额很大，有70人之多，桌子紧挨桌子，开班会时学生嚷得头疼，而我们世纪的班最多的只有42人，环境非常优雅，学校提供了一切好的学习条件。最终，倩琳还是无法抵挡七（4）孩子们和班主任的"糖衣炮弹"，翻来覆去地思考后，还是觉得世纪的学生们懂得礼仪、谦让。最后一狠心，不怕人家笑话，还是回世纪吧。

2005年9月张冠秀记录

而今，"小百灵"张倩琳已在天津音乐学院读大四了。

和孩子们的相伴中，总有很多的甜美盈满心怀——

中秋节的回忆

2005年的教师节和中秋节几乎重叠，因我们学校不方便放假，一直坚持到休大周才能回家。我平时对这个节日并不感冒，而对外地的孩子们来说就不行了，"每逢佳节倍思亲"，他们想妈妈，他们想回家。

节日得吃月饼，我就把自己分到的二斤月饼，和我爱人早买下的一箱月饼和苹果带到学校，晚自习时大家分吃，享受师生一起过中秋的喜悦。我的分法并不平均，外地的孩子一人半个月饼，离家更远，半年回家一次的孩子，一人一个月饼。本地的孩子享受到了四分之一月饼，他们没有意见，但是月饼却被又一次分开，因为外地的孩子不想独享"大餐"……大家推来让去，此时此刻的同学友谊正在悄悄地萌发，大家心里牵挂着对方，互相有了照顾。

我爱着每一个孩子，月饼的多少不代表对孩子们爱的偏心。四十二个孩子，四十二份月饼，四十二块苹果，我们慢慢品着那份香甜，那份平安，四十二颗心紧紧地跟老师凝聚在一起。

我们师生在一起说中秋、趣中秋，讲述中秋的诗句和美丽故事，孩子们还逼出了我的中秋故事——十五岁的记忆——"高二时，我同桌是个很内向的男孩。那一年中秋节，当时的我们和现在的你们一样不能回家。课间后，我回到座位坐好刚想取书，却发现桌子洞里有半个苹果和半块月饼，好感动，就挤着眼睛问同桌，同桌也挤着眼睛回答。就这样，在老师的眼皮底下我们享受了中秋的快乐。"说到这里，孩子们追问："老师，后来呢？快讲啊！"我只好说："后来就一直这样啊，有好吃的，我们都会分享，高中毕业上了大学就没有了联系。"这是真事，直到2011年的10月1日同学聚会才见了老同学，当我提起这愉快的小事来，同桌哈哈大笑。因为在班级我一直是年龄最小的，总会享受到别人有意无意的照顾。23年没有见面啦，高中中秋节的美好居然活在眼前，在孩子们的笑声中游回那曾经的少男少女的心海……嗯，打住哈，我只想给孩子们留下少年美丽的中秋回忆。

孩子们永远记住了在七（4）少年时期最美丽的节日。

2005年中秋节张冠秀记录

一个原本成绩倒数第一的七年级四班创造了奇迹，学习成绩、自主管理、运动会、文明班级、卫生评比、演讲比赛等各项均获第一——我马上带着孩子们在校园里放松。

▲　开心戏水

　　玩去喽——于是，其他班上课，我们玩耍。校园里满是我班的孩子，董亚楠和张琪两人在戏水。班级活动的缤纷，给孩子们带来了自然的快乐，他们享受在世纪园。

▲　欢乐校园

　　新校建立之初，因为各种校级、级部的活动频繁，而班级自主活动搞得并不多，几乎是我班开了先河，因为我希望孩子能更多地参与活动。

记得在2005年圣诞前夕，我跟孩子们说好好上课，晚上有个惊喜送给大家。那天，我请了一上午假，专门去潍坊小商品城挑选了42份精美的礼物，一个孩子一份，还有圣诞树和好多圣诞老人、帽子等小饰品。回来时已过中午，午饭是早上走时捎着的面包。到校后没有休息，在办公室里给每个孩子的礼物上写下圣诞祝福，拴在圣诞礼物上。每做一个，都感到有浓浓的师生情谊流淌于指尖。当时是我身体最疲惫最累的时候，脸色憔悴得很，但心灵深处恪守着的对孩子们的那份深沉的爱却永远没有疲惫。

整个下午，我并没有拿出任何时间做节目准备，都是正常上课，直到第四节课结束的时候，我才突然宣布了晚上要狂欢的事情。孩子们可高兴了，像炸了锅似的。同时也有班干部担心："老师，我们没有时间准备啊?"我稳稳地一甩长发，说："不用，快乐放歌即可!"

晚饭时，大家在文艺委员张倩琳的组织下迅速定了节目，饭后马上行动。孩子们说张冠秀你真够狠的!是的，我只留下了20分钟的准备时间，只看全班分工合作的能力了。孩子们在教室忙碌着，我则在办公室稳坐钓鱼台。

▲ 朱亚楠、张倩琳等同学在彩排节目

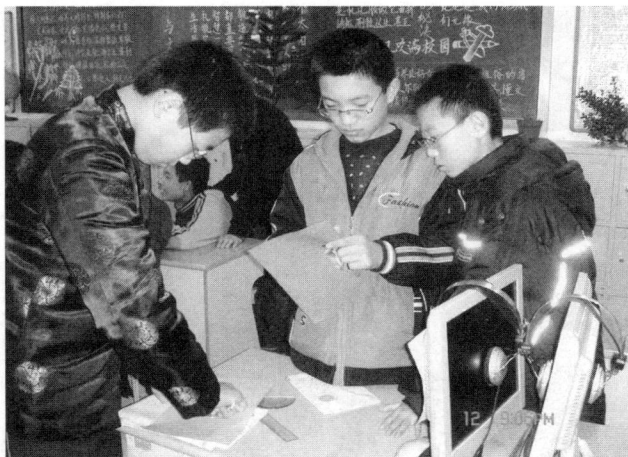

▲　左起丁齐、苏英杰、施瑞源等在准备晚会

孩子们全员参与，有联系外教和各任课老师的，有帮忙吹气球的，有忙着装饰黑板的，有忙着制作头饰的，有帮忙装饰圣诞树的，有打扫卫生的……忙而不乱，班级凝聚力在此涌现。

20分钟后，晚会在班长寇素涵和文艺委员张倩琳的主持下拉开了帷幕，孩子们的即兴演出搏得了掌声不断。几名外教的到来给晚会增添了幽默和笑声，而孩子们用特殊的方式迎接着每一个任课老师的到来。师生们的吹气球比赛把我们带回了童年，圣诞狂欢夜给大家带来了永远的留恋。正如当时所记——

今夜，星光灿烂。今夜，快乐难眠。

12月24日晚，装扮一新的七年级四班教室里，洋溢着欢乐详和的气氛，42个孩子和他们的10名教师在一起欢度圣诞平安夜。

圣诞Party于19：00准时在"笛子大师"范高同学悠扬的《圣诞快乐》和《金蛇狂舞》中拉开了帷幕，孩子们戴着自己制作的精美头饰，载歌载舞，其乐融融。

平日严肃的老师们此时被孩子们拉入吹气球的比赛中，快乐得像个孩子。外教们的精彩表演不时博得阵阵掌声和笑声。

　　这里没有烦恼，只有快乐；这里没有松散，只有凝聚。孩子们的笑脸刻在每一个任课老师的心上，晚会将师生关系的纽带链接得更紧。快乐在蔓延，歌声在传递，孩子们放松于圣诞狂欢夜。

▲　七(4)圣诞狂欢夜

　　最后，在师生一曲《难忘今宵》中，在师生们的欢声笑语中，圣诞狂欢晚会渐渐进入了尾声。

　　一个多小时的晚会只用了短短的20分钟进行准备，孩子们自己制作的精美圣诞礼物和演出的精彩节目，让我看到了同学们的团结协作精神。因为孩子们，我欣慰，我感动，为孩子们能够在七年级四班健康快乐地成长，我愿意捧出所有的爱！

　　晚会结束之后，距离晚休还有一段时间，孩子们马上从娱乐中走出来，又投入了紧张的学习。

　　这就是我们七（4）最坚强的勇士们！

2005年12月25日张冠秀记录

对于有特长的孩子，我特别注重培养。范高是一个很内向的孩子，家住青岛，大部分时间都默默无语，但我觉得一个爱好会成就他的一生。而他确有一个爱好——吹笛子，而我能做的就是及时在班里和校园的演出中推荐范高，给他提供表演机会，增强他的自信。

笛子演奏大师——范高

家住青岛的范高，是一流的笛子手，由国内名家专门授艺。这孩子对文化课不怎么感冒，唯独对笛子情有独钟，学习非常刻苦，长笛、短笛完整的一大箱，这气势真让我大开眼界。不足的是范高很内向，几乎不跟任何人说话，唯一的爱好就是一有空就吹笛子，也许特长正是他目标专一的结果。但是，有这么好的技艺不上台表演岂不屈才了？我帮助他的方式就是争取一切可能的机会鼓励他演出，增强自信，锻炼孩子的舞台素质。

为了锻炼范高，我请他把笛子带到学校，直接放在我的办公室，等我们学习紧张的时候，我就说："孩子们，想不想听大演奏家的表演啊？"孩子们自然乐不开支，掌声哗哗的。一开始，无论掌声如何热烈，范高都不敢去教室前面表演，只在自己最后一排的座位上。无奈，我就让孩子们全部回头，这样范高就在最前排了，他还是不敢吹，说不敢看任何人，有人看他也会紧张地吹不下去。我又用了一招，跟孩子们说："大家都闭上眼，谁都不许看范高。"就这样，一曲一曲，无论是学过的，还是生疏的，范高从不敢吹到逐渐熟练，直到孩子们闭着眼的、偷睁着眼的都陶醉在范高的笛声里不想上课了。可不是，很多时候，我和孩子们就是沉浸在少年范高的悠扬乐音中忘记了疲劳。

元旦晚会，还有节日会演，我总是第一个给组织者电话，给范高报名参与。有时会遭到拒绝，说他的曲子不熟练，无法与管弦乐队合奏，但我会再三协调，只要给孩子上台表演的机会，我们可以挤出时间练习。

就这样，在班里我找时间训练，在宿舍里社长监督训练，必须在睡觉铃响前结束。其实，这招最好，孩子们一下课就蜂拥宿舍，洗刷完毕，躺在床上只等范高演奏。他们好幸福，把范高的笛声当作了催眠曲，宿舍纪律可好啦，不扣分还有高级享受，其乐无穷。上音乐课的时候，我又跟老师再三叮咛，一定好好培养内向的范高。终于，在2006元旦文艺会演中，范高穿着语文老师宁杰的西裤，穿上我爱人的白衬衣，又借了女生的红格子领结，作为管弦乐队的领奏，气质不凡地站在世纪学校体育馆五千多号人的舞台上。

那一夜，范高闻名全校。

2006年1月张冠秀记录

▲ 2006年元旦晚会上，笛子大师范高一夜成名

我和孩子们之间总有说不完的故事，就是这些故事一直支撑着我坚守绿色梦想，是孩子们的笑脸给了我动力，是孩子们的期盼给了我新生！我在绿色教育路上踟蹰而行，为一株一株鲜花怒放在人生的乐园，为一颗颗流星闪耀在遥远的天际！

快要期中考试了，每节自习课到了班里，第一件事就是给孩子们倒热水。一天上十一节课，加上复习阶段的紧张，孩子们的身体吃不消，休息好、喝足水是学习的一个基本保障。在我眼里，所谓的成绩就是科学的学习方法和强壮的身体。复习累了，我就让孩子们以自己喜欢的方式去享受学习，想坐着就坐着，想站着就站着，坐在桌子上、坐在地上、靠着桌子也无妨，还时不时地进行知识抢答，过一段时间还要"强迫"他们休息。七（4）教室不时歌声、笑声、读书声，声声一片，孩子们在愉悦的氛围内快乐成长。

六个班的地理课加上寄宿班班主任，还得带着不满五岁的儿子来回骑着自行车通校跑，每天三十多里路，要命啊！我的身体几乎快撑不住了，脸色蜡黄得难看，可就是不知道请假休息，连着几天都抬不起眼皮来。好在孩子们纪律好，自学能力强，尤其在复习的时候，我只要布置好学习任务即可。

一天下午，一到教室就感到迷迷糊糊头重脚轻像要晕倒，我赶紧趴在讲台上不敢动，其实我知道是过度疲劳、营养不良导致的，只想瞬间倒下来休息。不知过了多久，恍惚中，我似乎看到一双男孩的大脚正一步步慢慢地走向讲台，可我的眼皮似有千斤重，无论怎样用力也睁不开。似乎在梦中，一会儿我的身体有了暖意，感到有一件衣服盖到了我的身上，此时我已经无力抬头，歪着身子，在模糊中看着男孩子的背影离开讲台，走向座位，然后我又一次晕乎过去。等休息了一段时间，慢慢站起身来，才知道有件衣服几乎掉在地上了，一问孩子们，才知道是体育委员隋森的羽绒服，他担心老师着凉。而此时，孩子们都在静悄悄地自学，教室里只有笔尖刷刷的声音和轻轻翻书的动作，他们生怕惊扰了老师。我心头一热——多好的孩子们，老师有你们今生足矣！突如其来的眼泪顺着脸颊又滑落下来。没事儿，老师就是爱下点雨……

跟孩子们一起的日子，感觉好温暖，付出的终于有了回报。孩子们学会了感恩，也正是这帮懂事的伙伴和朋友们，鼓励我一路前行、忘我工作。

期中考试后的孩子们不敢松懈，我及时调整学生状态，时间再紧张，我也不忘搞班级活动，总是让孩子们在快乐活动中享受学习。班级绘画展、辩论赛等花样无穷。其实，做活动一点都不复杂，只要调动起孩子们的参与积极性就是活动、学习双赢。

秋季运动会上，七（4）再次一展风采。我提前两个月就跟体育委员制订好班级训练计划，田赛和竞赛选好队员，由体育委员隋森带队训练。我对孩子们的力量、动作、耐力训练各有奇招，世纪学校的孩子身体条件较优越，因为生活条件较好，营养不是问题。恰正是长个儿的时候，经过训练的孩子胃口特别好，一样的年龄在世纪学校的孩子身体拔节就快。

成绩总是垂青有所准备的班级。运动会上体育委员隋森和班长隋文超带队，各项成绩突出，轻松夺下了级部冠军。孩子们在欢呼中再编口号："七（4）七（4），事事第一！"

班级管理已经进入最佳状态，孩子们对各门功课的学习几乎废寝忘食，第二次月考早已是小菜一碟，我们等待的是年终一战。

在月考的再次冠军后，期末考试悄然而至，孩子们复习尽头十足。上课的时候，我只会拿着暖瓶为孩子们每人一杯水地倒满，让他们一边喝水一边复习。我真担心累坏了他们，一下课就到班里把他们赶出教室——谁也不准课下加班，我们只要课堂效率，身体第一位！但是孩子们跟我玩猫猫，联合起来蒙我。我去宿舍查夜，他们躲到公共洗手间里复习，每一个宿舍都做得很隐蔽，这些事情多年之后我才知道。他们跟我说，自己宿舍的厕所只能容下三个人，剩下的不得不躲到公共厕所学习。总之一个目标就是："为了张冠秀，为了我们七（4），大家拼啦！"

开考了，孩子们奋笔疾书，将半年的努力尽情挥洒于考场，那种自信，那种气势，不问结果就知如何。孩子们很自觉，考试习惯保持较好，考试再忙也不忘班级卫生和纪律的自我管理。因为有卫生委员宋鑫和班长隋文超等班干部，所有的考务我根本不用插手。多年来，我一直感激遇上了这么一批优秀的班干部，他们对我和班级付出得太多。

对于年终考试，领导和各科老师都很重视，加班加点要求早把成绩算出来。那天晚上阅完卷后，其他老师都已经离开办公室，但我牵挂着半年来的成果，想把各科的分数整理计算出来再回家。当我统计出结果一看，不出所料，哈！一不小心又是全级第一名，而东北女孩战戈考了班级第一名，进步非常大。我一高兴，就忘记了是在深夜，只想跟家长最先祝贺，马上给她远在哈尔滨的爸爸妈妈发去短信，第一时间内告诉他们好消息。因为战戈的爸爸妈妈每年都会过来陪读半月，我理解家长对孩子的期待。原以为会打扰家长休息，但马上就收到了战戈爸爸妈妈的回信："感谢七（4）老师们的辛苦，祝贺常胜将军张冠秀老师，愿孩子们在张将军的带领下再创佳绩！"别忽悠我，感谢我领了，这只是刚刚开始，我心里说。

那一夜，我离开学校骑着自行车回家的时候已经11:30了，但是没有丝毫困意，几公里的路程和立交桥危险路段居然不知道害怕。我的心儿在飞翔，是孩子们的笑脸和勤奋激励着我永不停歇，是孩子们的拼搏和干劲让我永远保持活力！

▲　七年级四班的那批精灵鬼们

在取得了文明班级、运动会等各项荣誉和成绩后又在期末考试中获得第一名——当我一次次站在领奖台上的时候，七年级四班所有孩子们用最热烈的欢呼声掩盖了全场——最有凝聚力的七年级四班。七（4）的时光总让人留恋，我任何啰唆的语言都不能表达我的心情。美丽，永远烙印在那段时光里。

遗憾的是，春节时七年级意外分班。孩子们听到消息的瞬间，教室里立刻像炸了锅，很多孩子冲到办公室里哭着问我为什么。我强忍泪水，用异常平静的口吻说："你们可以认识更多同学了，分班未必是坏事。"但是孩子们啥也不听，大家拥在一起都哭成了泪人。我的心都碎了，班里一片啜泣声。

▲ 班长寇素涵获得奖学金一等奖2000元

有家长立即打了电话过来，干涉分班情况，强烈要求孩子跟我走，但我不能全部接受，有的孩子说要是不跟我走就转学。我理解孩子们对我的信任，我懂大家在一起的感情。我曾问领导为什么入学刚半年就要分班？一个班集体刚刚成熟，这不是折腾孩子吗？孩子的重新适应需要时间。我也请示过领导，能否为我们班开一个绿灯，这个班我可以带两年一直到初三……但是所有的请示没有回应，我一个普通小卒不能左右，没有办法阻止，只能尊重大局，领导自有安排。

我心里只有孩子们，我留恋受伤的七（4），经过一番思想斗争之后，千方百计地跟高校长请示协

▲ 2020年,我们再相会!

商，推辞了会考班，再做新班十二班的班主任。

于是我在孩子们写下了相约2020年的"我与七（4）有个约定"之后凄然离别。

等重新分班结束，我到了十二班，接过花名册一看，吓了一跳，整个级部所有的个性孩子都分到了我班：音体美全能的，嘴皮子厉害的，胳膊腿多动的，行为习惯不好的……群英荟萃呐！我终于明白为什么中途分班了。也好，个性孩子遇到个性班主任，我恰好擅长做特殊学生的教育工作，也许他们很快就能成为我的铁杆朋友，班级管理料想不会成为大问题。

还好，算是顺利地过了分班后的第一个月，当时新组建的十二班感觉仍然很散，更因为一件事件我很恼火——

班里的一个学生跟六班的孩子闹了别扭，发生了肢体冲突，王立超同学被打了！我看着自己班的男孩脸上被抓了，有血印，我心疼了，我着急了，疼得眼泪都要掉下来。这时新班组合后孩子们的思想并不稳定啊，我该怎么办？立即召开班会，想方设法稳住孩子们的心。

晚上，我立即召开了紧急班会。我沉着脸说明自己的想法，并请孩子们写了自愿书，让他们从心理上接受新班重组。因为再建立一个新的班集体很不容易，每走一步都有些挣扎，我想让孩子们主动变为自我管理，做好行为规范。目的很明确：要走的，我帮助你离开；不走的，我们必须凝聚！即在第一时间内汇拢人心，加强向心力。

孩子们纷纷表达自己的心情，写下了心声，这些纸条至今我还保管得好好的，拿出来，孩子们发誓的表情如在眼前。

苏英杰：

通过7（4）的相遇，和今次的十二班的再一次重逢，我深刻领悟到了"第一"真正蕴含的哲理，这是张冠秀不变的性格，也是我们永恒的追求！

十二班的每一个学生都有强厚的实力和很高的智力，只要再使一把劲，深化思想教育和强化锻炼，开发他们的潜力，就会产生无法估量的正面效应。

个人观点——老师，我们的十二班只要改正现存的不良习惯，大家劲往一块使，团结合作、互帮互助，营造良好的学习氛围，创建坚不可摧的凝聚力和班风，那么我们十二班肯定比老七（4）更优秀，会创立第二个七（4）精神，依然是级部第一，心中的骄傲！

努力成为我们的习惯，自信成为我们的根基，永不言弃成为我们的永恒的精神，团结成为我们不变的作风，每天进步成为我们的行动，胜利女神成为我们的伙伴……

老师，我永远是您最骄傲的学生！您永远是我的老师和朋友！

苏杭：

朋友，您好！我不知道该如何称呼您，老师？同志？朋友？再三踌躇，还是称"朋友"吧！

我真的被您感动了，我的心似乎已与您融为一体，与您同欢乐、共忧愁！感谢七（12）！您是个事业型女人，也是我将来要做的人，与您在一起，我时刻充满活力！我并不是一个优秀的班干部，也不是一个优秀的学生，但我愿向着您定的目标努力！忘不了我发烧时您的焦急，忘不了当同学未吃饭时您的心疼，忘不了当您学习回来看到流感病毒已袭击了我们时的心痛，我用无法用文字来形容！忘不了，忘不了，一个个让人感动的眼神！

一句话：爱You没商量！愿永远Happy！誓死相随，我在十二班，永不后悔！您愿意收我这个学生吗？

我是谁？答曰：苏杭也！

李方华：

寒假我迷迷糊糊地度过了，又迷迷糊糊地分了班，那时，我几乎被失落压得窒息，可是因为你的出现，我又背起了装满自信的行囊，一路慷慨高歌，身后阳光明媚。我相信，我是上天的宠儿，是你把我照顾得无微不至，又让我融入了一个新的集体——我最爱的集体。虽然曾会留恋过去，但是新的未来值得期待，我爱上了这个集体，爱上了集体的所有成员，不忍离开。

　　只要冠秀不赶我走，我永远待在七（12）班，我要和冠秀成"死党"，海枯石烂，矢志不渝！爱冠秀的朋友——方华。

王华坤：

　　敬爱的张老师，您好，我们曾经有过半年的故事，而且在那半年里我认识到了学习、做人、知识的重要性，跟您走过的半年的路，我会终生受益。

　　而现在在十二班中又重新组成了一个大的班集体，老师此时此刻我非常理解您的心情，我们曾走过的路给我留下了美好而又难忘的回忆，您的精神品质值得我们去学习和体会。老师，虽然我平时不爱说话，不会表达，但是我对您充满了深深的敬佩和爱。在您去江苏学习的日子里，我们都非常想您，而且希望每天听到您的声音。我们个个都做得非常好，没做一点有损集体的事情，您难道不为之骄傲和高兴吗？

　　老师，我非常喜欢跟您在一起，因为只有您最了解我，没有任何理由使我与您隔远、与您分开，而且我非常欣赏您的管理方式和您的一切，因为它们使我终生受益。我会和老师"有福同享，有难同当"！

　　老师，感谢您用自己的生命之光，照亮我们人生的旅途，播下真诚的种子，收获丰硕的果实！

战戈：

　　张老师，我一直十分肯定我会再次分在你的班中，因为我十分怀念七（4）的美好而又幸福的时光。从你的言行中，我看的出你也很难忘。今晚，你似乎很伤心，看见你流泪的样子真不好受。一个叱咤风云的老师，能让她如此伤心，得是多么重大的事情！

　　千言万语，不如直点主题：我会一直追随着"冠秀"大将走下去，再创七（4）的辉煌。

李天娇：

　　说实话，刚分班的时候，我一点也不愿意，我不是你原来班的，但是我对这一切都"无可奈何"。在分班后的第一个晚上，也就是正月十六夜，你对我们说的那一些话，让我感动。曾有人说我做事缺少勇气，我承认无论是生活还是处理事情，我都缺少勇气，但那是过去，你知道吗？自从遇到了你，我改变了这一切，是你给了勇气和力量，让我做事情不再逃避，同时有了信心。

我愿意留在七（12）班，不为什么，就为你感人肺腑的演讲。这所有的一切都是上天注定的"缘"，所有的考验让我们更相连。既然我来到这里，认识这么多的新朋友，就是一个"天缘"，我相信这个"缘"。如果生命可以轮回，我宁愿时光倒流，让过去一切不曾发生。

老师，让我们拥抱明天！

高志良

2005年10月底，我终于踏入了早已憧憬一年多的世纪学校。在这里，我结识了可能这一辈子都会对我产生了巨大影响的里程碑似的人物——我的朋友，我的老师——张冠秀！

我并不是什么好学生，乖孩子，我写过检讨，受过处罚，跟老师闹翻过，跟老师甩过书，因此，在以前没有人欣赏我，在老师眼里，我是个坏学生，唯恐避之不及。

但在世纪这片沃土中，我找到了属于自己的土壤，更遇到我人生的"伯乐"，可能只有她懂得欣赏我。尽管有时老师在我犯错误时也会急，吓得我不敢直视她，但是她是我的朋友，她会跟我谈心，她懂得沟通。正是因为她的赏识，我总想把自己最完美的一面展现出来，尽管有时做得并不完美，但我是真心去做的。

当正月十五那天我知道要分班后，当时我的心情糟透了，恐怕要离开她，那天我真得很伤心，哭了个结结实实。老师，你不知道，我和妈妈当时的心情如何。而当第二天驶往学校的路上，我不想面对世纪，因为我怕……

但是还好，我是幸运儿，她留住了我，我可以继续跟她走下去，走好我精彩人生的开始。尽管我在她的七（4）班里仅仅待了两个月，但是老师留住了我，可能她对我的感情也像我对她的感情一样深吧。留下来，是老天对我的恩赐，是她对我的恩赐，我会表现得更出色。我愿与七（12）班共风雨，同患难，虽然算不上是海枯石烂，但也天长地久。相信我，我能行！我是十二班的一员，我有责任去爱护、去尊重她！

▲　这是2006年3月孩子们写的信

　　还好，四十二个孩子，没有一个想离开的。我从字面上看到也有心思不定的孩子，我马上做了沟通，及时稳定了他们的情绪，让每个孩子迅速适应新七（12）班。

　　（其实，到数年后的今天，我不得不说，因为班里感性的孩子较多，我必须用心地留住他们。对于大大咧咧的孩子倒无所谓，但对于这帮个性孩子，正处于七年级的下学期和八年级的上学期的成长关键期，心理承受力差，谁带我都不放心，而我觉得自己在沟通方面的办法较多，所以在分班的时候，我有意无意地选择了他们，怕他们伤不起。不知长大之后的孩子们是否理解老师的心？）

在个性孩子聚集的七（12），其他的都好说，最难的就是他们个个张扬，难以管理。但一旦发挥好他们的优势，给予权限，拿出才艺和能力，那么，这个班绝对又是冠军班，我深信不疑！

文化宣传是必不可少的步骤，在教室外的墙壁上，我跟孩子们设计了别具一格的班训"永不言败，事争第一"。有我的理念"珍爱生命"，有我寄语孩子们的思想"我自信，我成功"。孩子们用彩色卡纸做成了四十二颗心，刻上了四十二条铮铮誓言，左下角是我"写给七（12）的孩子们"一封鼓励的"fighting"信，这一切，铸就了七（12）班的快速凝聚。

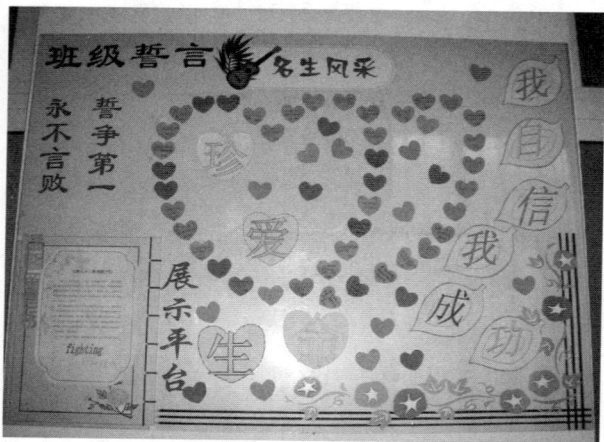

▲　珍爱生命——我自信，我成功！

3月3日，是我的生日，但对这个特殊日子，我几乎都不记得了，因为每天都在忙碌中。迎查、班级管理等正事都做不完，根本无暇顾及其他任何事情。

不知是哪个原来在小学教过的孩子透漏了信息，中午就餐时我刚踏进二楼餐厅，还没有坐好，就看见孩子们从南门和北门缓缓进入，一人端着一个餐盘，脸上满是微笑。我怔了一下："久违了，孩子们，是你们吗？这是做什么？聚会吗，哥们？""老师，祝你生日快乐——"我惊诧了。瞬间响起来80多人的大合唱："祝你生日快乐，祝你生日快乐……"我记起来了，今天是我的生日，可怜我忙忙碌碌的连初一十五都浑然不觉，感谢我的孩子们！本是其他班的就餐点，这时他们主动让开，成全了我们七（4）、七（12）新老学生的大聚会，我真感恩于世纪学生的懂事体贴了！在这里就餐的有近千人，孩子们不断过来夹菜给我，送来祝福，浩浩荡荡的气势定格在他们羡慕的眼神里，成为餐厅最亮丽的风景。

曾经消沉的心渐渐复苏，是这个庞大的综合班托住了我的青春梦想，是孩子们的热情点燃了我永远的火炬！

清明时节，是吃白蛤的好季节。周六，孩子们不能回家，只有个别通校的可以回去。我跟孩子们说，你们在校好好上课，我回家有点事儿。孩子们对我的在与不在都习惯了，随便我去。等到午饭的时候，我早已在餐厅等着。当我把热气腾腾的一大盆白蛤汤端上餐桌的时候，孩子们惊呼起来，赶紧取碗，一人一碗，有三十多碗呢！顿时餐厅里飘满了菠菜鸡蛋白蛤汤的味道，把餐厅里所有的人都镇住了。七（12）班的孩子们咕啦咕啦地喝着师生情，诵着清明诗，好不热闹！

对于离家远的学生，我总是把给儿子的水果分一些给这些常年见不着父母的孩子。很多年以后，孩子们还记得。班里的"小东北"杨贺转学到老家后给我来信——

亲爱的老师：

您好！我是杨贺，您以前的学生，还记得我吗？那东北那旮的来滴，呵呵，那时候我们的关系可不错噢！老师我们有一年多没联系了吧？可想你了，就是一直联系不上你们。我去百度上找寿光世纪学校的信息，千辛万苦才找到点关于咱们学校的信息，在里面又找了很长时间，还看到我们那时候拔河的照片。呵呵，现在想起来都激动，看到老师在那加油，突然记起来我们以前用邮件联系过，就赶紧来找信箱，还好还有老师您的地址，您别换了哈，否则我就白找了。呵呵，太激动了，还没来得及问老师好呢，老师最近身体好？您家的小孩也该上中学了吧？能联系到老师真的真的很激动，都不知道说什么好了。嘿嘿，上学那时候我作文就不好，现在说的话也就这么没文化了。呵呵，老师就将就看吧哈，老师千万要想起我来啊，我总抢吃你家小孩的水果……等有时间我看您去。嘿嘿，以后就别叫您老师了，就叫阿姨得了，祝阿姨健康快乐！

2008年4月23日

杨贺

2006年3月25日，我有幸被学校派去江苏洋思中学学习"先学后教"的教育理念，由副校长李艳带队，一行11人去江苏学习，整个过程需要一周。我跟领导请假时，特别强调说不需要任何人看班，让孩子们自主管理即可。临走，班干部们在办公楼前挥手告别。其实，他们早已偷偷开了班会，跟我说："老师，你放心去学习，家里有我们呢。"看着这些信任的朋友，我点了点头。

接近9个小时的颠簸，便到了江苏，找了宾馆刚把行李房进房间，一阵优美的手机铃声就送来了问候，原来是我们的班长苏杭借用其他老师的手机发来短信："老师，你到了吗？"并及时跟我说班里一切正常，让我安心学习就行。我感动了，真的惊诧我与班长的心有灵犀了。同行的老师说："孩子们跟你有感应了。"可不？一点都不夸张。

只在洋思中学的考察就用了三天的时间，从上课、一日常规、备课、教研会等都很仔细地学习了。收获之一就是洋思的日子真苦，其生活条件和工作环境远不如我们世纪。除了看到教师忙碌的身影和蜡黄的脸，最明显的就是吃饭。在世纪，我们师生一日三餐都有稀饭，有时八宝粥、绿豆汤、姜汤等熬得都很稠，餐厅里由专门的营养师配餐，变着花样给孩子们做饭吃，所以我们学校的孩子在同龄人中身高较高。但到了洋思，我们看着几个学生一份菜，就着馒头喝白开水，还吃得很开心。但是人家建校早，已经相当有名气，学生、老师都能受苦。好在我们领导早有准备，担心大家伙食不习惯，让孙宗光主任特地从世纪学校餐厅准备了老咸鱼和小咸菜，包了一大包。就这样，连续在洋思追踪考察，我们吃的基本是自己带的。后来我把这些事情跟学生讲了，把他们的学习环境给学生们看了，告诉世纪的孩子们好好珍惜，努力学习。这不但是对学生很好的思想教育，也是对自己的深刻反思，珍惜在世纪的学习和生活环境。

再一个收获就是采访了蔡林森校长。临去，我已从网上对蔡校长有所了解，但更想面对面感受他的办学理念。当地老师说他基本上属于半隐退状态，但是校园里随时都有可能冒出他的影子，好在我很幸运，在校园的一角找到了他。蔡校长正在做校园建筑的"监工"呢，实际上他依然用心守护着洋思中学的一草一木。蔡校长给我的感觉非常开朗，很健谈，不用说，我已经深深地明白他留恋曾经奋斗过得这里的一切。他带我参观了校园，又带我去了学校办公室。我了解了他的艰苦创业，敬佩一个教育家的坚持，了解到他吃了很多常人无法忍受的苦，慨叹一个热爱教育的人默默的奉献。最后，我希望理解他的治学秘诀，当我问到什么是对孩子最好的教育时，他在我本子上写下了——"尊重孩子，让孩子自己选择，自己对自己负责任！"我狠狠地记下了这句话，记住了蔡校长的教育精髓。

　　挤出一点时间，我们一行人来到"南京大屠杀"的遗址。每一个到南京的中国人，都应该去看看，以"勿忘国耻"。我们一到门口，就感觉被一种沉重的东西压住了胸口，我们站在肃穆的院子里，谁都没有说一句话，只

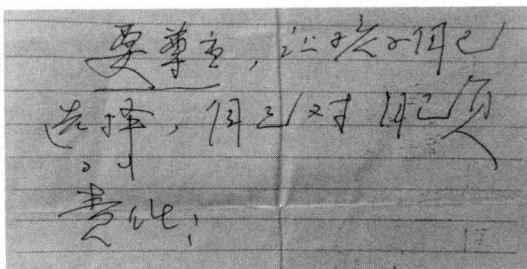

▲　江苏洋思中学蔡林森校长的手迹

是默默地看，读着墙上的浮雕，感受中国人民的不幸，整个院子里的参观者都是这个表情。我拍了很多照片，回来要给孩子们看，以后每次学到《世界地理》中的国家《日本》，我都会放给孩子们看。这是一段很好的爱国教育资料，我要让孩子们记住这段屈辱的历史！强国，是我们每一个中国人的责任！

　　江苏洋思中学、泰州中学等几个学校一路奔跑下来，一周的学习很快过去，我从第一天离开就没有询问过班级情况，因为对班干部的管理比较放心，但对孩子们有股深深的牵挂，回来的路上，真想他们了。当一返回寿光的瞬间，我舒了一口气："终于可以见到我的孩子们了！"本应顺路直接回家休息，但心里放不下孩子们，于是跟着司机回到了学校。

　　记得那个下午，阳光温柔地洒满了校园的角角落落。我风尘仆仆地拖着行李箱，在办公楼前刚刚出车门，班长苏杭和几个同学便旋风似的飘到了我的眼前。我感动！我想哭！那一刻，我真的好激动！我跟孩子们拥抱在一起，清泉般的眼泪不争气地滑落腮际。此时，孩子们已经帮我拖起行李，大家前

呼后拥地走向教室。哇，我的宝贝儿们，我们真的心有灵犀吗？这种爱，读者您能感受到吗？

等我把南京的小吃每人一份发到孩子手中的时候，他们可高兴了。班长苏杭跟我说："老师，你猜我们班的管理怎么样？"从笑容上我已经读懂，应该没问题。但是结果更令我惊讶，在我离开的这一周内，整个班级无论是自习纪律还是宿舍管理和两操，不但没有扣分还有6分的加分！这一成绩曾在学校引起一阵轰动。

于是我想，作为一名教育者，很多时候，我们是不是应该有些反思？工作中不敢放手，是不是我们有太多的不放心，把孩子们的生活攥紧了，勒去了孩子们的灵性，磨没了他们的创新思维和管理能力？深情地凝望着我的孩子们，心中不禁感叹，谁说做班主任就要像裤腰带一样拴紧孩子们，连上洗手间也要计时？谁说孩子们离开班主任就玩疯了？谁说孩子们不会自我管理？

为培养孩子们的"博爱"思想，我拿出特地去中山陵上抓的一大把雨花石，分发给孩子们。我的手掌大，一把就抓了100多颗。卖雨花石的老婆婆跟我说，从中山陵顶上带回的雨花石最有灵验，能带来好运。我把好运传递给我的孩子们，祝愿他们快乐开心。大多数孩子分到两颗，有的人分到三颗。孩子们有的把雨花石藏在文具盒里，也有人把雨花石做成了项链，大家彼此小心地呵护着我们师生之间的情谊。

无论在哪个班级执教，我的管理理念都是"以活动为载体"，培养自信和自我管理能力，以此增强班级凝聚力；无论哪个孩子，我都用同样的生命激情点燃着他们的希望。这一批新成员又将成为我手心里的宝。我没有什么高远的教育目标，只想让每一个跟我走过的孩子留下一抹成长的痕迹。真的，谨此而已。

阳春三月 世纪飞歌

2006年3月14日下午4:30，在信香格、高扬、苏杭同学的组织下，新班重组后的七年级（12）班的孩子们与班主任及任课老师，兴高采烈地来到学校运动场，"放飞希望"风筝比赛正式开始了。

"抓把泥土试试风，放开长长的线……"孩子们欢唱着歌谣，跟老师尽情地交流，他们放飞着各种各样的风筝，希望在这里诞生，个性在这里张扬。

经过激烈角逐，从风格、高度、稳度上评选出了一等奖一名：祝成功的京剧脸谱；二等奖两名：苏杭的热带鱼、郭磊的飞机；三等奖四名：李天娇的燕子、刘智的老鹰、双胞胎姐妹王迎新王迎春的飞鱼。

看着孩子们的笑脸，望着五彩的风筝，心中不由得涌起一股暖流，那手中放飞的不仅仅是风筝，而是孩子们的理想和希望啊。

风筝飞起来了，在运动场上活动的其他老师和同学们也纷纷加入到放飞的行列。一时间，歌声、笑声、欢呼声在世纪乐园的上空飘荡，燕子、飞机、蜜蜂、老鹰摇曳多姿地演奏着自然的乐章。这一切都组成了一幅和谐快乐的画卷。

▲ 外教Kehan(美国)跟我们班的孩子们一起放飞希望(2006年3月)

对于风筝比赛，孩子们激动不已——

学生感言：

放飞梦的风筝

魏丹楠

阳春三月，和煦的阳光照耀着大地。在光辉下踱上了一层金边的操场上，多了几十个孩子欢乐的身影。

哦，这是我们班的同学们呀。手里拽着长长的风筝线，五彩的风筝在天空中飘啊飘，大家开心地跑啊跑。湛蓝的天空中多了好多缤纷的花朵，朵朵都那么灿烂。瞧，有蜜蜂的，有蝴蝶的，有脸谱的，也有小鱼的。多好！大家抛开学习的烦恼，脱去考试的锁链，来到操场进行风筝比赛。银铃似的笑声洒满了操场。我和信香格举着可爱的蜜蜂，拼命地跑。猛地一扔，啊，飞起来了！在蓝天白云的衬托下，同学们的风筝都那么好看，那么潇洒。

好多老师也参与进来了，都举着一只风筝，努力地放飞。这小小的操场，仿佛有时光穿梭机的本领，无论多大的人都变成了孩子，回到了童年。看着大家举着风筝奔跑的样子，我仿佛看到了多年以后。这不仅仅是在放飞风筝啊，实在放飞自己的理想与梦啊。

飞吧，梦的风筝，理想的风筝！

我们的才子祝成功则用一首小诗来表达自己的心情：

纸鸢

祝成功

越来越稀薄的鸟鸣
寂寞了城中的天空
纸鸢啊纸鸢
山岭的巢穴一夜惊醒

惊醒的还有对故乡的思念
把我胸中的抑郁
吐纳在舒畅的风中

一片泛青的果园
一座解冻的山峰
一冬的沉闷被麻雀啄空

欢乐的影子占领晴空
一线情思
牵动着我的梦境
忙趁东风放纸鸢

活动后记：

    活力的三月如约而至，校园的各个角落呈现出一派春天的松动，小草儿、花儿伸展腰肢，沉浸在春的温柔里。我跟孩子们约好，等下周返校时要举行风筝比赛，他们可高兴了，回家做了积极准备。

    回来后，找了合适的天气，把体育课和第四节自习连了起来，在其他班里的孩子哇哇背诵的时候，我们班师生已经疯跑在春光的灿烂里。孩子们各自带了参赛风筝，大的，小的；蝴蝶的、蜈蚣的……精彩纷呈，装饰了世纪园，增强了师生情，点缀了春的梦。

    一个小小的活动，也能看得出一个个孩子的性格。祝成功的风筝就不一样，他带来了一个庞大的京剧脸谱，在运动场上异常显眼，飞得最高，已越过世纪学校的天空，飘向东南的文化广场，直到变成一个点。我都没有见过放飞得如此成功的风筝，当属第一名。张扬个性、追求卓越是他的性格，仅这一点就可以看出祝成功的心高气远，我早已断定他一定会有所作为。

    比赛结束了，放风筝活动却没有停止，一有时间，只要天气允许，我便和孩子们奔跑在运动场上宣泄心情，做好学习的放松。众多的活动，增强了班级凝聚力，我的心逐渐踏实了下来。班干部的管理日渐成熟，班级事务一切正常运转。我们班仍然保持学习成绩第一，还有文明宿舍第一等荣誉，我真的感谢孩子们。我深深懂得，在很短的时间内大家为了新"家"而奋斗的辛苦。

2006年3月张冠秀记录

在所谓的教育思想的长河里，我一直认为"活动"能拯救一个班级的灵魂——

▲ 我跟孩子们的呐喊回荡在世纪园的上空
（跟我最近的是大块头高志良）

▲ 七年级十二班获得春季运动会全校第一名

不断有老师跟我吹风说：你们班的孩子们都玩疯了，看你考试时怎么收场！其实我心里有数，个性孩子扎堆并非是一件坏事，因为个性孩子比较感性，只要让他们得到温暖，有了班级合力，还怕没有成绩？孩子们劲头上来了，个个像小老虎，力争级部第一！晚上，在我查完夜回家之后，他们爬起来躲在洗手间里学习到半夜，这些，都是直到学期结束时我才知道。我曾许诺：如果我们班考入级部前三名，就去运动场疯玩一下午；如果取得第一名，我会带大家去国际蔬菜博览会玩一个下午。

考试结束了，考验我诺言的时刻到了。当学校宣布七（12）班又获各项学习、宿舍文明班级等各项冠军的时候，班里沸腾了！

一言既出，驷马难追，我说的话要讲信用。但是当时许诺要去菜博会的时候并没有跟领导沟通好，只是有了想法而已，这次果真取得级部第一，我又怎能食言？为了孩子们，我会不惜一切代价。前前后后、跑嘴跑腿，跟学校层层部门请示，打通特别通行证的关系，再取得组委会的支持。当学校领导惊诧于我的疯狂想法后，立即支持，建议晚些时候再去，因为现在人太多。但是我却想让孩子们在菜博会最佳看点参观，因为我要的是多方面的收获：有参观，有采访，有交际，有合作。我坚持在参观的黄金期观看，门票可以自己想办法。最后，领导果断同意："去！"问我还需要什么帮助，我说只需要学校给安排一辆校车——瞧，这个傻瓜就是这么倔强！感谢老领导刘玉祥副局长对一个普通职工的包容！

实践活动时间选择在2006年4月28日，恰在五一假期前，景色怡然，这是黄金参观时节，我带着孩子们浩浩荡荡地奔赴菜博会主展区。

路上还出了笑话，临走前我再三跟孩子们说，谁去洗手间的赶紧去，省得参观时麻烦，他们都说没有去的。但刚走了五分钟，车上就有人要求停车上厕所，我一看是李岩，是班里的"费事神"。

我说："你能等一会儿吗？刚才问还没有应声，这一走就叫停，半路上哪有厕所？只能回校去上厕所啊。"

李岩说："我肚子疼，拉肚子。"拉肚子不能开玩笑，那怎么办？我赶紧叫师傅停车，看看能不能找个地方解决。

师傅说："哪里有啊，这里只有大棚。"

我只好跟孩子们说："有谁陪他去大棚'添肥'？"

满车的孩子哈哈大笑。我说这是真事儿，这么大的小屁孩，咱不能憋着。下了车，李岩又不走了，在磨蹭，简直把我们急得要命。

"你要去就快去啊！"大家都在车上，用将近100只眼睛看着他，他更着急了。最后不好意思了，犹豫着又上了车。我说算啦，师傅赶紧回校吧，李岩赶忙说不用了。凭我的直觉和嗅觉判定是他拉裤子里了，车上臭气熏天。

孩子们哈哈大笑，我立刻沉下脸来，跟孩子们说："谁跟李岩不客气，我就跟谁不客气！"

一到博览园，我安排好学生排队入园，马上陪他找厕所，相信这事他一辈子也忘不了。

到了主展区，我们选择了景色最好的3号、5号、7号、8号厅，让孩子们有序参观。每到一处，他们拍照的拍照，采访的采访。每到一处，我和孩子们都仔细观察，因为我们是带着学习目的而来的。

苏越问："为什么苗苗都挂着，还有水循环？"

"怎样做的节水育苗？滴管、喷灌技术是什么原理？"王华坤问。

孩子们观察后抢着回答："为了节约空间资源。""为了美观、环保。"

当谈到滴灌技术，还能联系上《世界地理》下册的《西亚》，这也是我采用地理实践学习的目的之一，让参观展区为学生学习搭建桥梁。我补充说："可别小看以色列，虽然它属于热带沙漠气候，降水很少，但是其节水灌溉却闻名世界。"我继续着它的历史，"以色列每年有一半以上的时间降水量不足150毫米，人年均水资源仅370平方米，是我国人民年均量的1/7。他们国家不得不因地制宜地发展农业。他们研制了喷灌技术，将水喷射到空中，分散成细小水滴后均

▲　绿色的回忆

匀地洒落在田间，能减少水的深层渗漏和地表流失。于此对应使用的是滴灌技术，这是通过田间密布的管道网，由滴灌将水和肥料输送给作物根系，使水的吸收率和肥利用率高达90％，同时防止了土壤盐碱板结化。以

▲　我和孩子们徜徉在菜博会

色列自二十世纪六十年代中期发明滴灌后，如今已发展到第六代。而我们寿光博览会展区的这些景观和部分农田也是采用这些原理灌溉的，滴灌和温室大棚造就了产业化现代农业技术。"孩子们听得津津有味，但也有同学说："老师，那是干旱国家，我们不怕，有的是大江大河。"我及时纠正："我国尽管水资源丰富，但是人均资源占有量不高，南北空间分布不均，还有季节不均等，还有近几年的污染现象非常严重，导致水资源也很紧缺。"这时孩子们反应很快："那我们必须适当用水，科学用水。""节约水，注意水的二次利用等。"就这样一个小小的实践活动，把地理课本知识跟我国的水环境结合起来，学以致用，这就是我要的效果。

团支部书记祝成功带领王华坤、刘晓亮、刘洋等同学辨认植物，各种名称跃然纸上。每个人都是小记者，一边拍照一边记录成了他们的参观习惯，几个展区下来很快就积累了丰富的资料。

班长苏杭领着李斌等几个同学对景区工作人员和各地的参观人员进行采访，还有外宾，大家用流利的口语围着一帮外宾采访。不得不说明一点，我这帮聪明的孩子们不会放弃任何锻炼自我的机会。

尽管参观、采访忙碌，可是孩子们仍不忘自己的本职任务，见到垃圾就妥善处理，还能主动扶着老人参观。孩子们的一举一动打动了我，我看在眼

里，暖在心里。孩子们懂得感恩，懂得礼仪，在这样大的场合下，他们做得那么好，没有事先刻意安排，这是孩子们平时生活好习惯的展现，只是遗憾这样的外出实践机会少之又少。

▲ 我被长长的蛇瓜吓跑

▲ 苏杭和祝成功带领同学们采访外宾

菜博会实践活动回来后，我们马上做了班级摄影展。连同我去江苏考察带回来的南京大屠杀的照片、孩子们的假期旅游照片和蔬菜博览会的采风一起，做了"勿忘国耻"（南京考察带回图片）"江山如此多娇""菜都风情"

"山水奇观"为主题的"七（12）的天空"师生摄影展，充分体现了我们热爱自然、热爱生命的高尚情怀，丰富了班级课余文化生活，培养了学生的审美能力。

▲　江山如此多娇

▲　"七（12）"的天空

▲ 孩子们在网络上查找学习资料

从那时起，我就有一种预想，终有一天，我们会把课堂搬出教室，让孩子们在自然中、在大地母亲的怀抱里成长、放飞自己。为补充新知识，我们可以随时上网学习。等完成课堂任务，便打开电脑网络漫游，教会孩子们搜集资料的方法，课堂氛围其乐融融。

我很幸福，遇到这些有灵性的孩子，他们思想一直很活跃。我们的娱乐活动不断，自编自演小品，丰富班级生活。

在初中部设计出走廊文化之前，我们班就在教室墙外随便涂鸦，张贴孩子们的作品。好在学部领导对我们的活动总是宽容以待，给予最大支持。

新班很快稳定了下来，学习、纪律、文明宿舍等很轻松地在级部稳居第一名，我看到了七（12）班的新生力量不断蓬勃向上，一个崭新的不断超越自己的新班集体再一次诞生了。

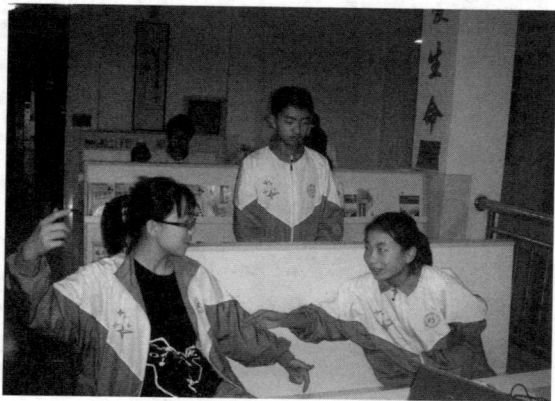

▲ 魏丹楠和苏杭、郭成栋在书吧排练小品《打工奇遇》

班级各项评比均获得第一名，活动频繁，成绩突出，礼仪规范，我感动于孩子们的真情付出。看着这帮个性孩子的健康成长，我向领导提出申请，能否带着这个班一直到初三，中途不接受分班，连做两年的班主任？但是回应说没有这个特例。于是，我没有再坚持。我别无目的，我只是担

▲　丰富多彩的墙报

心这群个性孩子的成长，因为七年级下学期和八年级上学期是孩子们的心理和身体的特殊成长时期。

也罢！新学期，经过再三考虑，我选择退出班主任队伍，很坚决、很果断。退出，也许是一种逃避，也许是自己想寻找教育孩子的另一片晴空。

当然，退出班主任并非中断自己追寻的教育梦，而是感到自己

▲　七(12)的班干部(左起苏英杰、祝成功、高志良、高扬、郭成栋、苏杭、魏丹楠)

▲　七(12)的宝贝儿们

知识匮乏，想正规地学习专业知识，用另一种方式更加亲近孩子们。其实，这段经历也是为我后来学习心理咨询师奠定了思想基础，一种迫切的念头，真的想做实实在在的教育者。

多少年过去了，我和

孩子们的故事如在眼前，日子过得很充实，但也很迷茫，自己想做的事情，总有很多困难和阻碍。我曾不止一次地试图忘掉那段记忆，无论以什么样的方式我都无法结束对七（4）和七（12）的留恋，心头抹不去的是孩子们的灿烂笑脸，七（4）的世界五彩，七（12）的天空缤纷，一群追寻自由和爱的师生曾经尽情描绘着生命的彩虹，挥洒着属于自己的青春梦想。

我和孩子们一样流恋那段时光——

给七（4）和七（12）的班主任；给无数次送我回家的人；给那个让我们流过泪的教师节；给那年的平安夜和无数早操的清晨；给你，我最最最最敬爱的张老师；给我们一起走过的道路以及所有疾驰而去的时光⋯⋯

张老师，你知道吗？那年被你温暖照亮的孩子已经长大，并学着照耀别人。

张老师，你知道吗？我们那年留在世纪操场上的笑声叫做青春。

张老师，你知道吗？我们爱你，就像你爱我们！

祝愿自己一生中最敬重、最独一无二的老师元旦快乐，万事如意！永远像我们还都十五岁时那样，满怀着勇敢与激情地生活！

您的学生祝成功于2010元旦

我始终信奉淡薄名利的人生，清爽自然；急于功利的教育，不可能走远。能跟孩子们一起，做一个扶红花托绿叶的草根老师是我最大的心愿。由此，"活动即教育""教育即活动""没有活动就没有教育"的理念在我心中强烈萌芽，并茁壮成长了。

走了那么多年，虽然也有小小的收获，但我的心中仍然存在着一个疑问，而且这个疑问越来越大，越来越强烈，那就是——我们的教育究竟向何处去？

第二章　追问教育

我们的教育究竟向何处去？

当我那颤抖的灵魂小心剥开埋在心底多年的这个疑问时，仍然信心不足，甚至感到非常惶恐。因为一个偌大的"教育"问题，牵涉到民族的腾飞，国家的发展，社会的进步，人类的幸福等问题，岂是一个草根小地理老师去说一道二做三的？尽管对心中自以为对的教育方式实践了十多年，但真没有胆量面对自己要厮守一辈子的职业。不过，教育是我二十年来一直所做的事情，而且还是以后要继续做并做好的事情。结合自己对教育所谓的思考和实践，经三思之后还得吐出心语。

大凡对教育有感情的人，多是明确当一名教师的目的是做什么。如果用最简单的词语概括，书面上的教育就是"教书育人"四个字，但实质的内涵却远远不止这四个字。大多数老师包括自己（在"大地理"教育探索前期），只注重"教书"，在"育人"方面减弱精力或是根本不去关注，因为人人皆知"育人"不是一朝一夕就能做好的，也不是一个人几个人就可以做好的，更不是通过一件事几件事就能做好的。我认为教育本身是一个群体性的劳动行为，需要多人甚至几代人的长久努力。所以，在当今浮躁急于眼前功利的情况下，即使全身心倾情付出，也不一定能做到让大家，哪怕仅是一少部分人满意的程度。

当然，有什么样的体制，就会有什么样的教育目的。同理，不同的教育目的培养出来的人，肯定是不一样的人。就国内外教育的发展现状而言，每个国家也各有自己的观点。

德国二百年前的教育宣言曾经如此说道："教育的目的，不是培养人们适应传统的世界，不是着眼于实用性的知识和技能，而要去唤醒学生的力量，培养他们自我学习的主动性，抽象的归纳力和理解力，以便使他们在目前无法预料的种种未来局势中，自我做出有意义的选择。教育是以人为最高的目的，接受教育是人的最高价值的体现。"

在中国台湾是这样定义教育的："教育之目的以培养人民健全人格、民主素养、法治观念、人文涵养、强健体魄及思考、判断与创造能力，并促进其对基本人权之尊重、生态环境之保护及对不同国家、族群、性别、宗教、文化之了解与关怀，使其成为具有国家意识与国际视野之现代化国民。"

西方教育中以哈佛为例，希望学生毕业后能够："第一独自探索世界；第二建立对知识的好奇；第三具备探询与解决问题的能力；第四能把找到的解决方法与他人沟通；第五培养创造力，用崭新方式看问题。"这五条似乎没有一条在中国现行教育体制内能够实现。西方一些教育和社会发达国家，他们的孩子，从小学中高年级开始，就和家长、老师一起去图书馆钻研，去查资料，去探索诸如第二次世界大战的成因及后果，以及历史评价等宏大的课题，没有标准答案，而是让他们自己去分析原因，寻找答案。而我尤其欣赏英国教育家、数学家、哲学家怀特海的一句话："学生是有血有肉的人，教育的目的是为了激发和引导他们的自我发展之路。"

我国的教育目的是什么呢？是把受教育者培养成为具有一定社会价值的人，是根据社会的政治、经济、生产、文化科学技术发展的要求和受教育者身心发展的状况来决定的。

十几年来，我一直从事的地理学科就是一门进行环境教育、人口教育、资源教育、生态教育、人地关系教育、可持续发展教育、自然灾害及其防治教育、国土整治和区域开发教育最现实、最顺达、最有科学基础和思想生命力的科目。现代地理学科的重要性和教育功能性，以及如何得到社会的认同和教育决策部门的充分肯定，决定了这一学科在基础教育中的应有地位。当然，这只是理论，真正操作起来并不是那么回事。虽然地理被公认为对孩子们未来的工作非常有用，但地理教育在我国的地位并不高。一部分中学对地理教学的作用认识不足，仍然把地理放在不受重视的小副科地位。在课堂教学中，绝大部分教育工作者以课本为中心，基本上是一人讲授，多只是提供信息，缺少引导学生处理信息的过程，学生的合作意识和探究能力以及在活动中得到的情感价值观的升华更无法得到拓展。对于基本地理实践活动的开展，很多人更是不敢尝试，不仅仅因为安全问题压制了一切活动，他们甚至片面地认为地理学习就是只有待在教室里学习，不用费脑去组织什么实践活动，忽视了大自然课堂对学生的身心发展的引导性和重要性。即便有所谓的活动课，很多是被教室里的生态平衡、自然灾害形成等科普视频代替，这还算是较有责任的教育行为。

事实上，我们的教育对象所需要的知识远不止课本，他们处在经济全球化的时代，是新时代的弄潮儿，课本上固守的知识已经不能成为其健康成长的营养品。几米高的试卷拼杀和漫漫题海战术也不是地理教育的全部内涵，更不能被哪怕是最小的一项户外实践活动代替。单一的学习框架、浅疏的课本问题不能为他们活跃的研究思维提供多少的灵性帮助。对此，作为创新型的老师如果能创造条件多开展丰富多彩的实践活动，会较大幅度地提高学生对地理知识的终身学习兴趣，帮助他们深入了解环境观、资源观和人地协调观等，让他们拥有较高的地理素养。

至此，我非常赞同泰戈尔的一句话："教育的目的应当是向人类传送生命的气息。"我们的教育本质是人的灵魂的教育，而非单纯的知识和认识的堆积，这是教育久远而宏大的终极旨趣。而地理，作为一门应用较广泛的学科，应该是通过各种活动去引发学生对地理的探究兴趣，若仅仅局限于某些知识点的记忆，就失去了地理作为自然学科的学问延伸。

带着这种思考，我开始了所谓的创新课堂尝试。尤其在2004年考入寿光世纪学校后，自己凌乱的教育思想在国内外学者先进理念的冲击之下，提升特别快，有一种强烈的改革意识不停地敲击着我的大脑。在初级地理教育阶段（尤其是七年级），认识到地理的"唯分数"论只会带给学生暂时的记忆，不会有永久的地理素养和梦想追求，我再也不忍看到学生的成长在应试教育下继续打折。

于是，在2003年到2007年最初的思想碰撞磨合之后，经过"初中地理课堂生命力的实践研究"的尝试，我于2008年年底大胆开启了绿色教育——"大地理"教育，即从心理健康方面的援助到课内的自主学习，再到课外环境教育活动的完美融合。当然，"大地理"教育并非不要分数，而是在频繁的活动中激发对学习的热情，让孩子变成"我要学"的状态，将分数和获得兴趣后的地理素养最佳结合，为孩子们提供了一套可持续健康成长的营养餐。就这样我一不小心成为新课程下"大地理"教育的实践拓荒人。

一个基层教师多年来坚持做别人眼里的"另类"教育，遇到的困难自然不会少，但这些都是我在职业成长生涯中一步步走向收获的台阶，正是这些所谓的小曲折才让我和孩子们的活动世界更加富于魅力。是的，感谢每一个伴我和孩子们成长的元素，无论积极的，还是消极的。其实，做教育不一定必须成为大师，不一定必须被人记住，只需要问心无愧，对每日厮守的孩子们，抑或是对自己的良心。可以说无数次的欢歌和笑语，无数次的失败和泪水促成了一条生生不息的流淌的小河，我和孩子们在这条小河中快乐地游弋着，成长着，追寻着——那个遥远的却很现实的绿色教育之梦！

实践的路上
喜忧参半

第二部分

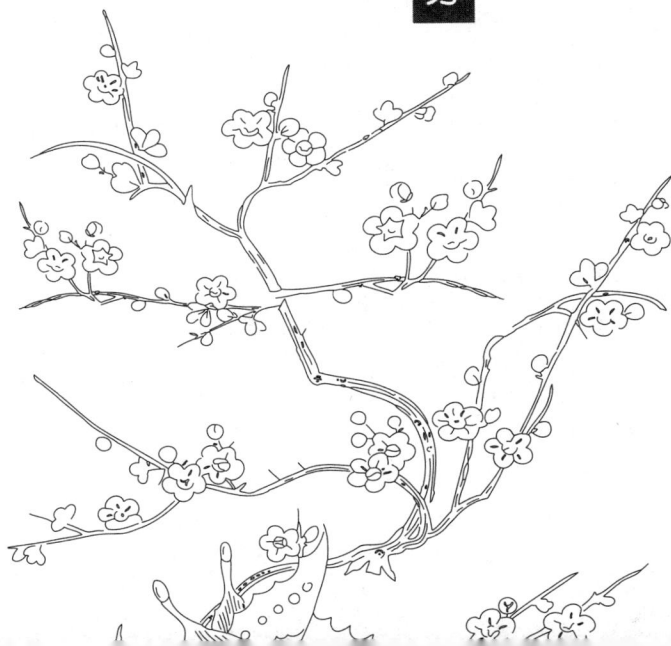

虽说，有了梦便有了方向
但仍几度彷徨
一个柔弱的小副科老师，能否
完成庄严的使命——心中的育人之梦
实践的道路漫长无序
肩上的责任压痛了前进的心房
不是1个或2个365天
就能在搁浅的荒原
采撷到丰硕的果实和美丽的花环

默默地去做，竭力地呐喊
坚守，换来了孩子们红润的笑脸
一个又一个跳跃的火苗，燃烧
在逐渐泛绿的原野，是的
星星绿火，可以燎原
一草一叶皆春天
课堂的妙语连珠
实践的构思巧妙
促使每一棵小树苗茁壮成长

只有经过爱的滋润
才会有鲜活、美丽和不朽的生命辉煌

第一章　拥有阳光心灵

有一种心痛，来自无助的沼泽；有一种无助，来自对孩子们爱的荒漠。

面对八年级的地理会考教学工作总有说不出的忙碌，压力来自家长和学校的发展前景，无可非议，这是事实。

连续3年（2006～2008年上学期）的会考班教学，留给我的教育印象似乎淡无，唯一的感觉就是每日的题海战术，紧张的氛围已经不允许有任何课外活动的组织与参与。对总体战略我并不反对，这是当前应试教育所必须的（这成为我后来离开会考班的一个重要原因）。所以，我特别留恋七年级跟孩子们在一起的时光，那是人生的一段重要历程，那种疯狂老师和灵性孩子们一起忙碌活动的美，任何一幅画卷都无可比拟。它镌刻在一个教师职业成长的心海深处，孩子们犹如一个个快乐的音符，我们共同谱成一曲优雅而壮美的成长之歌。

是的，随着时间的流逝，在课堂中、校园里，我发现了有很多与年龄不相称的脸。本应是大好欢乐年华，为什么如此美丽的脸庞竟满是乌云？我感受到了，是孩子们的心事太重，压力太大。我产生了一种强烈的想法，就是去帮助孩子们恢复阳光心灵。于是，我试着走进孩子们的心里，因为没有任何专业学习的机会，也不深懂心理与教学究竟有什么重要关系，只能凭着直觉摸索，主动接近需要心灵呵护的孩子们。

就在我迷惘的时候，在胡立业副校长处发现了一本介绍心理咨询师的书。我的眼睛一亮，几年前就想接触心理学，苦于没有机会。而今，能放过吗？当时没有多余的资料，就趁着领导忙时借来快看。许久的期盼让我对心理学变得渴求，很快就在头脑中逐渐建立起心理学与学生成长的关系，师生、家庭等人际关系。当时想报名考试却暂时没有资格，但我抓住了这次学习机遇，抛开一切，于2007年积极准备报名学习，直接报考了当时的最高级别——国家二级心理咨询师。

从大年初一下手，把二级、三级的书熟读，我知道自己的头脑不如别人，只能笨鸟先飞，多摸索，多思考。下班后，图书馆的顶层楼梯上安静，一杯水、一个坐垫就能学得津津有味。初中部教学楼的楼顶也是我学习的地方，除了蓝天、飞鸟，还有一个为学习痴狂的家伙——这就是我的天堂。我可以呼吸着自由的空气，寻一张铺板，捧着书，盘腿一坐，便立刻陶醉在美妙的心理学世界，那片自己一直凝望的心空。最终在6月顺利通过笔试，并以全区第一名的答辩成绩取得国家二级心理咨询师的证书。当然，这仅是我心理教育的开始。

还好，一边学习，一边实践，有案例就主动接，跟市里第一批考取的心理咨询师及时沟通，学习怎样处理教育教学中的心理应激事件。实战加深了我对心理学的认识和理解。在物欲横流的今天，我认为心理学是一门非常有趣而且重要的学问，很实用。我正用一种持久教育的心态对待咨询者，包括后来的学生生涯规划工作的切入。我是真的想走进孩子们的心灵，而我也适合做这些事情。

除了初中部5个班的地理课，我还在学校阳光心灵活动室做兼职，每周都有固定的课时和活动。每个学生身上都有闪光点，谈心、交流是一个老师在教学中必须做到的事情，及时了解学生的心理状况并疏导他（她）的情绪问题对教师的工作很重要。任何一名教育者，都应该对学生的年龄特点、心理特点以及存在的心理障碍作全面了解，这样才能对某些问题防患于未然。

积极乐观的生命价值观是提倡实践的"大地理"教育观的核心之一，作为真正的教育，不能眼里只有孩子们的高分数，我们更应该注重孩子的心理健康，在心理活动中提升其自信品质、出色的语言表达等综合能力。

以下是记录的几个团体心理咨询案例，我和孩子们在活动中体验到成长的快乐。

一、团体心理活动手记

团体心理活动给孩子们增添了创新思考的空间，还能让他们从小游戏中明白大道理，能够培养学生的团队合作精神、增进其沟通意识，体现协同工作在解决问题中的作用，让他们学会克服看似难以解决的问题。

1. 森林脱险

下午的活动课，我们做了一个非常有挑战意义的游戏——我带领孩子们在世纪学校人工河东岸草地，利用网架、网绳、标记牌、铃铛，跟孩子们做了一个名为"森林脱险"的游戏。

首先，我将孩子们分成由8～12人组成的若干个小组，然后对活动进行讲解："孩子们，你们小组已经陷入一片原始森林中，走出森林的唯一出路被一张巨大的蜘蛛网封锁了，你们必须从蜘蛛网中钻过去（不能从底下或上面过，不能绕道过去）。值得庆幸的是，蜘蛛

▲　巧奔妙逃

目前正在睡觉，但不幸的是，蜘蛛很容易被惊醒。在穿越蜘蛛网的过程中，任何人一旦碰到蜘蛛网，蜘蛛就会扑过来咬人，造成正在穿越的人和已经穿越的人立刻双目失明，甚至死亡。另外，每个网洞只能用一次，即不同的人必须从不同的网洞中穿越。"

在多个小组参加游戏的情况下，让先做完游戏的小组做监督员，观察其他小组的游戏情况。等所有小组参加完游戏之后，引导学员们就合作、沟通、冲突和领导等问题展开讨论。

　　一个小时的活动在快乐中结束了，孩子们兴致未尽，还希望多做这样的游戏。我回顾游戏的过程，刚开始的时候，同学们都不愿意最先穿越，等待他人，这样就冷场了，偌大的场地上静静的，没有一个人尝试。我问："为什么不试一下呢"？他们说："观察一下，很想有谁领头做，我害怕会惊醒蜘蛛，被它咬住自己就没命了。"这时我就再打气，说："这是唯一走出森林的途径，天已经黑了，还会有其他大怪兽出现，那样就会更危险。"这时勇敢者李明明出现，试探着想慢慢爬过蜘蛛网，但是很快就弄响了铃铛，被毒蜘蛛"咬住"了，同学们都"啊"一声，说："死掉啦!"又没有人敢上前了。

　　我看在眼里，急在心里。怎么会这样呢？单是模拟，孩子们就如此害怕吗？这样下去，两个小时也做不完呐。这时，我观察到了一个现象，当李明明在穿越时候，周围的人竟然没有一个上前帮忙的，眼睁睁地看他被毒蜘蛛咬住。这是不正常的，一个同伴在如此危险的时候，有那么多的围观者，却不上前帮助，是没有足够的爱心，还是没有意识到同伴的危险？于是，我换了一个策略，改为六人一组，可以两边都有人，并再次提示："你们是好朋友，看看哪团队最先穿越成功？一定要想法设法去营救他们!"孩子们这才有所省悟，有抱腿的，有托屁股的，有两人架着胳膊的⋯⋯尽管网洞很小，也基本都能过去。孩子们看着有了希望，其他的小组就开始做了。

　　网洞小，瘦小的同学能在其他同学的帮助下，较轻松地通过，但是胖一点的同学就不好通过了。这时，孩子们也没有放弃，说什么也不要落下朋友。大家齐心协力对胖同伴"挤压""推搡"，我们从快乐的游戏中收获了很多。

　　七（10）班韩雨倩：团队是无敌的，虽然知道未来有许多艰难的阻碍等着我们，但我知道大家携起手起来，一定能克服，因为我们有着最大的力量——团结!

　　七（9）班仲腕情：这个游戏很难做，但张老师"逼着"大家想尽一切办法穿越蜘蛛网，也促进了我们的团结。虽然只是一个游戏，看似简单，但是一个人是绝对不能通过的，必须靠大家的力量。

七（5）班张晓旭：通过这个活动，我感受到了团结的伟大与灵活技巧的用处，在做这个活动时，同学们的团结令我感动。同学们奋不顾身地为同组的人员脱险，随后自己再走。在这个活动中，我还知道了日常技巧的运用，做事要动脑筋、用智慧、讲团结，才能成功！

七（10）班柴雪婷：活动考验了团队的合作能力。由于网上的孔较小，身体不容易一下子钻过去，因而导致了许多人身体过去了，忘了后面的脚，微微一碰就会触到网，引起铃铛的响声。这也考验了我们的耐心，由于网洞较小，身体不容易过去，也考验了我们身体的柔韧性和调节能力。活动中，促进了我们各方面的发展，重要的是培养了团队意识。

孩子们的收获很大，我们需要的是一个团队的力量，通过交际、合作等技巧完成。学习如此，生活亦是如此。

2010年5月25日张冠秀记录

2. 解开手链

本来心理社团有20个同学参加，因一人缺席，我代替参与。我把20个人分成两个大组，每组围着站成一个向心圈，每个队员和两边的队员手拉手，并记住你左右两边的人。随着背景音乐的响起，我和孩子们放开手（链接），随意走动，音乐一停，脚步即停，站在原地，尽量去找最先连接参与人员的手，尝试拉起来。直到小组中所有参与者的手都彼此相握，形成了一个错综复杂的"手链"。在节奏舒缓的背景音乐中，主持人要求大家在手不松开的情况下，想方设法，将交错的"手链"解成一个大圆圈。

围成两个圈时，人数较少，感觉游戏还能进行，几句提示后就能轻松解开了。我试着将20人组成一个大圈，照规则再做一轮，却有了难度，我的顾虑增加了，这么乱，还能不能解开呢？大家看到自己的手被纠缠在一起时，心想要解开这条大"手链"是件不可思议的事。但老师告诉大家一定能解开。孩子们比我乐观，他们说："老师，我们一定能行的。""好吧，一起努力！"一会儿便出现了障碍，刚解开了几个，成了死结。我打趣地提示说："现在我们正在悬崖上，目前只有一条路可走，就是解开链子求生！"不一会

▲ 我挤在孩子们中间

儿，孩子们找到了出路，互相提示着解开了一大半，刚想放松，但又出现了险情，还有五个同学交叉在一起，又成了死结。孩子们已经没有了信心，而此时已经过去了3分钟，这时指导老师张乐华提示了一句："可以改变方式呀？不一定非要站着呀？"孩子又一次活跃了起来，有蹲下的，有转身的，有不断语言提示着的，一环又一环，最后终于取得了成功。

我几乎不相信自己的眼睛，哇！我和孩子们跳了起来，欢呼充盈在阳光心灵室。

孩子们感触很深——

韩雨倩：大家可以随意走动，彼此的位置和先前不同。一组人的拉手姿势也呈现出错综复杂的状态。这时需要大家互相配合。我们是一个20人的大圈，经过很长时间的努力，终于，混乱的交错形势舒展成原来的一个大圈，此时大家都发出了惊喜的狂叫声，品尝到了打开心结的快乐与舒畅。

柴雪婷：我们除了快乐还体会到，每个人都属于集体，他的一举一动都会影响到整个集体。一个桶能装多少水，取决于最低的一块板。所以，每个人的行为，不仅要对自己负责，也要对所在的集体负责。

王艺蒙：手拉手，手臂与手臂相互交错，的确是结成了一个复杂的"人结"。但是经过一番穿梭、跨越，复杂的"结"一点点变得简单、明显和容易。虽然在此过程中多少会遇到些麻烦，但在大家共同的努力下，最终还是

变成了完整的圆。看到集体力量的成果，我们每个人心中感受到的是成就感。只要大家的心往一处想，再复杂的困难也会在微笑中被化解。

　　游戏开始，大家看到自己的手被随意纠缠在一起时，心想要解开这条"手链"是件不可思议的事。没有指挥，没有思路，各人产生的想法还会出现冲突。所以游戏需要有个过程，在这个过程中，领导者、指挥者、服从者自然出现，各人的思路进行碰撞、融合与认同，最后形成集体的智慧和力量。

　　随着游戏的进行，大家的兴奋度越来越高，因为从解开10人"手链"到20人"手链"表现出的兴奋度是不同的，感受的成就感也不同。当20人的"手链"解开时，听到的是发自内心的欢呼，每个人脸上洋溢着幸福感，大家通过团队的合作，感受了成功与快乐。

　　当出现"死结"时，有人怀疑、有人动摇、有人放弃，主持人的暗示与鼓励可以让团队重新激活，有人指挥、有人配合、有人建议，新的思路出现，新的希望出现、新的局面出现了，"死结"解开了，大家感受的兴奋与喜悦更强。

　　我引领解10人"手链"、20人"手链"的目的，就是想通过增大解开的难度，促进团队成员间的探索与合作，从而感受成功的快乐。结果，我们做到了。

2010年3月23日张冠秀记录

3. 我们一起"造房子"吧

　　在体验中健康、快乐成长是我做团体心理活动的宗旨。为让学生根据自己的能力，在团队中找到最合适的角色位置，培养学生遇事冷静、理智、寻找规律、克服盲目与盲从的能力，我和孩子们一起创造了"造房子"游戏。活动看似简单，道具只有一根绳子，一个眼罩，但是在眼罩的"干扰"下，想做出心中的设计，也是不容易的。

　　集合学生，先讲建造"房子"的程序：请15名学生参加游戏，自主分组，由小组长发给每人一只眼罩，戴好后商量本组的设计创意。我发给每组一根绳子，并明确要求完成本组的设计，要适合我们人类"居住"。三个小组成员在戴上眼罩、不用语言交流的情况下，用绳子分别拉出自己的设计，可以通过场外的同学鼓掌确定已完成。最后，参加游戏的学生与其他学生交流感受。

经过一段时间的摸索，1号组的同学很快完成了，欢呼雀跃了起来。3号组的袖珍房子很难容脚，小组长早已在指挥，成员已经就位开始创作。2号组的同学仍继续在地上摸索。

1号组的陈晨说："这个游戏本来觉得很简单的，但做起来并不容易，本来以为我们合作的很默契，做的会很快，但是，我们在做烟囱的时候出现了分歧，好歹我们听了组长的，大家服从指挥，这才最快做好。"尽管1号组最快，但是陈晨的总结也不无道理。

▲ 孩子们在自己的房子里飞

3号组的男孩张超说："我原以为我的动手能力可以，但是一戴眼罩就找不着方向了，一根绳子怎么也摆弄不好。另外，我们小组没有自己领导者，谁都想这样做、那样做，结果谁都做不了。"

分组时，因为有四个男生，要插进不同的组内，女孩子们谁都不乐意，现场出现了尴尬。我及时说明，这个四个男孩子的创意非常好，他们的动手能力强，对造"房子"很有帮助。这样，女生才欢迎他们进组。这令我想到一个青春期的问题，孩子到了一定年龄，对于异性会产生既希望接触，又怕被人看到的朦胧感觉。

做这个游戏如果没有语言交流，不好做，花费的时间太多，达不到预期的效果，后来我就放宽了规则，让他们戴着眼罩，在自由交流的情况下去做。还好，其中1号组在极短的时间内做完了，他们欢呼起来——很大方、很可爱的一座"房子"！但是两外的两个组，出现了麻烦，仔细观察，是他们的配合欠佳。

2号组的四个女生、一个男生配合不起来，他们发生了争执，男生说这样走，女生说那样拐，最终把"房子"造的又细又长，而且倾斜得很。不过，我和场外的同学及时给了鼓励，我开玩笑说："哪天我们想去教堂看看的话，一定选你们的'房子'"。另一个同学打趣说，这是"比萨斜屋"。

3号组做的时间最长，可造出的"房子"最小，我让他们的组员打开眼罩看时，他们惊呆了。一根六米长的绳子，居然做出的是一米见方的"建筑"？这就是差距，合作的差距、"领导者"与"被领导者"配合的差距。

看着孩子们的快乐，我满载收获。是啊，同样的一件事情，由不同的人去做，创意不同，理念不同，小组的合作氛围不同，做出的成果会大相径庭。游戏是如此，生活亦是如此。在游戏结束的时候，我叫他们拉起手来，看能否在自己的房子内站住脚，拍张合作的照片。1号和2号组的比较顺利，但是3号组的就做不来。其实这个动作很简单的，几年前，我们的名誉校长李振村和夫人心理学博士庄教授来我校做心理讲座时，曾做过"用一张小小的报纸，上面站上十几个人"的团体心理实验，结果是成功的。但是，现在只有五个孩子，在一平米的"房子"内，为什么就做不出来？这也是一个值得我们继续思考的问题。

2010年6月24日10：30张冠秀记录

二、个体心理咨询手记

1. 倾听，让我们走得更近

已是夏季，下午大课间（刚好是期中考试结束的第二天），我站在大厅的东门向天井张望，等待下来锻炼的同事。今天风大，人不多。

这时，一名高个子女孩面带愁容向我走来，步子很急，仔细一看，是东营的李丹，初三的。我有点纳闷儿，眼前随即出现了我们第一次见面的情景——

休大周，我接到替班任务，要送东营的一车孩子回家，我跟这女孩坐了一个座位。尽管是第一次见面，却丝毫没有陌生感。她告诉我名字和家里的情况，说为了到我校上学也放下了自己喜欢的钢琴，说处在青春期是如何的困惑，说她姐姐在英国求学多么刻苦，说爸爸妈妈喜欢打太极拳……我说自己也在学"陈氏七十三式一路太极拳"，还跟她一起看我师傅的手机录像。孩子很健谈，一个多小时的路变得好快，我只是静静地听，握着她那弹钢琴的纤纤玉手，时不时插上几句，把她逗得很开心。临下车，她把家里的电话给我，说："老师，我可以跟你交个朋友吗？我感觉跟你在一起很快乐。以后你有时间就来东营，我让爸爸妈妈带你去太阳岛玩。"我对她的邀请和信任表示感谢，其实我觉得没有做什么，只是握着她的手，用心地去聆听了一个孩子成长的快乐与烦恼。下车时，我告诉她如果有什么烦恼，就第一时间到初中部1号楼110办公室找我。

我的脑海中还在闪现着与这个孩子的交流，她已经走到了眼前。我张开双臂，等待这个需要帮助的女孩。"丹儿，怎么啦？"我亲切地称呼她，还没等我说出口，女孩已经扑到了我的怀里，泣不成声了。我理解她此时的心情，她需要向我倾诉。我并没有问她，只是用宽宽的肩，拥抱着高个子女孩，身体轻微晃着，用脸靠近她的头部，让她尽情地诉说。女孩啊，就是水做的，只一会儿，眼泪就打湿了我的外套，李丹终于把事情说完。看，她受了多大的委屈？原来是考试不理想，老师和爸爸一起夹击，批了她一顿，她接受不了了。"哦！好孩子不哭，漂亮女孩儿不哭，这次没考出水平，咱好好分析原因，再努力，还有下次呢！老师最相信你了，一次小小的失败算得了什么？嗯，还有，非常感谢你，把老师当朋友看。"慢慢抬起女孩粉红的泪脸，轻轻擦去她委屈的泪花，用我的额头顶着她的额头，做了个鬼脸："笑一个哦？"女孩笑了，那可爱的小脸儿霎时成了带雨的梨花……

我没有说很多的话，就是采用了心理咨询中的倾听技巧，全神贯注、设身处地地去体验孩子的内心感受，叩响孩子们的心灵之门。倾听是温暖孩子们心灵的一缕清风，它能吹散笼罩在孩子心头的阴霾；倾听是划破漆黑夜的流星，能给孩子带来希望；我情不自禁地使用了我的习惯肢体语言：一个大大的拥抱加上一个鬼脸。孩子需要的不多，只希望我能认真地听她把事情诉完。

　　我不禁想起了一句外国谚语："用10秒钟的时间讲，用10分钟的时间听。"人在各种交往中，不仅要学会交谈，还要学会倾听，倾听是一门艺术。是的，让我们用心倾听花开的声音，和孩子们走得更近。

2010年7月30日张冠秀记录

2. 男孩为什么不喜欢体育课？

　　我校的生源范围较广，而且是寄宿制，所以有很多故事让人回味。

　　在一次心理咨询中，一位妈妈向我诉说了一件"孩子不喜欢体育课"的事情。当时我很惊诧，说体育课本是男孩子们最喜欢的啊，但是跟孩子、家长仔细聊来，才知道作为老师，我们做得还远远不够。

　　迈克，12岁，男孩，好动，身体素质较好，妈妈几乎十项全能，爸爸也喜欢运动，擅长长跑。迈克曾在一年级时多次问妈妈，自己为什么不能参加运动会，表示对运动会很渴望。迈克非常喜欢体育课，常常领跑，是天生的体育苗子，一直说跑步是他最喜欢的事情。而学校运动会参赛范围是三到八年级，出于安全和其他问题的考虑，低年级不能参与。到了三年级，迈克有了参加运动会的机会，他主动报名，说一定要给班级挣分。他终于在人生的第一次运动会上展现了自己，跑出了400米第一名的好成绩，只差一秒破校纪录，还取得了跳远第三名。接下来的四年级亦是400米差一秒破校纪录，跳远第二名。孩子对体育的喜欢超过其他艺术科，一直把体育叫做"好课"。

　　然而，到了五年级，他对体育却失去了兴趣，一提体育课就不愿意去上，甚至愿意待在教室。原来迈克极其好动，第一学期的一节体育课上，在做准备活动跑圈时，迈克抢先带领所有的男生超过了女生，老师说他不服从纪律，让他以后要再上体育课，回去找班主任处理。迈克遇到这种事，不敢给妈妈丢面子，当即去办公室，找到班主任说明情况。班主任当时正忙，扔下一句话："别到我这里，去找你妈！"因为迈克的妈妈就在同一所学校任教。迈克沮丧地找到妈妈，妈妈问明原因后，跟各个老师及时沟通孩子的特点，让老师了解迈克的体育天赋，鼓励迈克回到班里跟老师道歉后继续上课，但是迈克却不想再去了。直到下一节体育课，体育老师找准机会跟他说："老师说了一句气话，你就当真了，那件小事我早忘了，快上课吧。"然而迈克对体育课并不如从前热情，对秋季运动会也不怎么感冒，最后是在其他同学的怂恿下报了名。因为没有经过训练，迈克喜欢的跑步得不到很好地发挥，成绩不理想，400米第四名，跳远第五名。在第二学期，迈克又惹事了。有一次，老师要求跑圈做准备活动，迈克提前跑完了，在一个篮球上坐着休息，等着同学们。因为没有按照规定的动作站好，于是他又一次被老师赶出运动场，说："你——回——去！不要再上体育课，找你班主任去！"当迈克低着头找到班主任时，班主任做了跟第一次一样的处理意见，说："你也真是的，净找事儿，上体育课也让人费心，找你妈去！"迈克的妈妈看到儿子掉着眼泪走进自己的办公室，了解了情况，感到非常无奈。她教育儿子及时给老师道歉，要他遵守课堂纪律，不能给任何一个老师的管理带来麻烦，并告诉他户外课老师都很辛苦，一定要尊敬老师，但同时又因为孩子即将失去对体育的爱好而痛苦。

从此以后，孩子不再喜欢体育课，缺席春季运动会，运动场上从此少了迈克的风采，少了一个要强的孩子得到冠军时的骄傲和自信。当妈妈问及原因时，他说自己胖了，不想运动了，然而事实并非如此。

六年级的迈克，遇到了一个赏识他的体育老师，因为迈克喜欢篮球，而体育老师注重孩子们的爱好，在完成教学任务的同时把课堂搞得很活跃，迈克很快就喜欢上了体育老师，并重新喜欢上了体育课。虽然，体育课上他有时也爱说话，但是体育老师一次都没有让迈克退出运动场。迈克还让妈妈买了斯伯丁篮球，上学回家的路上都带着篮球，一有空就拍两下。运动场上又多了迈克的笑声。在那年春季运动会前夕，迈克跟妈妈说，可以考虑一下自己的老项目，总不能老差一秒破纪录啊。迈克的妈妈高兴地看着儿子，知道儿子的自信又回来了，阳光挂满了他朝气的脸。

2010年5月5日张冠秀记录

看到这里，读者您有何感触呢？这是一个真实的故事，男孩迈克由"喜欢体育课—逃避体育课—再次喜欢体育课"的思想转变以及家长对整个六年的追忆，给我们每一个教育工作者带来深深的思考。作为一名心理老师、体育的终生爱好者，想从孩子成长的角度跟大家分享以下看法。

体育，是一门强身健体的学科，是以身体练习为基本手段，结合日光、空气、水等自然因素和卫生措施，达到增强体质、增进健康、丰富社会文化生活等目的的一种社会活动。任何一门学科自从产生到发展至今，都有其存在的必要性，而以上故事中的上课方式在当今中小学阶段仍有一定的普遍性，这样的课堂过多地赋予了体育课以娱乐性或竞技性，而忽视了其教育性和普及性。

一是娱乐性。学生们大多觉得体育课是玩乐课，纪律上有所放松，说白了，体育课就是发泄情绪的调整课。但是老师总担心学生的安全问题，不敢进行有效的锻炼，有时候宁可让孩子们走圈，也不敢教动作，这是老师对体育教育产生的极大误区。

二是竞技性。有的老师根据学校的奖惩条例，尤其看中竞赛成绩，经常利用体育课选拔优秀苗子，注重特长生的培养，而容易忽视对其他学生的组织与教学，放任自流，课堂散乱，因而体育课被学生称为"玩课"，缺少重视感。

三是教育性。体育课的基本理念是对学生进行身体健康教育，之所以含"育"字，是突出其"育人"概念。但是也许有人认为体育在众多教育学科中是典型的"粗活"，体育老师"大脑简单、四肢发达"，缺乏对学生心灵细腻的沟通，然而事实并非如此。体育这门学科在看似粗犷的动作教育中却蕴含着深刻的育人道理，比如什么是意志，什么是坚强，什么是信念！

四是普及性。体育课的对象应该是面向全体学生，这就要求老师有一颗平衡的教育心，针对学生身体素质特点，注重学生的分层次教学，每一个学生都有学会锻炼身体的权利。无论是个性突出的还是爱听话的学生都应享受体育课，一谈起体育，就应该有较高的幸福感和愉悦感。

结合以上故事浅析体育课的现状，我建议采取以下措施：

（1）提高课堂认识，增强师生的学习积极性。

体育作为一门很阳光、很快乐的学科，有其特殊性。教师要明确体育课的核心是什么，培养的是什么群体，怎样在娱乐中完成体育教学任务。体育课是培养学生锻炼习惯和体育素质的场合，户外运动的确存在一定的安全隐患。我们知道，对于一个学校，安全问题是首要问题，但作为教育者，不能总因为担心"安全"就不组织户外课堂了。我想，在老师较强业务水平的指引下，依据体育教学标准，有组织、有计划地上课，在师生严密组织的配合中，安全问题应该不会成为大问题。如果片面追求"安全"而忽视了对孩子们的健康教育，那体育课就失去了其本质意义。

（2）针对孩子的个性特点，及时做好思想沟通。

体育课和其他文化课教学一样，要关注个性学生的管理和教育。作为合格的老师，应该在每个学期开启前，及时跟班主任沟通，了解每一个孩子的性格特点和特长优势，并根据上课情况发现孩子的学习习惯，尽量对孩子因材施教。以上的故事中，如果体育老师了解孩子特点，针对迈克的先天运动素质，设计适合的运动培养方案，不但能发挥他的体育才能，而且能顺应迈克的个性，对他的成长将是两全其美的事情。

（3）发挥家长的教育职能，做好体育老师、班主任、孩子三者沟通的共同体。

家长是学校、孩子的沟通者，在现行教育体制下，家长和学校的沟通是做好孩子教育的前提，因为教育本身就是多角度、多层次管理的融合。在以上故事中，如果迈克的妈妈及时直接跟体育老师沟通孩子的优势和个性特点，那么迈克不喜欢体育课的想法会减弱，也会得到老师的及时关注。同时，我还建议妈妈要跟迈克做深层次的思想交流，针对课上的小动作做出警告或惩戒，并鼓励孩子适应每个老师的教学，还要告诉孩子学会应对学习中的小挫折，在反思中快乐成长。

（4）做耐心的坚守者，呵护孩子的心灵蓝天。

耐心是成就一切的基础。作为教师，每天面对着天真烂漫的孩子们，我们的一举一动都有可能影响他们的一生，简单、粗暴的教育方式只能表露教育者缺乏耐心。做教师，几年的耐心容易，但是在一生的教育生涯中都能保持耐心很难。不过，我们还是建议故事中的班主任、任课老师如果稍微静下心来，问清事情的缘由或与家长及时沟通，策略性的处理可能会对迈克的教育更好些。我们做教师的要善于倾听花开的声音，小心地呵护花开的过程。

当然，这只是笔者的建议，这个故事让我们不得不明白，教师就是一种良心职业，需要持久的耐心和敬业。我们面对的是"人"的工作，只要能站在"育人"这个岗位上，让自己调整到最佳状态，找到教育的内部规律，你就会感到快乐，会把最好的心情、最美的笑容留给孩子，会用最好的方式去爱孩子，终究会被教育所感动。教师这种职业的良知要求我们每天都全身心地投入，当我们把这种职业看作是事业的时候，相信美丽的教育之花一定会遍开天下！

3. 我该怎么办？

中午，收到一位家长的邮件，他向我道出苦衷——

孩子今天开学了，今年12岁，现在是初二的第二学期，各科的成绩平平，一直都是六七十分，孩子的学习成绩一直上不去。我的心情一点也好不起来。我想，是不是让孩子上学太早了，诚如他老师所说的"心智未开"而导致学习成绩不好呢？我一直很内疚，让孩子太早上学，我残忍地剥夺了孩子童年的乐趣；因此我想让他在初二再读一年。可是孩子不愿意，说他没问题，能跟上，只是贪玩没有好好学习罢了。我也想可能让他留级会使他心理上受不了，但眼看就要中考了，没个好成绩如何是好？

我真的不知道该怎么办了，请张老师给我支个招啊！

我看了这位父亲的焦虑，想说——

陪孩子长大

朋友您好，本来今下午 1:00 就开始在报告厅培训学习，尽管我不愿意放弃任何一个学习提升的机会，但看了您的邮件，就想在第一时间内为您做点什么。是的，我非常理解您的心情，我作为一个老师，也作为家长、心理咨询师，建议如下：

第一，先反思自己。这一点很重要，孩子已经到了初二，请您深度反思自己和家庭，从幼儿园孩子上学起，你们为孩子做了些什么？对他的学习有无关注？注重孩子的学习习惯养成了吗？对他的成长价值观有无涉足？我指的是，积极意义上的价值观的引领，如不言放弃、顽强拼搏、积极进取、理想追求等的思想渗透，因为这些东西，无论对孩子现在的学习还是将来的工作、生活都大有意义。引领孩子树立积极向上的人生观，对他的成长非常重要。

第二，帮他度过"心理断乳期"。初二是多事之秋，心理学家称之为"心理断乳期"，初二学生多为 13 岁左右，这个年龄是青少年生理迅猛发育的时期，因而由生理的发育而萌发的"成人感"和要求摆脱成人控制的"独立感"，在这个时期亦最为明显、强烈。初二课程的各门功课都有其内部的科学体系，特别是与初一相比新增的需要高度逻辑思维的几何与物理，一步没跟上，往往步步跟不上，甚至会把全部功课拖下来，导致孩子学习兴趣全无。学习上的挫折最后拖垮的不仅是学生的成绩，更会严重影响处于"心理断乳期"的学生的健康心理！

一个学生有对未来的美好憧憬，有对理想的执着追求，有坚强的学习意志、有刻苦的学习作风，会让他安然走过这一成长阶段，这非常需要家长和老师的监督和呵护。

第三，主动跟老师谈心。因为老师面对的是一个班甚至是多个班的孩子，我呢，教着五个班，两百多个孩子，很多时候，即使非常尽职尽责也会有不周到。老师每天做的事情有很多是重复的，繁忙的，有时真的不会为一个孩子的退步而去太费脑筋，（当然，我也知道教师存在对工作的浮躁，这是实话）。所以，咱家长就得主动去跟老师交流，问一问每一科的老师对孩子的课堂是怎么评价，是精力不集中，兴趣不浓厚，还是学习不得法？是否积极举手回答问题？对孩子的课下生活怎么评价，孩子自理如何？还有一个不能忽视的因素就是孩子的人际关系，如伙伴关系、同学关系和老师的关系。如果，朋友，这些你都做了工作，去认真分析了，那么，请您再走下一步。

第四，做孩子的朋友。不知您与孩子的关系如何？您有无与孩子做朋友呢？孩子逐渐长大，您是否积极认真听取他的心声？是否对孩子有种难以割舍的牵挂？当孩子犯错误时，您采取的是批评、呵斥，还是慢慢拉过孩子的手，帮助其分析原因，鼓励他下一次做好？孩子学习不好太需要有人在乎他了，谁不想做个优等生呢？这时您的角色是朋友，及时分析、及时鼓励是最好的办法，让他感受到你们很在乎他的成长，他会努力的！孩子有多种类型的，有善于表达的，有闷在心里不爱说话的，这时您就需要耐着性子，结合孩子的特点，和妈妈一起，找到开启孩子心灵的钥匙。

虽然，有的朋友安慰您说："孩子如果不是学习的料子就不要强迫他。"但是，我不同意他们的看法，他现在才初二，就是到了高二，也有的是希望，千万不能泄气！一定要给他信心。无论他多大，只要是您的孩子，就永远没有"晚"的概念！朋友，我很认真地跟您说，对自己的孩子，如果您放弃了，别人放弃他理所当然！如果您坚持认为，"孩子能做好，能做学习的兴趣追随者，我要去陪着孩子长大，让孩子学会做人"——相信，大家会为您对孩子的态度感动，孩子也会为您的爱感动。孩子在您、您的家庭、老师的帮助下，一定会有很大进步，我始终这样坚信！

最后，我向您推荐两本书：周弘老师的《赏识您的孩子》，李子勋老师的《陪孩子长大》。

马上去开会学习，很仓促，请您拣着听吧。希望早日看到孩子自觉主动地学习、尽早体验学习的乐趣！

2010年2月28日13：30张冠秀记录

4. 写给我的小朋友思琪

　　我面对的中学生，正是身心快速成长的孩子，随时会出现各种问题。曾有个女孩给我写信，说自己难过死了，因为学生会竞选的事情搞得痛哭流涕。我马上回了信，用自己的亲身经历开导她。

　　"老师，我真的失败了吗？我真的没想到会是这样！我以为即使竞选不上主席，起码也会顺利地讲下来，我真的不相信！"

　　看着小思琪的痛楚表情，我对她说——

　　思琪，我亲爱的朋友，你好。首先感谢你对地理老师的信任，我非常理解你此时的心情，因为竞选的失败让你如此伤心。朋友，请听我说，这只是一点小事情，也许是因为你的准备不够充足，也许是很紧张，也许是对当学生会主席的期望值太高……总之，竞选的结果让我最好的小朋友思琪掉金豆豆了，难过了。我们选不上没关系，好好分析原因，好好锻炼自己，还有下一次竞选呢。再说，已经过去了，就别再放在心上。记住，无论你是否选上主席，你的使命都是为同学服务，为工作负责。在这里，我更欣赏你对环保的热爱，对老师工作的支持，这是任何人也代替不了的。懂吗，我的小可爱？

　　还有，老师告诉你，我曾有多少个失败。且不说上学期间每年的文艺活动主持与演讲，就只说近20岁工作以来的经历，也并不总是顺利的。1996年，我也有过在台上开了三次头的演讲，第一段简直不能背诵下来，明明是自己写的稿子也不能顺利完成，明明在分区赛顺利获得第一的，也不能继续。当时的情景历历在目，台下的评委和观众都在看着穿着一身原白西装的我。那时，我的大脑一片空白，后来就索性说："尊敬的评委和亲爱的观众朋友们，我现在非常紧张，请给我一点掌声吧！"哈哈！后来居然很顺利地完成了，还得了二等奖；1998年我曾去挑战潍坊电视台的少儿节目主持人，看着黑压压的竞选人，我知道年龄上不占优势，但是我酷爱少儿节目主持，最后一个环节即席演讲的时候，评委让我谈谈对挫折的认识，自以为说得很好，但失去了时间的把握，无奈又以失败而告终；还有，刚流行《为了谁》的时候，我还在乡镇，校长知道我经常哼歌，开会之前看到会场很乱，就给我一个机会上台露一手。我站在台上，也是起了三次头，前面起高了，后面就没气啦。哈哈，当时那个尴尬啊！因为不懂声乐的技巧，闹出了笑话，都二十几岁的人了，还时常这样。不过，这也引起了我浓厚的声乐学习兴趣。还有，在潍坊市区讲公开课的时候，面对500多位听课的老师和陌生的孩子们，也紧张，讲完了，总有或多或少的遗憾……

自己对这些很不满意，后来就分析原因，到底那里出了问题，是不是自己准备不足，没有好好的练习。于是加强训练，珍惜每一次演讲和讲课的机会，学习交际礼仪和说话技巧，多参加比赛，锻炼自己。有时候逼着自己在陌生人面前演讲，在每一个朋友或咨询的家长到我们世纪学校的时候，我都会说："如果不介意，我可以做导游，我们的世纪园很美。"心理咨询室的解说我也"抢"了过来，本来的课已经够多，工作量已经够大，但是为了锻炼自己，还把2000多字的解说词翻译成了英文，背熟。我想，我们学校国际活动经常有外宾到阳光心灵活动室参观，到时候就不需要再请翻译了。

所以，后来的妇女权益保障法等知识抢答赛、诗歌朗诵、千人面前的讲课、数千学生的文艺会演主持等，我才能微笑应对。观众越多，我越有激情，种种活动的参与，让我三十多岁的人生没有灰白。

思琪，我的朋友，老师跟你分享了亲身经历中的一小部分故事，我是大人了，也有这样的失败，而你只是一个七年级小学生，这样的场合参加的又不多，演讲出现失误很正常。思琪，你是懂事的孩子，老师说的这一切你能理解，对吗？竞选，只是生命中的一个小插曲，失败一次又何妨？成功的背后有多少心酸？不经历风雨哪能见彩虹？

思琪，我的好朋友，振作起来吧，暂时做一片绿叶未尝不可，快乐比当学生会主席更重要。宝贝儿，加油！

祝漂亮的思琪牙齿每天晒太阳！

喜欢思琪的大朋友　张冠秀

2010年4月3日21：49

5. 我喜欢上了一个傲若冰霜的女孩

初中孩子的每一天都在发生着变化，很多变化来自于情绪、身体。

春节之后，我发现一个男孩的脸上长了太多的青春痘，在白皙的脸上特别显眼，他在课堂上也不如上半年积极了。我带着疑惑问了这个男孩："孩子，怎么啦？我们需要聊一会儿吗？如果你信任老师的话。"因为我曾在班里说过我是心理咨询师，孩子们有什么困惑直接去我的工作室即可。他没有马上回答我，而是在两天后用一张作文纸，道出了自己的困惑。

老师，我相信你，因为你总让我在班上讲课。今天，有一件事我非说不可，它一直埋在我的心底，藏得很深、很深。每当我想起此事，一股忧伤就会从我心头升起，每当这时，我真希望这只是一场梦罢了。

升入七年级以来，我的思想就一直不太稳定，对一些事物抱有强烈的不满，甚至一段时间之后，我发现我喜欢上了一个女生，一个傲若冰霜的女生。

除了学习之外，我几乎每时每刻都想着她，我一直把她当作我心中的女神，甚至夜晚做梦都会梦到她。但是，我逐渐发现，傲若冰霜的她根本就不看我一眼。我从她身边走过就像一阵风从她的脸颊吹过，我的存在就像烟尘一样，虚无。

我每天尽量把自己打扮得帅一些，言行举止也十分注意，对老师的提问积极回答，老师交给我的任务我会一丝不苟地办好，甚至鼓起勇气当选了班长。我希望通过这些让我显得优秀一些，加强我的存在感，但我所做的一切都无济于事，我仍然如烟尘一样，仿佛根本不存在。

期末考试之后，我终于忍不住了，带着精心挑选的礼物，穿上自己认为最帅的衣服，来到学校。

我沉思了许久，决定表白。可她把礼物退了回来，给了我一个冷冰冰的回答："抱歉，我有心上人了。"那一刻我觉得我的世界正在崩溃，天仿佛就要塌下来了，令我无法承受。

那一夜，我没睡。我真希望这是一场梦。此后的几天我一直闷闷不乐，我觉得我很失败。

我就这么把这事埋在心底，但每当提起，我都会感到一丝忧伤。甚至每一个晚上临睡前都有想哭的感觉。老师，我需要恢复往日的活泼，我需要新的开始！但是，我该怎样做？老师，帮帮我！

一个心理受挫的男孩

看到这封沉甸甸的青春期萌动信，我的第一反应是：孩子，你很健康！别怕，别为这事烦恼，这只是每个人成长中的一个小插曲而已，只是有的人来得早一些，有的人来得晚一些，但是今天我们遇到了，就要正确认识和及时解决，才会对你的学习、生活极有帮助。看你的脸上的小痘痘，都在跟你闹脾气呢，情绪越糟，会严重影响你的身体，痘痘会越疯狂。看哦，你都抓破了，皮肤感染了，得赶快就医。

第二天，我跟他妈妈在工作室聊了两个小时，了解了男孩的情况，经过协商之后制定了初步心理培养计划。

最初，我设定每周跟他聊两次，先让他认识到青春痘的原因和治疗办法就在于自己。

根据多年对皮肤的研究经验，我指点用药，哪种是激素，哪种是中成药，外用药该怎样涂抹，都是有讲究的，还要让孩子知道痘痘跟生理、情绪的亲密关系。

我跟男孩继续探讨——你喜欢她，表白了，但是因为遭到拒绝，就垂头丧气，满脸闹痘痘，何苦把自己伤成这样？为什么不把学习搞得再突出，把写作练得好好的，把篮球打得好好的，把身体练得棒棒的，把精气神搞得酷一点，把一个更优秀的男孩呈现在大家面前？一个阳光帅气的男孩会有很多人追，你还怕自己永远是单身男吗？哈哈！我们的沟通在彼此信任和快乐中进行。

当男孩的情绪有所好转以后，我慢慢地切入主题——人生的路很长，人生的感情之路也很长、很美，但是，每个阶段都有每个阶段的任务，什么阶段做什么事。你现在初中学习，最青春的年华、美妙的人生还刚刚开始，对事物的理解还欠缺辨识和分析能力，也许她只是你这个阶段的朋友，当你上了高中、大学、工作后会发现这只是少年时期最美好的回忆而已。如果现在为这事填满脑海，情绪低沉，学习退步，越想越痛苦，越痛苦越长痘痘，那痘痘就是恶魔，总在控制你的灵魂和肉体，这样就划不来。你俩都是班级优秀的同学，一起比拼学业如何？学会把这事变作积极的力量，先让学习、活动填补自己的精神。你看，因为受挫而影响身体了，很多时候是因为我们做的不够。孩子，你的目标在远方，对吧？无论何时，老师会做你思想的背后支持者。

两次沟通后的第一个周末，我给他布置了一个作业，就是自学一首歌，以前没有学过的歌，学会了要给我唱，还要在班级唱。他学会的第一首歌曲是《霸王别姬》。我在听了之后，希望他在通校的路上进行"打嘟"练习气息，练过之后再给我唱听。过了两周后，他进步非常大，情绪也大有好转。我便改成每一周一次的交流，一个月下来，他的情绪渐渐稳定，在随后的月考中，取得了全班第一名，级部第7名（级部600多人）的好成绩。他写字也潇洒了许多，已经很不错了，但是，我并没有结束对他的关注，我最终的目的是逐步培养这个男孩的自我管理情绪的能力。

我鼓励他参与我的各项教育实践活动，在活动中分散对情感的注意力。

两个多月，男孩的自信上来了，走路时腰板特别直，脸上痘痘明显减少，变得更加阳光、帅气和积极向上。

2009年4月张冠秀记录

两年的兼职心理咨询师工作锻炼了我，我能较好地应对中学生出现的各种心理情况。事实上，这些问题在中学生中是客观存在的，需要我们及时发现问题、及时分析，防患于未然，或者在问题出现后及时应对，这是主要的。我时常想，教学是门非常讲究策略的学问，成绩不是强制出来的，也不是唯一衡量学生的标准，每一个学生都有亮点，要善于从每一个学生身上看到独一无二的个性，并且告诉他们"你是优秀的"，做好评价和沟通。这样，每天微笑的你，加上广博的知识和整体素质，会让学生们成为崭新的自我！

然而，我并不想再继续下去，尽管心理教育的发展前景很好。因为我发现了现行心理教育的局限性，简单的几次咨询能否真正帮助孩子们树立积极的人生观和价值观？仅从单纯的团体活动或个案中很难实现，目前的心理教育关注的大多是表象问题，并不能持久，不能跟踪，不能帮助学生培养长期自我管理情绪的能力。学生遇到困惑后再寻求解决方法，但这一段成长经历又会含有更多的无助。能不能有更有意义的方式，把健康的心理扩大化，融入学生的点滴生活中？能不能让健康的心理随着孩子的活动成长变得坚强而持久？这是我要考虑的问题。

一个漂亮女孩自杀未遂的案例让我彻底改变了对心理教育的看法——

6. 一个渴望爱的女孩

今夜无眠。今夜难眠。

秋天的傍晚，校内景色怡人，同学们晚饭后秩序井然地往教室走去，但此时的一阵尖叫，打破了这份宁静，一个不该发生的悲剧还是发生了……

晚饭后，我跟几个学生说笑着走向教学楼，在大厅的台阶处，正巧碰上一团人蜂拥着挤出大厅，一个女生尖声哭叫着被老师和同学扶了出来，手上满是血，老师的白衬衣上也是红了一片。刹那间，我惊愕地瞪大了眼睛，是她——那个漂亮女孩。我一把接过她把她随后搀扶着她跟趔趄离开厅口，这时恰是学生们上教室的顶峰时间，周围已经聚集了太多的学生，都惊恐地问她怎么了。初二的年龄，孩子们还不大清楚，我怕吓着孩子们，于是大声喊："走开，都去教室！"让旁边的老师组织好学生。我半抱着她到一个稍微安静的地方稳一稳她的情绪，女孩还是哭闹着、乱抓着，说自己没脸见人，想要去死……我把脸贴在她的脸上，急切地对她说："我是地理老师，我是你最信任的人，咱们不是有过协议，当你一有不顺心的事情，就要在第一时间告诉老师的吗？"——但是，这一切都无济于事，她依然不能冷静，向外挣扎，到处撞。我好歹把她架到草坪上，让浑身颤抖的女孩坐下，半躺在我的怀里，我的一只手攥住她的流血的手腕上部，鲜血已经把袖子的一半浸透了，另一只手给她顺着胸膛。她气息不匀，情况很糟。

等待的时间是那么漫长，车还在调排中，校医也没能赶过来。

我几乎哭着埋怨女孩，说："你为什么还要这样做呢？我们昨天刚说的话你忘了吗？我们是有约定的，你曾答应老师的，要坚强，你能撑下去的。我们说好了一起圆你的梦，一起向你的目标奋斗，这一切你都答应了的。你看，下午你回答的问题非常棒，同学们一次次给你的掌声你忘了吗？在辩论问题的时候，你的笑脸比谁都灿烂，这一切你都忘了吗？"但她不想回答我的任何问题，嘴里始终喊到："老师，我不活了……我妈妈不要我了，我妈妈不管我，我不想见到她！让我去死吧！"我说："咱活着不是为了妈妈，是为了自己。妈妈已经给了你生命，你的将来要靠你自己去争取……"她根本不理会我的话，喘着粗气，无力地说："我以为五分钟就能流完身体的血，为什么我还没有死掉啊?！不要管我，让我去死吧……"我终于忍不住了，这是一个怎样痛苦和绝望的生命啊！我的眼泪不停地滑落腮际。

等待的时间仍是那么漫长，车子还没有到，校医仍在途中。

我十分着急，别人更无法接近她，我只能半跪着抱着她跟她聊。我给她讲蜗牛"一切靠自己"的故事，想让她放松下来，让她鼓起勇气来面对现实生活中的一切……但是我很失败，我也知道在这个时候跟她说什么她也听不进去，是必须靠药物和医生的，我只能帮她拖延时间。一会儿她好像呼吸不匀得厉害，我想起了在跟她聊天的时候，她说自己在一个月前转学来的时候，已经在家里休学半年，可能是心脏不好。我更担心了。

当我和她在焦急的等待和语无伦次的"谈判"还没有结束的时候，医生和车过来了，医生快速地包扎起她的伤口，还好，没割断动脉。班主任和级部主任把她架到车上，校医也跟上了，然后飞快地赶往医院，我这时却没有主动要求一同前往。我感觉自己不能再看她的血液凝结的手腕和凄楚、迷惘的双眼——那是一双只看一眼谁都不能忘记的眼睛——我选择了留下。此时我的双腿已经不能站立，我只能跪在草坪上，但更痛的是我的内心。

后来他们说在医院里，女孩直喊："要地理老师陪我去医院，要地理老师跟我说话。"我却无力再去，避开了不想看到的现实。我半跪在女孩离去的草坪上，腿麻得半天站不起来。

整个晚上，满脑子的是她哀怨的神情，我不得不回忆起跟她交流的四天时间……

第一天 初识女孩

也许你不相信，我从没有见过如此漂亮的女孩。她是外地的孩子，这学期转学过来，只有非常短的时间，插班在七年级。当她的名字和故事传遍学校任何一个角落的时候，我很想立即去接近这个女孩。

很巧，她在我任教的班级。我在讲课的时候无意看了她一眼，只"唰"地一下，目光就被定格了。那齐齐的刘海下是一双怎样的眼睛？清纯中透点迷惘，也有点无奈。再看，像清泉，像黑葡萄，也像迷途的羔羊在着急地寻找母爱的那种感觉。说不准她究竟是什么样的眼神，但是一接触女孩的眼睛就让人都无法忘记。再看她那高挺的鼻梁，略尖的下巴，规则标致的唇形。看她的正面，如果说是小范冰冰的话，谁都会相信；再看她的侧面，如果说是小林黛玉的话，也绝对不假。真的，她的漂亮在于她超越年龄的不同寻常的气质，尽管她只有十四岁。如果要是说比同龄人多了一点什么的话，那就是她的冷郁与不安全感。

因为多少听了些传言，我想从心理上靠近她，让她能过得跟同学们一样快乐，也因为曾经她是一个很出色的、成绩名列前茅的外地女孩。试试吧，尽管我暂时还没有得到其他人的支持，但从一个教师的心理敏感角度来说，我接受了这个被动的咨询者。

让时间证明我的耐心与实力，让努力见证我的诺言和成效。

第一次沟通是在教室，那是下午的一节课，当同学们都在大声朗读时，我看到了双手托腮、凝神暇思的她。于是我走到她面前，轻轻地问她对学习有无兴趣，顺便聊起她的转学经历，猜测她的内心。尽管没怎么细说，却让她在很短的时间内两次掉下了眼泪，于是让我有了一种"错觉"——似乎还能改变她。最后我诚恳地请她接受我这个朋友，告诉她来到一个新环境里，尽快忘掉以前的伤心，努力克服自己的弱点，以积极乐观的心态继续自己的学习，同时希望她能主动跟同学们交朋友，跟老师请教，好好珍惜自己的求学机会。临下课时，我又悄悄塞给她一个纸条，上面写着：你能把你的发型改变一下吗？如果你跟其他同学一样的话，也非常的漂亮——因为她的发型就是一把高擎着的"大蒜头"，两鬓各一缕长发飘飘。

第二天 关注女孩

接下来，我及时跟班主任和其他任课老师交流了她的情况，让老师们共同关注这个女孩，上课积极提问她问题，即便回答不上来也要问她，大家都要真心去鼓励她，我随时向其他老师询问情况。

另外，我一直在观察她有无变化，每次下课的时候，都从后门的窗口看一眼（因为她来得晚，老师临时把她排在了最后的空桌）。可是，并没有一点改变，她依然头顶着一个"大蒜头"，两侧的脸际各有一缕长发。如果不是学校要求不能搞什么奇怪发型的话，这个女孩无论什么样的发型，都是一种无与伦比的美；她的动作还是双手托腮，眼睛盯着一处，呆呆的，不知道在思考什么。

第三天 了解女孩

这是个周六，晚上我们一个级部的孩子们都在观看《开学第一天》，我找了个机会请她到办公室来，想了解女孩。

她很有礼貌地来到了办公室，里面很静，我拿了一把椅子，要她跟我挨着坐。我们随便聊，气氛很融洽，不时看到她的笑容。

我从发型上说起，我说："你那天看见我给你的纸条了吗？很喜欢你的这个'大蒜头'"？她一听就笑出声来，说自己觉得很舒服。我说："这个如果在舞台上的话，很靓的；可如果放在我们学校，别人还没看到你的时候，就先看到了这顶'大蒜头'"。

女孩还是笑着说："我不在乎别人怎么评价，已经习惯了这个发型，我们那里有很多这样的，我也觉得这样很好玩，而且也不费事。我原来是长发，喜欢戴一顶黑色运动帽子，可是姥姥和妈妈死活看不惯。那次跟我吵起来，妈妈一把拿起剪刀，把长发一下剪没了，我好恨妈妈！"

我说："其实这样也是很美的，当我第一眼看到你的时候，就被你的气质深深地吸引，觉得你是个才艺双全的女孩，是吗？"

女孩说："我喜欢舞蹈，尤其是拉丁舞，虽然没有考级，也参加过比赛。"

我问："如果给你时间、给你机会，你最喜欢做什么？"她说，最喜欢做演员，想拍戏，可妈妈死活不让她去考艺校。妈妈说没有特别的专长，就不要走那条路。另外，她还喜欢唱歌。

我说："老师也喜欢唱歌，只是老跑调，不过还是唱得心情很放松。我喜欢彭丽媛、殷秀梅、宋祖英等歌唱家的歌。"

女孩笑着说："我最喜欢听英文歌，比如XXX的……"

我说："她是谁？我没听过呀。"

女孩说："是个网络歌手，我们QQ的时候视频过，她很漂亮，21岁，唱英文歌，还自己写歌。我喜欢她的爱情歌曲，但是大人不让听……"

我们聊得很多，看起来她情绪蛮好的。

我问："那个网络歌手是哪里的？"

她说："她死了。"

我吃了一惊，忙问："是什么时候？为什么？"

她说："今年三月份，是自杀。"

我问："为什么会这样？"

她说："不清楚，她只是说别人都不了解她，她很痛苦。"

女孩表示自己好后悔，没有及时劝解她。当与歌手视频，看到有一道道伤痕的时候，如果能劝劝她的话，也许不会这样。

"伤痕？"我又吃了一惊，女孩说："那个歌手经常在自己身上用刀子划，我当时还觉得很好看，而没有阻止，到现在却经常想起她的样子，她是我的偶像。"

这时我无意低头，猛地一怔，看到她的左手腕上有几道刀痕，拉起她的袖子再往上看，竟然几乎伤到肘关节。我马上查看她右边的小臂，也是，满满的刀痕，有的很新，血迹斑斑，像是刚割的。我的眼泪"唰"地流了下来。

"孩子，你为什么如此伤害自己？！"我颤抖地问。

女孩却很平静地对我说："老师，你别这样，我都习惯了。"

我更惊讶："习惯了？是什么逼着你这么做？"我几乎失声。

她说："我几乎没有朋友，我根本不相信任何人，当有烦心事的时候，就划一下，并没有特别疼。"

我问："你妈妈知道吗"？

她还是很平静地说："知道的。"我问起她同妈妈的关系，她很漠然说："我不喜欢妈妈，经常同她争吵，她一点都不了解我。"

我惊诧于她对自己的心平气和。

我渐渐开始明白这个女孩的心理。其实我早知道她是单亲家庭，而且知道她有吸烟的毛病，不知道还有比那更厉害的。我好久没有说出话，我的眼泪一直在流——女孩的心理已经有很严重的问题了！已经出现危险了！

过了一会儿，我尽量平静下来，说："我跟你有好多相同的兴趣，可能会成为好朋友，你想过要改变自己吗？""想过，只是自己做不到。"我说："没关系，只要你还想做好，就有机会。咱们来协商一下，以后该怎么做，好吗？"

于是我们共同商定了几个协约，并在我的电脑里以女孩的名字为建了一个文件夹，把她的故事藏起来，协约如下：

① 从周日起改变发型，梳普通的女生发型。

② 每节课试着回答老师的问题，保证集中精力15分钟。

③ 当有不顺心的事情时，第一时间找我倾诉——无论何时，并把我的电话告诉了她。

④ 每天写日记，或长或短，坚持不懈。

第四天 企图轻生

协约后，我们各自保密。

上午我到校后先去看她，问需要给她买水果吗？她说，妈妈来时给她带了不少，还微笑着跟我说："谢谢老师。"我看得出来，她情绪很好，就问她："你觉得老师跟你聊过后，感觉轻松了吗？"她说："有那么一点点。"我一听，"有那么一点点"的回答让我觉得能走进她的心，就鼓励说："行，让我们一起加油吧！"

在下午的地理课上，她有两次顺利地回答了我的问题，这让同学们吃惊不小，同学们给了她掌声，一次又一次的经久不息。我趁机鼓励她，让同学们一起伸出援助的手，让这个晚来的学生感受到同学们的爱。她显得很高兴，在我设计的"世界人口问题"大辩论的时候，几个同学的回答，逗得她更是满脸灿烂。

我把情况及时上报，而大家还没来得及为她高兴，悲剧就发生了，回到文章的开头一幕……

2008年9月10日夜张冠秀记录

我真实记录了这篇心理教育案例，旨在引起人们对孩子心理健康成长的重视，这是2008年9月10日夜，我怀着极为痛切的心情写的。故事是真实的，也是我接触心理咨询案例中最失败的，因为我没能及时挽救女孩，尽管他们说："神仙也不能解决的，只有依靠医生和药物，需要父母的爱才能疗伤。她刚转学过来，你跟她见面只有四天时间，你又做得了什么呢？"但我还是觉得遗憾，如果早一点发现，也许她能早一点走向健康快乐！

事情已经过去了，但在我的心里始终抹不去。当我走在走廊里，一抬头就能看到她哀怨的眼神；去教室，就能看到她双手托腮的凝神样子；坐在办公桌前，就觉得她还在我身边，脸上带着俏皮的笑……和她短暂聊天的情景历历在目。

看到这里，我们每一个读者能否认真思考一下导致女孩自杀的根源和隐患？究竟是什么原因让漂亮女孩选择轻生？——单亲的家庭？不和谐的母女关系？自闭的心灵？盲目的偶像崇拜？生活在缺少爱的环境？……我的心里有种说不出的痛，14岁的年龄，花儿一样的季节，应该享受的幸福时光却与她无缘，太多的抑郁与烦恼没完没了地缠绕着她，让她过早地品尝了人间的酸甜苦辣。

从心理学上判断，女孩的行为已经属于典型的抑郁症表现，没有及时找到症结进行专业治疗而导致自杀。2008年9月10日是第六个世界预防自杀日，据世界卫生组织统计资料显示，全世界每年约有一百万人死于自杀。生命是宝贵的，可为什么有那么多的人去选择这条不归路？自杀，已经成为我们和谐社会不能忍受之痛。尤其对于中学生来说，他们的人生观、价值观还没有形成，更需要来自家庭、社会、学校的等广泛的支持帮助，相关部门应该及时针对中学生特殊的心理、生理特点，开展相应的健康教育指导工作，提高学生对生活的热爱和心理免疫力，促进学生的身心健康发展。

我想说——

孩子，你可以为妈妈剪掉你的头发而恨她，为什么不想想她从小拉扯你长大的含辛茹苦？一件小事就可以把妈妈十几年的心血抵消掉吗？孩子，你可以埋怨妈妈不尊重你的追求，你看过妈妈的白发和与年龄不相称的条条皱纹吗？孩子，你可以随意拿着生命开玩笑，可是你看到生病的时候是谁守护在你身边吗？……

我还想说——

不珍爱生命是当今孩子身上存在的较普遍的问题，做教育工作的，对孩子的生命教育和感恩教育、挫折教育要及时；做家长的，再忙也要放下架子跟孩子谈心。孩子的成长是个大问题，你在外辛苦地工作，一半是为了自己的事业，体现自己的人生价值，一半则是为了家庭和和孩子，但是结果呢，为孩子拼搏的同时又失去了孩子！关注孩子的成长，是家长的责任！

一年后，我打听到了她的信息——女孩终于回到母亲身边，得到了母爱，恢复了身体，依然漂亮如初。

几经心灵的挣扎，最后，我还是选择离开了心理咨询室，因为我脑海中无法删除孩子们受伤的青春之影。离开，并非以后不再介入，而是把心理教育与另一种教育途径融合，寻找一种更合适的方式，渗透进我的"大地理"教育。此时，我已经感觉踏实了许多，想从心理学方面结合第一课堂，再融入以活动为主的第二课堂元素，更加全面地关注学生的健康成长。

第二章　我的第一课堂

2008年，结合多年来对课改、心理学、学生、教材的理解，我提出了"初中地理生命力课堂教学研究"课题，并开始实验。

我在课堂上动手脚，将洋思中学的"先学后教"，杜郎口中学的"演讲旋风"等多种课堂改革思想、形式融合在一起，想让孩子们最大限度地在课堂上张扬自己的个性，激发课堂生命力，增强学习兴趣，引发学生对地理学科的思考。

在尝试课改中，虽然我采用"学生讲课，先学后教"等方式，但是课堂仍然缺乏生命力，这种生命力受制于知识面的狭窄，我们只有"课本+教室"一个地盘。实验了一年，生命力课堂效果不明显，我不得不暂停在八年级地理中的改革。在会考的压力下不能从事任何创新，我反复考虑，认为如果以教室为唯一阵地，课改受到了限制，孩子们的学习毫无生气。只闷在教室的教育没有生命力！目前的课堂改革很多只是文字和成果的游戏而已，只为哗众取宠的自欺欺人的所谓"教育"没有真正的生命力。一年的室内试验最终没能满足孩子们成长的需要，这时，我的心底有一种强烈的"走出去"的冲动。夭折的生命力课堂改革恰好成为"大地理"教育生长的基础。此时，我产生了一种想法，能不能用一种更综合、更有说服力的方式激发孩子对地理学习和生命成长的兴趣？

我觉得自己拥有的知识远远不能应对今天快速发展的孩子们。继2008年6月取得国家二级心理咨询师后，我于8月又报名参加了聊城大学在职硕士的考试。三年的硕士学习，是我的"大地理"教育成长最艰苦甚至最无助的一段时期，也是我职业生涯成长的重要组成部分。我的论文题目是《中小学生低碳生活教育的探索与实践》，我想用绿色实践活动证明低碳生活教育的前瞻性，进一步展示"大地理"教育的可行性和必要性。

随着新一轮课程教育改革的推进、自己阅读量的增加，对当前教育现状的质疑越来越多。我认为，孩子的一生最重要的是积极健康的思想意识的培养和发展，健全的人格和积极乐观、感恩、对社会奉献的精神，比学习死板的知识更为重要。试想，如果一个人教学20年了，仍只在苦苦追求学生分数的话，那么他始终是在搞"教学"，而无法进入"教育"的大门。自己的确没有"靠劲"了，真想走出来，做一个关注孩子身心发展的人。从大的方面讲当前的教育已经严重跑偏，不适合培养创造性人才；从小的方面说，我想看到孩子们积极向上的脸，我愿让阳光、快乐伴随着孩子们的童年和少年，希望他们从内心到外表都是愉悦的。我不想把会考作为地理教学全部的目的和任务，想探寻一种绿色教育方式，把孩子的综合素质与当前分数结合起来，走一条适合的教育之路。所以我"强烈要求"去七年级教授基础地理。

锁定七年级一干就是七年，恰好初步完成了我对"大地理"教育的探索、过程研究与结果验证。

是的，从参加工作至今，总有一种时代的步伐催我前行。

现在，我必须带着学生们涉足较有价值和意义的"大地理"教育领域了。

1. 调查问卷

开学第一课

3月8号就要开学了，孩子经过了一个月的假期，怎样面对新学期的第一课呢？从去年起，"开学第一课"已经成为教育的一个热门话题，教育部等部门联合录制了《开学第一课》，各个学校用不同的方式开好"第一课"，关注孩子的成长。而我认为，开学第一课，重要的是把握孩子们的思想动态。

怎样上好第一课？这是一个重要的问题。我结合自己的认识，在班里进行了问卷调查，并对结果做了简单评析。

周二，调查试卷结果出来了，我看了同学们五花八门的"开学第一课"，有的几乎没怎么填写，或者是几个字就结束。这是应付，《寒假社会实践作业》尽管好歹交上了，很多也是应付，因为试卷上没有实践的过程和感受。只有部分同学做得很好，写出了自己的心声，这类孩子比较认真。

问题一：你对地理有兴趣吗？可以具体说明吗？是哪些方面吸引了你？

学生A：还行，有时喜欢有时不喜欢，但是看地图的时候最喜欢。

我：这个孩子是喜欢地理的，一般情况下，孩子们最怕的是地图，而地图是学习地理的重要工具，我常说地图是第一老师，同学是第二老师，老师是第三老师。学习地理，只要掌握了学习方法、会看地图、有足够的兴趣，完全可以不用任课教师。"同学是第二老师"怎样理解呢？借助同学间的探究和合作，课堂活动、课外活动可以大大激发学生的发散思维。

B：我喜欢地理中的大事分析。

我：这个孩子喜欢地理，是因为地理的时事论坛。因为我平时注重引导孩子关注社会，上课常常由热点切入，把社会热点跟地理联系起来，培养孩子兴趣的同时，学习灵活的知识。——这一点还要坚持。

C：地理的知识有趣多变，我喜欢经纬网。

我：这个孩子非常喜欢地理，因为敢于挑战经纬网的就是地理迷。经纬网很抽象，在部分孩子的眼里太难了，这张网常常伴随着孩子们的学习，直到会考甚至终生，这张网让孩子们看到"地理"二字就过敏，失去对地理的兴趣。在教室里无论怎样比画，课桌、讲台、拳头、书本、粉笔盒、净水桶都可以是学习经纬网的教具，但是孩子们需要的不止是这些。破除僵化的思维，是地理教育的目标之一。

D：喜欢地理的风土人情，想了解更多的趣味知识。我喜欢旅游，学了地理就能知道很多东西。

我：旅游中的地理真的很有趣，从课本上了解了，再到现实中走一走，那才棒呢。我啊，浏览世界各地、饱尝各国风情——在地球仪上。以后的课堂我再多加点趣味故事、风土人情。

问题二：假期中你对《世界地理》下册有无预习？你最希望从新学期的地理教学中得到什么？你对当前的地理课有何建议？

A：多一些感兴趣的知识；多一些研究课；少一些背诵课。

B：想从地理中学习中国的经济发展情况。

C：学习的乐趣，希望老师多关注我们这些不入门的学生。

D：得到更多的地理小知识，多让学生自己找资料。

E：想得到更多的环保知识。

F：告诉我们关于地球的很多知识。

G：已经预习了。想了解国外很多国家的情况，现在的地理课很不错，没有意见。

H：比上学期更加深的、更奇怪的东西。

I：想了解中国的地理情况、风土人情。

我：《世界地理》下册介绍的知识点有：主要的几个大洲、地区、国家，有一套系统的学习方法，这是我们都愿意学的，难点在于时区的换算，但这不会难倒聪明的你们。下册的授课方式基本上是学生讲课与网上浏览，太有趣了。现在老师有了好多懂摄影的网友，上课可以直接用他们的博客，直观的效果一定会让孩子们充满兴趣。

问题三：你是否常怀一颗感恩的心？感谢老师、感谢同学、感谢父母？你怎样理解"感恩"？请简要说明。

A：我觉得感恩是：你应该把别人给你的这份爱转化为你的爱心，去帮助更多的人。

B：感恩就是感谢老师，感谢父母，我们要知恩图报。

C：感恩就是感谢……的恩情，对自己的教诲、对自己的帮助和关心。

D：感恩是发自内心的，是无价的，不需要太多的语言，有时一句话、一个手势、一个眼神，都能传递。每个人都能拥有一颗感恩的心。

E：因为老师和同学、父母的鼓励我们才能有进步，我觉得最后的回报就是好好学习。

F：爱他们，回报他们。

G：感恩就是尊重老师，自己好好学习，同学之间互相帮助，在家帮助做家务。

H：感恩老师就是尊重老师的劳动，认真学习；感恩同学就是同学有困难时伸出援手；感恩父母就是帮助父母做家务，好好学习，成为父母想要的样子；感恩就是你感恩的人要你取得一种怎样的成就，你就尽量去完成，使他们满意。

I：不仅在生活中去表现，做到感恩，而且让他们感觉到快乐，从心里认可感恩，感谢他们的支持和理解。

J：感恩就是报答父母、老师和同学，回报他们的关爱，滴水之恩当以涌泉相报，在他们有困难的时候，也要出手帮助，来回报他们。

我：感恩是一种心态，是一种生活态度，是一种精神境界，更是一个人的世界观。感恩体现了人与人之间交往的准则，是人与人之间凝聚力的内核。因此，在家庭生活中，我们不仅要感恩父母、感恩亲人、感恩社会、感恩自然、感恩地球，家庭中每个成员都应该拥有一颗感恩之心。每一个家庭成员，在整个社会大家庭中的力量是微不足道的。人类只有相互依赖，相互支撑，相互帮助才能更好地生存在这个地球上。

感恩是一种处世哲学、一种生活态度，是一个人对自己和他人以及社会关系的正确认识；感恩也是一种责任：知恩图报，有恩必报，不仅是一种情感，更是一种人生境界的体现。我们的古代就有知恩图报、感恩戴德、以德报怨等成语；还有"谁言寸草心，报得三春晖"的动人诗句；更有"滴水之恩当涌泉相报"的处世名言。毫无疑问，感恩是中华民族的优良传统之一，是五千年悠久文明的精神源泉之一。

一份实实在在的答卷，一份对孩子新学期的情况了解，让我找到孩子和课堂的需求点，新的学期会有更有趣的地理探索。

2. 自主学习

我上课最大的特点就是敢于放手，把时间留给学生，"逼着"他们学会思考、复述、讲课。

"讲解、复述"是本环节的主要方法。上新课时，我一般不注重自己的讲解，而是注重学生的自主学习和思想互动。教会学生用地理的思维方式看待课程。我一直强调"地图是第一老师"，"学生是第二老师"，"老师是第三老师"，突出学生的主体作用。复习课时的检查、巩固多靠学生自我复述。我希望学生有自我学习的能力，包括语言表达、演讲素质等。"授之以鱼"不如"授之以渔"，适当放手，更有助于激发学生的学习动机，只要能提供一个高质量的自学纲要。

在《世界地理》的教学中，上册的主要任务是培养学生的自学能力，而下册就是锻炼学生的自学、讲课能力。对于每一个章节，如《亚洲》《东南亚》《日本》，只需按照研究者设计的自主导学活动，学生就能把课本内容基本掌握，然后在同伴之间复述，互相补充。

这一过程较为灵活，可以组成双人、三人或更多人的小组，适当配以幽默的角色扮演和网络调查资料补充相关趣味知识，最后的巩固环节常用的是自我检测纸，仍然尊重学生的自我检测能力（包括地图的默画），所以整个学习课堂，老师的任务只是略加点拨。一节课下来，学生掌握的知识点早已超出了课本内容，而且气氛快乐融洽。

▲ 七(9)班的陈晨在边画图边给大家讲授《日本》

这一方法在新授课和复习课都可使用。

对自习课，我特别珍惜，注重学生的自我消化和预习能力。我认为自习课远没有那么可怕，在学校综合教育的大环境下，学生的组织与管理并不难，关键在于教育理念、评价机制和老师的积极引导，要教会他们自学的方法，培养他们自学的能力，给学生提供思考的空间，为他们的全面成长打好坚实的基础，这些是能让学生受益终生的。

多希望给学生开放那块自留地。开放并不是放纵，恰是学校、班级的高度管理水平的体现。想想，老师在"绵绵无绝期"的"靠"中，得到的也许是暂时的分数，但是，毁灭的又是什么？在过分"呵护"中的孩子们学习能力怎样提高？自习课原是孩子们当天的一块自留地，是把一天的课程进行复习、梳理、消化吸收的时间，或是对第二天各科的简单预习时间，让他们学会整理、归纳、吸收才是真正的学习。有人认为自习课的纪律乱，不讲课就无从管理，那是对自习课的认识不足；有的人不敢放手，不敢引导，因为每个人只任教一年，而自学习惯不是短期能培养的，好不容易培养出了自学习惯又怎样？明年还不是重新换班？各学段之间的老师没有一个大教育观、各扫门前雪、互不协调，可也是教育形式所逼？很多时候，我们就在"怕"中，把孩子们的学习能力压制到最小，而超负荷压制的结果只能导致学生的厌学情绪越积越多。我们就在"怕"中，勒紧了每一个学生的咽喉，我们的学生只能成为一朵朵生锈的、永远不能开放的花苞……

3. 新闻播报

地理是一门知识面涉猎非常广泛的学科。地理学习有很多途径，其中"新闻播报"在学习中占有非常重要的地位，它不仅让我们了解最新的时事地理，而且让我们增强对地理的兴趣，进而影响作文、生物、政治、历史等综合知识水平的提高。

我校是寄宿制，大部分学生信息闭塞，不利于综合知识的补充，新闻收集主要由通校生和老师提供资料，然后师生共享、点评。基本步骤是先请学生对新闻涉及到的知识点在小组内自主交流，再推荐学生上前讲解，借以培养学生的分析能力和演讲能力。

我结合学生的特点，精心设计了课前"新闻播报"这一环节，其目的是鼓励学生每天收听新闻，并及时记录。一般采取通校生搜集（听说、收看新闻）和老师网络搜集两种方式，然后围绕地理、环境、政治等方面针对新闻热点展开讨论，在上课的第一时间段（5~8分钟），基本每课必行，或多或少，雷打不动。该环节不留准备时间，但一定要求学生产生质疑，提出问题要求学生即刻发表评论。对新闻涉及到的知识点简要讲解，包括地名、气候、位置、河流、人文、景观以及由此传递的思想道德教育等，可以让学生很轻松地从一条新闻中得到很多知识。新闻中的任何国家和地名都能激发学生学习地理的兴趣。每次产生一名班级"首席评论员"，都要及时激励。

2013年12月10日，七年级十四班的同学们搜集的新闻如下：

盖龙飞：我搜集的第一条新闻是"闫帅19岁办爱心养老院"。

学生各抒己见：

赵海涵：闫帅这种精神是非常值得我们学习的，所以，我倡议大家要从小要培养自己的爱心，养成尊老爱幼的好习惯。

尹文潇：现在我们社会非常需要闫帅这样有爱心的人，要让我国的老人晚年更加幸福。

我：爱心是一个永恒的话题，也是我们中华民族的优良美德。我们应该从自身做起，做一个对家庭、朋友、同学有爱心的人。

盖龙飞继续播报：新疆首条高速公路通车……

学生各抒己见：

张静：修建了这条高速公路，能改善新疆的交通，会大大提高那边的经济效益。

杜志浩：我觉得这条公路修筑的特别及时，因为国家正在推进西部大开发，新疆总的来说比较落后，但有了这条高速路，可以推动旅游业发展，从而促进新疆的发展。

我：棒极了！有句话说："要想富先修路"，有了好的交通，就会促进经济的发展。

林晓晨播报：长江三峡下游环境质量报告会在武汉召开……

我：这条新闻，我们如何加深了解？

李晨飞：长江三峡的名称——瞿塘峡、巫峡、西陵峡。

王鑫：老师，我认为还需要知道武汉的地理位置、气候等。

……

我：还有哪个小组的新闻跟大家分享？

刘逢元：我有三条新闻跟大家分享，因为它们之间是有联系的，都是关于雾霾的新闻。近一周，我国有半数城市遭受雾霾天气，104个城市有重度污染……12日，珠江三角洲空气质量检测平台共62个监测点，全部测到PM2.5超标，有60处重度污染……广州福山等地均发布黄色预警。

我：刘逢元的小组材料搜集得很集中，请哪位同学发表看法？

丁琳：雾霾直接让人无法健康呼吸。老师，我也看了一则新闻是江苏那个地方产生雾霾的原因，因为江苏目前的发展还是以重工业为主，污染非常严重，所以最近这几天那里都是雾霾红色预警。

我：可以说，工业污染是导致雾霾的直接因素之一。近几年环境恶化严重，在昨天、前天，我们家乡的雾霾非常严重，今天虽然有些冷，但是阳光灿烂，老师在课间操出去跑了几圈，狠狠地呼吸一下新鲜的空气。嘿！可别笑，真有一种久违的感觉。我们谁不渴望蓝天、渴望碧水，渴望呼吸干净的空气？你听到这样的新闻，心情是怎样的？跟大家分享一下好吗？

董千琳：雾霾对身体有严重的危害，我们应该大力宣传，让每一个地球公民都知道，从而增强人们保护环境的意识。

林晓晨：希望那些重工业企业关闭或者迁移到其他地方去。

朱嘉庆：我不完全赞同林晓晨的观点，我认为有的重工业企业可以责令关闭，但是最好不要迁移，因为迁移并不能根治，没有环境保护措施会导致其他地方的污染。

辩论在延伸，思绪在爆发，当学生们分享完他们的新闻之后，我分享了我收集的新闻——

南非在今天将为总统曼德拉举行追悼会，会有20多位国家元首前去南非追悼。曼德拉一生宣扬及实践种族和解，让曾经敌对的人互相原谅；他宣扬及相信和平，认为我们应生活在和平及团结之中。教区神父罗索称曼德拉为"黑暗中的光明"，赞扬他的谦卑及宽容精神。"他像是月光，在黑暗中成为南非的指路灯，指引人民走向更美好的未来。"的确，南非今天的种族和解和安定局势得来不易，那么，为什么曼德拉如此受人爱戴？从资料中可以看到曼德拉的一生都在为消除南非种族隔离制度奔走，甚至因此入狱长达27年，在南非人心中留有不可磨灭的印记。

一会儿教室里产生了少许的骚动，我对此更是深有感慨，从南非总统曼德拉生病一直到去世，新闻几乎是一路跟踪而来，我只觉得曼德拉精神对我、对同学们的成长太重要，所以拿来分享。

基于此，我请同学们交流感受——

肖雨欣：我们要弘扬曼德拉的追求和平的精神。

盖龙飞：我们要追求曼德拉的团结的奋斗精神。

董千琳：我们需要种族间的平等，不论是白种人、黑种人还是黄种人。我们在《世界的人种》上学过，人种是按照外表体质方面的特征不同而划分的。

张静：我认为人们之间应该是平等的，不应该存在种族歧视。曼德拉的一生为追求平等和团结，我觉得这就是一种大爱精神，他以全球的眼光看问题，这是一位总统的宽容和大度，我非常敬佩他！

这则新闻分享引起我的内心久久的感动。是啊，老师何尝没有这种感觉？为曼德拉的宽容和一生追求和平的奋斗精神，我也由衷地敬佩他！为曼德拉被铺入狱仍然坚守理想而崇拜他！有时候更希望他会成为诺贝尔和平奖的得主，但我知道得奖与否对他并不重要，重要的是因他的奋斗而换起人们的坚强意志和统一和平的信念。

我：同学们的认识非常充分，想一想，我们还需要从这则新闻中了解什么信息？

尹文潇：我们还要了解南非的概况，比如首都是比勒陀利亚，气候主要是地中海气候等。

夏琪：还有时区问题，根据学习内容，我知道南非在东二区（跟北京时间差6个小时）。

夏瑾：我们还要知道开曼德拉追悼会的城市"约翰内斯堡"的大体地理位置。

　　……

好！这些信息足以完成对课本知识的补充了，同学们的观点得到了共享与张扬，为课堂注入了活力。这里进行着一场激烈的思维申辩，这里有一段师生合奏的美妙的火花碰撞神曲，这就是初中"大地理"教育教学法的魅力，这就是地理课堂生命力的源泉！说真的，有时候，作为老师，我们不需要对知识进行太多的修饰，完全可以把权力放给学生们，把机会留给学生们，把空间分给同学们，试想，那将是一次次多么丰美的精神盛宴！

新闻播报学习，不但让学生及时获取发生新闻位置的重要性、历史与政治背景，同时还会引发学生对世界和平问题的思考。新闻中包含很多知识，如雾霾的形成与预防，生活中的光污染，交通事故、国际争端等事件，在相互交流的时候，建议孩子们及时在地图上找到地名，为知识储备打牢基础。新闻播报给孩子们丰富了课堂趣味，并且可以在愉悦的活动氛围中提高学生的语言表达能力、创新思维能力、收集资料的能力以及对新闻热点、时事政治的关注，加深了地理与多学科的联系，拓展了地理知识的纬度。然而，实践证明这种学习方法必须要有连续性，只有持之以恒的知识补充，才能达到长期教育效果。

4. 德育情怀

课堂上，我非常注重孩子们的情感、态度和价值观的培养，尤其是爱国教育和环境教育的渗透，这是我在八年级《滚滚长江》中"治理长江"教学设计的一个环节。

……

通过"不容忽视的真相"——长江洪水和污染的图片，引发学生对长江母亲河的保护之情，进而保护身边的水资源。

情感升华（争做保护母亲河的小卫士）

锡效铭：大力宣传保护长江，从身边的每一件小事做起，多植树，不要让已经伤痕累累的母亲再受伤！

张文博：长江，您非常伟大，也很宽容，但我们却无休止地破坏您，砍伐您身边的树木，乱扔垃圾。我们应该从现在做起，保护我们的母亲河！保护中国的每一条河流！

王玉蕾：长江是我们的母亲河，在我们国家贫困的时候，它帮助我们度过难关，而今，她生病了，我们应该努力去保护她！

高菁函：我们是学生，现在远离长江不能亲自保护母亲河，但是我们可以多植树，参加环保宣传活动，从珍惜身边的水资源开始！

郭昊伟：母亲河现在伤痕累累，而我们人类还在加剧它的伤痛，现在我们是学生无法拯救，但可以多植树、少用一次性筷子等，也能对气候调节做点贡献。

各小组同学畅所欲言，争相献计献策，保护母亲河、保护水资源。

爱国主义情感、保护环境的意识在此萌发，学生们亲近自然、对我们的母亲河以及对身边的水资源的保护之情渐渐浓厚。

话说长江（说句心里话——我们的环保宣言，概括式总结）

游晓芳：我们应该从保护身边的水资源做起，从小事做起，保护中国的每一片小地盘，我们祖国的明天会更美好！

黄馨仪：我心目中的长江是美丽的宽广的，通过这次学习，我知道长江已是伤痕累累，强烈地唤醒了我的环保意识。

张舒宁：长江是我们的母亲河，我们应尽全力保护它！也要抵制高污染工业，企业在长江附近开工，也要有环保设备。要宣传环保知识，唤起人们保护母亲河长江的意识。

学生用自己的语言表达了对心中的母亲河——长江的情感。

学生之间进行交流，随后用卡通贴纸黑板分享—知识梳理—情感升华。

（本环节跟开场的长江印象前后对应，体现了课的结构完整性。同时锻炼了学生的语言整合能力和表达能力，更是对长江情感的再次升华。）

我：亲爱的孩子们、我的朋友们，我们生活在自然界的恩泽里，大自然给我们提供了丰富的资源，而我们却恣意所为、破坏环境，这可是我们唯一生存的栖息地啊——

师生齐呼：走进自然、亲近自然、保护环境、从我做起！

本环节的设计注重爱国主义情感教育，呼吁学生树立节水意识和实践保护意识，培养学生的环保情怀。学生的讨论达到空前热烈，他们的发言令人眼前一亮，智慧的火花不时迸发。"话说长江"，以学生"对长江说句心里话"的方式，将环保情感进一步升华。最后在一曲气势磅礴的《长江之歌》中圆满结束本课。

本环节充分体现了学科育人的教育理念，这跟我多年实践的大地理教育拓展活动密不可分，不仅可以使学生掌握地理基础知识和技能，培养学生的地理实践能力和探究意识，而且通过互动激发学生学习地理的兴趣，增强学生的爱国主义情感，使学生逐步形成正确的人口观、资源观、环境观以及可持续发展观念。这既是时代赋予义务教育地理课程的使命，也是我们老师的基本职业素养。在本课中，我用"层层递进"的方式，将地理知识引发的情感由浅到深，再到师生共同升华，达到了较好的德育效果。

这种学习有学生讲课、学生互动、学生合作等形式，非常适合学生们的年龄特点、学习特点，促进了学生参与的积极性，不仅专注于人的理性发展，更致力于教育的终极目的即人格完善，更能使学生从内心确立对真善美的价值追求，以及人与自然和谐、可持续发展的理念，恰恰这也是大地理教育的真正内涵。

5. 电影欣赏

视频的直观性、动态性有助于提高地理学习的兴趣。我经常使用的是CCTV科教频道的《纪录》《人与自然》，还有《地理中国》，布置的家庭作业也是让学生回家观看这些栏目，及时撰写观看心得，并在上课前的几分钟与其他同学分享收获。有时在自习课我跟孩子们一起观看这些节目，并对与地理课本知识相关的话题如《北极的困惑》，与湘版《世界地理》上册的《北极地区》紧密关联。为了探讨北极困惑，我直接跳过了课本学习，将基础知识的自学、巩固环节完全放给学生，这是上北极生态视频课的前提。本来学生对北极地区的神秘就很有兴趣，有了探究方向，就更有学习的积极性了。然后，在视频的观看中，逐渐调动学生对"食物链—化工污染—生态危机—北极熊袭人事件"的串联效应，培养学生对地理问题的思考意识，鼓励他们树立大环境科学地理观。还有《消逝的冰塔林》《野性俄罗斯》等话题都要及时展开讨论，这是对世界地理学习的最好教材，既能补充地理人文知识，又能帮助学生增强探究意识和对环境保护的深深思考。

环保电影，也是我和孩子们的学习途径，比如《阿凡达》《后天》《2012》《重返地球》《难以忽视的真相》等，给孩子们打开学习"大地理"的视野，让我们从更广义的角度愉悦地进行地理学习。

不同的学生，观后感不同。

《地理中国》——"沉船之谜"

记录者：李鹏程

在非洲的东海岸有许多大型船都沉于此地，主要是洋流导致的沉没。一个潜水爱好者发现了一艘船的残并听见"鬼"的呻吟，后来经过探测，才知道原来是由哺乳动物发出的声音。

通过这次《地理中国》的影片，我明白了新的知识，洋流可以让船在几秒钟内消失，真是太可怕了。由于人的听觉器官在水中不适应，就会听出许多幻声，致使人们在水中误以为是"闹鬼"，再加上联想，所以才会出现这种现象，这说明了科学研究的重要性。

我建议同学们有机会多看《地理中国》节目，因为我们可以学到很多知识，对地理增加兴趣。我喜欢张老师在快乐中学习、在学习中快乐的学习方式。

电影《海豚湾》

影评者：耿子涵

血色的海豚湾，不仅是日本的耻辱，也是人类的耻辱。拍摄海豚屠杀的场面只有短短的5分钟，但这5分钟足够震撼人们的心，足以让人们压抑无言，心痛欲裂。片中奥巴瑞带领他的团队前往海豚湾去揭示人性黑幕的一刻，是全片集中体现的人性光芒。奥巴瑞的一生恰恰证明了："人类是海豚最大的威胁，也是它们唯一的希望。"

我为人类的残忍而悲哀，为海豚之死而哭泣。如果我们无法证实我们的错误，没有对自然对生命的尊重，那么灭亡的终会是自己。

影评者：王嘉洋

一看到"海豚湾"这个字眼，我的脑海里立刻想象出海豚们在波浪中自由自在嬉戏的场景——但，这只是我的想象，这部影片与我的想象是截然不同的。

海豚湾是指日本太地町地区的海湾，那里每年要杀23000头海豚，简直是海豚们的地狱。早在17世纪，这里的渔民就开始捕杀海豚，他们用金属棍在水中敲打以扰乱海豚们的声纳系统，把海豚赶入小海湾后，一部分卖给世界各地的水族馆，剩下的海豚就被渔民当场杀死，然后卖给超市。

看到影片后，我的感触很大，为世界上还有保护海豚的人欣慰，也对那些可怜的海豚们心生同情。哎，什么时候海豚湾的海豚们才能自由自在地生活啊？

《地理中国》——"蓬莱滩寻梦"

记录者：魏欣

今天我观看了《地理中国》的蓬莱滩寻梦，这一集讲的是一位叫金玉轩的教授用20多年的时间研究这些岩石。有几次，他病倒了，但是疾病并没有消磨他的意志，他仍然带病去考察。果然，功夫不负有心人，他的研究终于取得了重大成就——他在蓬莱滩研究出了一个"金钉子"。从此，地质时期的研究中出现了中国人的名字。所谓金钉子就是用来标定一个物种演化到另一个物种的地质时期的时间点。

我们要学习金教授的这种执著精神，坚持不懈、勇于探索，为科学事业献身。

电影:《鲨鱼海洋》

影评者:刘逢元

一直以来,人们都以为鲨鱼是穷凶极恶的大坏蛋,一些文艺作品,更加坚定了人们对它们的偏激的看法,可事实上,这都是错误的。

鲨鱼极少攻击人,与狮子、老虎的杀人率相比,只有二十分之一。而且它们攻击都是试探性的,所造成的伤口很浅,所以鲨鱼实际上是一种温和、害羞的动物。

可就是这样一种无害于人类的动物,却遭到了灭顶之灾,人们恣意地捕杀它们。有人觉得自己在为民出力,有人为了鱼翅——为了可以与贩卖毒品相媲美的高昂利润。甚至,连一种只吃浮游生物的没有牙齿的鲸鲨,他们也不放过。

此纪录片的拍摄者与一位保护动物的船长在海上阻止各方偷猎的船只,尽管受到重重阻挠,但是最终凭一己之力,让人们意识到保护鲨鱼的重要性,令人十分感动。

观看视频、电影,要注意观后的反思与升华,如果只是看了,没有大家思想的碰撞,则收获甚微。

6. 学会剪报

学习资源无处不在,只要你用心。

我常常利用休班、社团活动时间,鼓励学生想办法去各部门收集各类报纸、学刊和上网搜索资料。可以用笔摘录,可以打印,然后用自己喜欢的方式制作剪报,形式丰富多彩、创作灵活,既培养了学生收集资料的能力,又能丰富课余生活,还能拓展知识面。这种资源整理的能力,对孩子们的日后成长大有用处。

根据学生的制作,可以在班级、级部内及时展评,推选出最佳地理剪报作为优秀学习资源。

　　小剪报，大作用。一个学期下来，基本上每个同学都会攒出一个厚厚的剪报本。

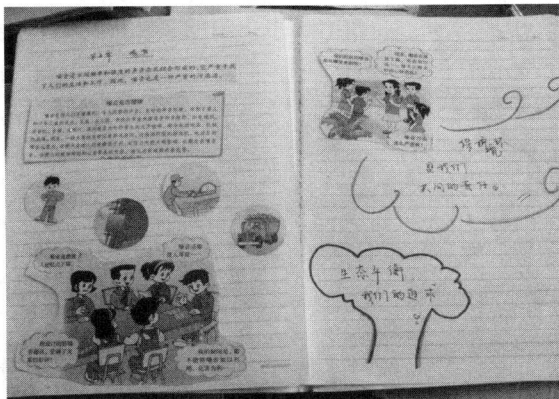

▲　内容丰富的剪报本

7．大量阅读

　　地理不是孤单存在的，它与各科知识关系密切。对于"读万卷书，不如行万里路"的说法大家已是耳熟能详，而我作为一名地理老师，则认为如果要适应当今的课改形势，就不仅要做到教书、读书，还要行路。

记得我第一眼看到著名学者余秋雨的《千年一叹》的时候，那种如饥似渴的感觉别人根本无法理解，我只用一个夜晚就把近500页的书品完、赏完，因为书里有的是《世界地理》上西亚、南亚等好多国家和地区的知识和风俗人情，有的是世界历史文化的沉淀，有的是冒险创新的灵活应变能力！余秋雨老师把枯燥的地理知识故事化、趣味化。我看完后在第一时间内把书推荐给我的学生们，他们纷纷传阅，一个学期下来孩子们基本看完。但看完并不意味着能有多少收获，我及时抓住契机，设计学生论坛，在评论中提升书本知识，做好《千年一叹》与地理课本的链接。这时，刚好到《世界地理》下册的学习，赶上《认识地区和大洲》。《千年一叹》便成了我的正宗教科书，我在工作室准备了《国家地理》《博物》等刊物，还有《徐霞客游记》《马可波罗行纪》，尽管有些接近半古文，却都可以成为我与孩子们的交流作品。在我眼里，这才是地理学习。

地理新课改精神希望我们教给学生一定的实践能力、环境认识能力，这些知识能力的培养应从哪里来？如果我们老师没有用心挖掘身边的资源，那只能是纸上谈兵，"纸上得来终觉浅，绝知此事要躬行"，最终不能胜任教师这一幸福的职业。我的观点并不难实现，"带着思考旅游"已经是很好的地理教学资源，关键是我们大家对它的认识。单纯在教室内教地理会越学越死，越教越累，而当你走出去，放眼自然，走进自然，用大地理的眼界打量世界的时候，教地理却那么有幸福感。

我提倡学地理的一定要旅行，每一年的节假日我都会把我和学生的假期旅游做周密布置，回校进行资源共享，交流所见所闻。可以有故事型、论坛型、摄影图片展等多种形式。可以在网络上传照片、写游记、带水样等等，用尽方法让学生体验地理。尽管我们没有大的业绩，但完全可以在地理这块热土上挥洒快乐，享受阳光，完全可以在教育的小天地里陪伴孩子们健康成长。在我眼里，这才是地理学习。

固然，我明白我做不得明朝的地理学家徐霞客，因为我知道——如果没有徐霞客的"专心从事旅行，足迹所到，北至燕、晋，南及云、贵、两广，旅途中备尝艰险。其观察所得，按日记载"，就没有在其死后季会明等整理出的富有地理价值的《徐霞客游记》；我也做不得北魏时期的郦道元，因为我知道——郦道元喜爱游览，还用心勘察水流地势，了解沿岸地理、地貌、土壤、气候、人民的生产生活，地域的变迁等。后来他发现古代的地理书《水经》对大小河流的来龙去脉缺乏准确记载，有些河流改道，名称也变了，但书上却未加以补充和说明。郦道元决心亲自给《水经》作注，他查阅大量资料和地图，还实地考察，核实书上的记载，终于完成《水经注》；我更做不得西晋时期的裴秀，因为我知道——西晋时，中国出现了一位著名的地理学家、制图理论家裴秀，李约瑟称他为"中国科学制图学之父"。当时，春秋战国时期地图已广泛用于战争和国家管理，出于政治和军事需要，裴秀立意制作新图。他领导和组织编制成《禹贡地域图》18篇，这是中国和全世界见于文字记载的最早的历史地图集。我更知道，自己与学者余秋雨老师距离甚远。那么今天，作为课改新形势下的地理教师该怎么做？

没有实际考察，照本宣科的教学是一件多么枯燥的事情！研修时有位老师说，他教了一辈子黄河知识，画了一辈子黄河地图，可就是没有能力亲自去看一眼黄河磅礴的气势！是啊，我们教地理的老师整日传授的是死板的地图、书本的固守知识，根本无法将鲜活的知识传给学生，更无法将我们的地理课堂趣味化，课堂的高效何谈？课堂的生命力何谈？

我心中的"大地理"教育，一定要走出去，用一种大境界看地理。只有做到"教书、读书，更要行路"三位一体的完美结合，才能把课本上的知识生活化、艺术化、魅力化，我们的学生才有丰富多彩的收获，我们的地理才能彰显魅力。也许，这才是我的"大地理"教育的真正精髓。

8. 注重写作

写作是每一个学习者必修的基本功，有一定的文字编辑能力对学生终生受益。写作还会帮助我们培养一种优雅气质。我们身处一个喧哗与骚动的世界，文字往往会使我们获得安宁与平静。沉浸在文字的世界中，我们会得到精神的洗礼，得到情感的抚慰与审美的熏陶。

坦白地说，在2010年，我36岁，因为思想、活动所需，才被逼着学写日记。我一直认为，不会写作对一个教师来说是一件非常痛苦的事情。记得在给学校领导的第一个活动请示里，标题上便有一个错别字，但我却看不出来。为写一个短短的活动请示，竟然不知改了多少次，语病百出，一直改到眼花缭乱。幸好办公室里有高鸿、宁杰、任红香、李荣杰等语文老师，这个不在，我请那个，求他们帮我看看，就这样一遍遍地梳理着一个普通老师对教育的信念。我真想对文字投降，也不止一次地降低要求，说自己天生对任何文章资料都不敏感，根本就不是写作的料。但是，我不能天天求爷爷告奶奶地请别人帮我写啊。最后，还是"不言放弃"的性格让我选择了学习，依靠他人永远不能独立，自己必须要学会写作！

也许正因为这样，我特别注重对学生的阅读、写作能力的培养。形式不拘一格，可以是每次课内、课外活动后的活动感悟，对新闻时事的所想所思，对地理学习的困惑，也可以是对地理知识的趣味日记。日记并非每日都写，但我要求孩子们在有学习收获和困惑的时候必须及时记录。

学习了《世界的语言和宗教》后，我设计的题目是《我的信仰，我的追求》，让学生畅谈自己的信仰和追求，树立目标，达成积极向上的人生观。然后，再利用"生生批阅""老师点评"的方式评选"最佳作品"，及时激励，并对优秀文章修改、投稿。

以下是几个孩子在《我的信仰，我的追求》中的段落：

七年级十二班·侯栋梁

我的人生最终目标就是当全国十强的企业家，同时还要当一个慈善家，我要像太阳一样照亮黑暗，给寒冷、饥饿的人们带来温暖。

要想实现我的目标就要有坚定不移的信念，一定要坚持，不能半途而废，一直向着一个目标进发。在人生的道路上，难免有一些困难与挫折，最重要的是勇于面对困难，有一颗乐观的心。

七年级十二班·耿莹斐

我相信每个人都有自己的信仰。信仰也许就是一种精神上的寄托，当人们遭到困难时，需要一种力量去都助他们。信仰就是对某种人的主张或做法的认同，并把它作为自己行动的"指南针"。人如果没有信仰，那就没有前进的目标。

学习了《世界的聚落》之后，我设计的题目是《我的城堡》——

亲爱的孩子们，我们曾经无数次为世界上美丽的居住环境所吸引，为奇特的建筑房屋所痴迷，请你根据掌握的知识，设计一座属于你自己的城堡，这将是你的旷世之作！相信几十年后，你会在这座城堡里享受天伦之乐——题目自拟，可以图文并茂，字数不限（记得把本节的知识点放进去哦），大胆想象吧！

心中的城堡

七年级十四班·王姝然

每个人心中都有一个属于自己的城堡，没有好看、不好看之分，没有贵贱之分，每一个都是最独特，也是独一无二的。每个人心中的城堡不可能一样，因为，我们每个人心中的世界都有各自美好的愿望。

我心中的世界是甜蜜的，像水果、糖块一样，甜滋滋的。你知道吗？我的城堡其实还有一个特点，就是被蓝蓝的天、清清的水、绿绿的草和暖暖的阳光环绕着，还有大自然那无比清新的空气，多么享受啊！

蓝蓝的天笼罩着我，让我有一种自然的安全感；躺在柔软的草地上安静又舒适，可爱的小鸟们在枝头唱起了婉转的曲子，呼朋引伴地卖弄自己的喉咙；身旁的小溪清澈见底，缓缓地流淌，轻轻的风吹过我的脸颊。我心中的城堡矗立在这美丽的环境中，那种美景可想而知。

我环顾四周，发现自己心中的城堡有几个特点：土壤肥沃，适于耕作；地形平坦；自然资源丰富；水源充足。

为什么我的城堡在乡村而不是城市呢？因为，城市现在面临的问题太多了，如交通拥挤、住房紧张、污染加剧等。如果是在城市，每天还能那么娴静吗？每天都是噪声！而乡村大多依山傍水，沿河流、山麓或公路分布。我喜欢安静，所以我希望住的地方不要太吵，环境要好。

这是我心中的城堡，欢迎你到我的城堡来做客！

▲　七年级十二班的同学们绘制的别具一格的城堡

在《世界地理》上册中学习了人种的划分依据等知识后，我设计了"同是地球人"这个主题，让学生根据资料写作文，引导他们避免种族歧视。

2012年欧洲杯在即，举办地却出现了不和谐的声音，荷兰队的球星们在公开训练中遭到了种族歧视的攻击，对此橙衣军团的队长范博梅尔称，一旦在欧洲杯的比赛中遭遇这种情况，会考虑立刻退出比赛。当地时间周三在波兰的克拉科夫，荷兰队进行了公开训练，这一举动原本旨在拉近与当地球迷的距离。但据《太阳报》披露，在训练中，荷兰队的黑人球员们遭遇到了种族歧视攻击，这让全队上下十分恼火。大约500名当地球迷对荷兰人发起了这次攻击，橙衣军团的黑人球员遭遇到了如"学猴子叫"之类的侮辱。队长范博梅尔代表全队称，一旦比赛中也有这种情况，他们会建议裁判取消比赛。"我们（在训练中）遭遇到这样的攻击，这实在是一个耻辱，"范博梅尔说，"我们将会把这件事上告到欧足联，如果在欧洲杯比赛中发生这种情况，我们将会和裁判谈，要求退出比赛离开场地。"

请根据以上提供的资料，结合掌握的知识中，写出你对人种的看法，文章题目自拟，字数不限。

不同的人种同样的心

七年级十二班·齐祎云

在这个偌大的世界里，有各种各样的人种，组成了多姿多彩的世界，但这个世界不一定都是平等的，从材料中得知，有些人对黑种人的歧视让人咬牙切齿。

我们从地理课本中得知，人的肤色大致由赤道向极地逐渐变浅。黑皮肤有助于保护人体免受紫外线的伤害。肤色是大自然的选择，我们不应该有种族伤害，更不应该有种族歧视。

例如，美国的种族歧视很严重。但美国总统奥巴马是黑人，他曾经说过："如果你们歧视身边的黑人，等于歧视我。"所以说，种族不是距离，导致人与人之间疏离的，实际上是内心的阻拦！

放眼望去，不同肤色的人类在共同编制着同一个梦想，我们都是为地球家园的发展而贡献自己的力量！

一个地球上面生活着千千万万个物种。不同的人种同样的心，外表不是差距，种族不是差距，思想不是差距！我相信，终有一天，地球上的每一个人都会向着共同的梦想奋斗！

同是地球人

七（12）班·马海蕙

地球，这个美丽的星球养育了我们，在这个世界上，我们每个人都是地球妈妈的儿女，每个人都是平等的，黑人、白人、黄人等不同肤色的人都曾为人类的历史文明做出贡献。

因为过去的一些原因，黑色人种饱受歧视，就像我们中国人过去也曾被称为"东亚病夫"，都曾有过血泪的历史。他们被人当做奴隶，过的是猪狗不如的生活，他们的民族在别人眼里是卑贱的，是微不足道的，即使在今天，世界各地对待黑人的不公平现象也不断发生。其实每个人都是一样的——一个鼻子一张嘴，两只眼睛两条腿，肤色不同只是太阳辐射不同的结果，其他没有什么区别！

写作的时间不会太长，一般在学完这节课的时候，我会让学生做个总结，简单谈一下自己对所学知识的认识，一方面巩固了课本，另一方面也是对本节知识的升华。当我宣布具体要求后，只留5分钟让学生写，因为我想要的是最有冲击力的东西，这些才是孩子们头脑中最有价值的思想。学生往往会叫苦不迭，跟我讨价还价，说时间不够。但我毫不留情，到底让我逼出了作文高手。

在学习《南北极地区》的时候，我布置了这样的题目——

极地，这个与世隔绝的白色领域，有着让人震撼的古老冰川，有着让人欢喜的可爱精灵，有着让人惊叹的原生大陆……让我们继续前进，登上那个梦境般的大陆，近距离体验南极，寻找不一样的梦。为了探索南北极，有很多科学家献出了生命。老师想说，学习南北极知识的同时，也要学习科学家的探险和奉献精神。请你阅读课本关于南北极的资料，简单谈谈自己的认识。注意地理术语正确，语言优美，可以辅以地图。

学生作文精彩段落摘抄：

七年级十六班·刘文潇

人的奉献精神在实现南极梦的过程中，体现得淋漓尽致，科学家阿斯特等人就是证据。而因纽特人和爱斯基摩人的相依为命，不正能看出合作协助的精神吗？有一天，如果可以，我一定要登上中山站、黄河站，但是现在还不行，那样会给科学家添麻烦。我想注视企鹅、北极熊、海豹等动物，他们像精灵一般可爱，怎么不让人心动呢？一个个的问题驱使着我，一个个的迷惑激励着我，为了我心中的那个飞动的梦，白色的梦，我一定要努力、努力、再努力……

七年级十六班·郝悦凯

南北极地区有非常高的科研价值，吸引各个国家的探险者去探索，但总是因为条件艰苦而留下这样那样的遗憾，甚至让探险家失去生命，但南北极地区真的是一块不毛之地吗？经过考察发现，南北极地区有着丰富的矿产资源和淡水资源，有丰富的石油和天然气，68%的淡水储存在南极。南北极地区也和地球其他地方一样，孕育了无数生命，北极熊、海象、企鹅等，都生活在极地，有自己的生活。但近年来，人类排放的温室气体破坏着它们的家园。我们生活的资源来自大自然，应当感恩于自然，而今面对环境破坏的现象，人类是否应该反思呢？

七年级十六班·易世砾

学了南极，看了老师给我们放的一些图片，我发觉，北极熊是友好和善的可爱精灵，见到人们，它们会主动站立起来打招呼。可近来发生的北极熊袭人事件，让我深深感触，在严寒的狂风、暴雪下，北极熊真的已经饿坏了吧？或许，这本身就与人捕杀它们有联系吧？我希望人类与北极熊能和平相处。

七年级十六班·张斌

南北极地区气候寒冷，无数科学家为考察极地而献出了生命。南北极地区淡水资源储量丰富，我觉得可以当天然水库用。当今世界上很多地方水源不足，他们可以造运水船或输水管，在南北极地区，建一个融水厂，融化后的水再通过输水管船等运到世界各地的缺水区。希望南极会对世界有更大的用处。

七年级十六班·赵靖琪

南北极都是一望无际的冰雪世界，拥有迷人的风光、独特的景象。同时，丰富的淡水资源哺育着生命。老师给我们看了很多图片，其中北极光景色怡人，以独特的地理因素，捧起这一片独特的"光"，在极地上空，点缀出一点明亮，一丝悠长，一种风情……那像是一道永不磨灭的灿烂曙光，但它又是那样隐隐约约、若现若无……散发着浓郁的极地风采。

在学习《欧洲西部》之后的随机写作中，我说——欧洲西部一直是人们向往的地方，文化底蕴深厚，景色迷人，能否跟大家分享？

七年级十五班·刘昊杰：

我应该怎样描绘欧洲西部的风光呢？假如我是一个舞蹈家，我要用那纤柔的舞姿描绘一个个动人的画面；假如我是一个音乐家，我要用清脆婉转的声音，唱出我对"音乐之都"维也纳的赞叹；假如我是一个考古学家，我要用我的能力考察那"千年古都"罗马深刻的文化；假如我是一个旅游家，我一定要到欧洲西部的法国、西班牙、意大利等旅游大国尽情畅游、写生……然而我什么也不是，我只能用这贫乏的文字来阐述心中"惊异奔涌"的美！

这里还有一个小插曲，孩子们写完之后，我请刘昊杰同学起来读。她刚读了两句，就被其他同学说：她是抄的！而且声音稍大。敏感的刘昊杰听到了，马上啜泣了起来。我一看，是孩子受了冤屈，立即转向那些指手画脚的孩子们说："你别嫉妒人家，你也抄给老师看看？5分钟的时间能抄到什么？"孩子们静了下来，刘昊杰停止了哭泣。哼！老师的嘴巴可不是好惹的。我拿过刘昊杰写的文章，声情并茂地朗读起来，然后跟孩子们一起给她鼓掌，说："刘昊杰，你写得太美了！我喜欢这样的文字！我向往这样的天堂！"哈哈，她的脸色马上阳光灿烂。

七年级十六班·国冠磊

我是旅游迷，曾去过很多地方，遇到很多景点，但是最能打动我的，还是那块美丽富饶的欧洲西部。我对欧洲西部产生了独特的好感，那林海雪原、湖光山色、海滨沙滩岛，相映成辉，构成了一幅巨大的浓淡相宜的壮丽画卷。蕴藏着古老而悠久历史的美丽城市，千年古都罗马、音乐之都维也纳、艺术之都巴黎、花卉世界的荷兰、世界公园的瑞士，构成一幅幅生动而美丽的画面，人间仙境，欧洲西部，你是如此美丽，如此壮观。

让我们一起去欣赏你那伟大的美！

如果错过西欧风光，你要后悔千年！

七年级十五班·朱晓妍

在我心中，总有一种隐隐的向往……

如果有一天，我来到挪威，我一定要凝望那富有神秘色彩的午夜太阳；如果有一天，我来到奥地利，我一定要欣赏音乐之都维也纳的风光；如果有一天，我来到法国，我一定要浏览一番艺术殿堂罗浮宫；如果有一天，我来到瑞士，我一定要去阿尔卑斯山脉赏雪景、滑雪；如果一天，我来到荷兰，我一定要品味郁金香与风车的传奇……

如果没有那么一天，我也会把这种向往掩埋心底，拼搏，奋勇向前，把它当作目标去实现——直到有那么一天！

——多美啊，这诗一样的语言！我被孩子们的热情融化了。

学到《巴西》的时候，我请学生自己设计题目。他们的题目是这样的——

美丽的热带雨林——"地球之肺"风光旖旎，令人惊叹的亚马孙流域，迷人的国舞"桑巴舞"……都令我们心旷神怡。说巴西是"氧气瓶""天然氧吧"一点都不为过，请根据所学知识，浅谈对巴西的认识。

七年级十二班·孙佳睿

"地球之肺"——亚马孙热带雨林坐落于巴西。亚马孙热带雨林这位"功臣"被誉为"地球之肺"，每天源源不断地为我们释放氧气，吸取二氧化碳，降低大地温度，做着大大小小对地球有益的事情。但是现在，这位"功臣"很伤心，为什么呢？政府官员为了提高国家收入，要破坏它，开发商认为多砍树，能多赚钱，而世界环保组织官员不支持砍树，认为会破坏环境，当地居民左右为难，到底怎么办呢？不错，砍树是能赚钱，但是地球妈妈被破坏了，还能复原吗？你有钱了，但让后代怎么生活？如果这位"功臣"不存在了，谁给地球净化空气？谁给我们提供20%的氧气啊？

请保护我们的天然氧吧——"地球之肺"——热带雨林！

七年级十五班·王英臣：

巴西原始热带雨林生态功能极强，供氧效率高，如果被破坏，水土流失便会日益加剧，大量的动植物流离失所，失去原本属于它们的家园。人类残忍地破坏了动物的家，实质上就是自己作践自己！在砍伐木材方面，本人认为应该量力而行，在不破坏动植物的栖息地情况下少量砍伐，但要及时种植，以便恢复其供氧功能。

我珍惜孩子们的每一段文字，因为这是心底里自然流淌出来的声音，这是他们快乐成长的乐符。有了这些积累，我带的5个班的作文水平有了整体进步。我帮孩子们投稿，三年来在《环境教育》等国家级杂志刊物上发表了100多篇文章。

我认为当今社会必需的能力是语言表达能力，即写作和演讲，熟练地驾驭这两种能力将把你推向成功。书面语的美妙绝伦，促进了孩子们演讲能力的提升，他们的论辩思维在静悄悄地发展。况且我们的教育需要七嘴八舌，需要倾听孩子们的声音。只要老师留给学生一片适合生长的土壤，我们的生命力课堂将会开出色彩斑斓的绚丽之花！

9. 学以致用

结合课本进度，我常常鼓励学生"学以致用"，这也是地理新课标一直提倡的理念。教育不能纸上谈兵，更多的是要让知识在生活中得到最大的应用。如在学习《世界地理》上册的地图比例尺知识点时，如果只是看图，不能灵活掌握，在休班时我布置的作业是"绘制你的小卧室"——

亲爱的同学们，你是否对刚踏入七年级的地理课程感到有点紧张？不用担心，只要敢于动脑、动手，一切的地理难题就会在你眼前消失。不信吗？那现在就开始吧！这个休假的日子，老师建议把你的小卧室分享给大家，按照一定的比例尺画一张平面图，并标上方向、图例和注记（自行设计）。如果你有一定的绘画能力，还可以上颜色。只要画会这一张平面图，有关比例尺的难题就会迎刃而解。

看看孩子们的作品——

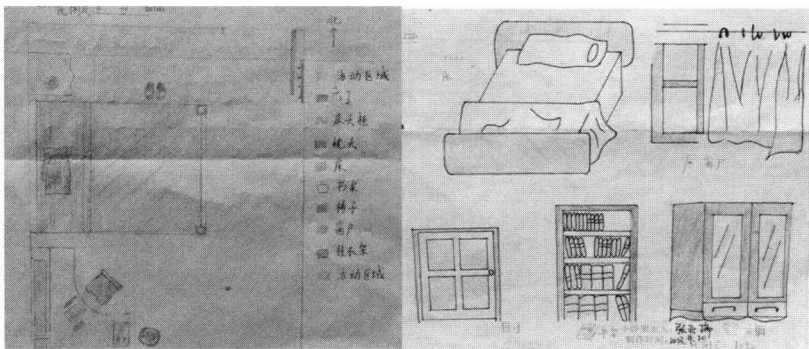

▲　孩子们绘制的小卧室地图非常可爱

还有一个题目是"绘制上学路线图"：

将你的上学路线画出来，并说明家在学校的什么方向，需要坐几号车，用你喜欢的图例和注记，不能忘记地图的其他要素哦。

这样，简单的练习题就能把抽象的比例尺知识精细化。

我还让孩子编写了《我的地震紧急逃生预案》。我对孩子们说，地震危害极大，实在不能逃开的时候，要找准"三角区"。有很多时候，地震时是不能藏在桌子底下的。现在网上也有一些不科学的观点误导了孩子们。为了这篇文章，学生需要去查找资料，补充知识。在最终作品提交后，老师要及时作出点评。

我的地震紧急逃生预案

亲爱的同学们，当你学了七年级地理上册《海陆变迁》的时候，想到了什么？是否了解世界两大地震带的知识？

我们知道地震是残酷的事情，都不希望发生，但在生活中万一遇到，你怎样应对？请回家上网或用其他方式搜集资料，写一个地震逃生紧急预案，就是你的模拟逃生方案，可以用"文字、逃生路线图"结合，跟父母合作更好，建议地点在家庭、学校、公共场所等场合，把我们所学知识融入其中，题目自拟——我设计的题目是《我的地震紧急逃生预案》（包括画图设计），这个活动非常实用，回家后跟家长一起制作逃生路线图，一旦发生地质灾害，如果在商场怎么办？如果在学校怎么逃生？这实在太重要了！

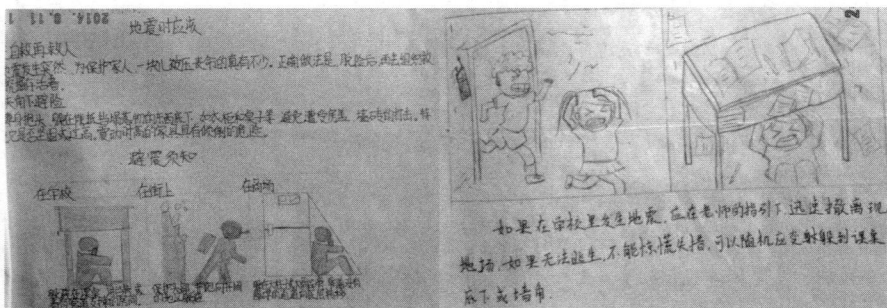

▲ 孩子们手绘的"地震紧急逃生预案"

10. 能言善辩

我始终认为语言表达能力是一个人立足社会、发展自己的基石，书面和口头语言能力的出色表达，能帮助求职者找到更适合自己发展的机会。在课堂上，我经常把一个个难题抛给孩子们，因为，我坚信学校学习是为了让他们更好地走向社会。

例一：今天，我们怎样学《日本》

最终在键盘上敲下这个题目的时候，心里还是有一阵恐慌，因为这个一直占据《世界地理》教材重要地位的必学的国家，曾让我手足无措。之所以出现在地理教科书上，肯定有它的学习意义。怎样学？这是个问题。自钓鱼岛事件升温以来，大部分学生一看到"日本"俩字感觉就要爆炸。憎恨的情绪让你在教室里如同站在硝烟弥漫的战场上。作为老师，该怎样上课？这一直是我思考的问题。

进行完《南北极地区》的学习后，就要学习关于各个国家的知识了，日本作为本章节的第一个国家出现在课本上。四大岛屿、一弯弧线赫然映现在我们眼前。当我宣布挺进《日本》的时候，孩子们立刻就说："灭了它！"孩子们的话是最真最直白的。我没有作声，依然把大屏幕打开，展示了日本的地图，把余下的时间抛给学生。按照惯例，第一阶段先让学生结合导学提纲自学，掌握课本内容的70%；然后我再进行点讲，孩子们互动；最后进行巩固练习，本环节要掌握课本内容的98%。剩余的2%是开放性题目的预测，本环节保留。

自学结束，轮到我点讲。日本的火山富士山是著名景点，但是有爆发的迹象，有日本专家预测富士山一旦大喷发，东京将遭受毁灭性打击。如果富士山发生大规模的火山喷发，火山灰等将导致以东京为中心的首都交通瘫痪，经济损失将高达1.2万亿至2.5万亿日元。富士山的喷发可能有两种类型，一种可能是从山腰流出熔岩，另一种可能是从山顶大量喷出火山灰。如果是前者，可能会在富士山山腰的东南—西北方向裂开长约30公里，宽约10公里的火山口，火山熔岩的一部分可能会达到日本铁路大动脉的东海道新干线。如果是后者，火山灰将危及整个首都圈，除导致新干线混乱外，羽田和成田机场也将无法起降飞机。如果赶上雨天，还将引起停电，并将导致道路交通中断。火山灰还将对1250万人的身体健康造成影响。对于富士山喷发可能造成的经济损失，专家组预测，如果不下雨的话，经济损失将在12000亿至16000亿之间；如果是在雨季，经济损失将会高达21000亿至25000亿日元。

我还没说完，孩子们早已兴奋、激动，他们直言不讳："哼，小日本，早该灭了！火山爆发把它消灭掉，这是应有的下场！"

针对孩子们的情绪，我干脆开设了小辩论，把问题扔给他们——一旦富士山喷发，会给东京带来灾难性的破坏，你怎样看待这件事？很快，七年级十四班的观点就因性别而达成了两派——

（女）刘逢元：

虽然日本有侵略我们的历史，现在也在跟我们争钓鱼岛，但毕竟是少数人，还是有很多好人热爱和平的。事物都是有两面性的，汶川地震时，日本不也是来帮忙吗？日本对世界也是有一点影响力的，不能说灭就灭了。

（女）赵海涵：

如果日本真的消亡，我有两个观点——第一，它工业发达，电子产品、汽车主要销往中国、朝鲜、韩国，如果日本遭受灭顶之灾，在中国经济本不发达的情况下，贸易额会下降。第二，钓鱼岛争端，南京大屠杀，日本杀害无辜中国人民，让人心痛。日本国内不稳定，整天对本不属于自己国家的领土进行侵略。所以，这样的国家灭亡之后，真的很难让人同情。

（女）夏瑾：

我觉得不好。因为如果日本发生火山喷发，被毁灭的话，也会影响我国，对我国的经济产生影响，因为我国需要从日本进口很多物资。而且日本还是一个重要的经济中心，也会对世界造成影响。

（男）袁一玮：

日本在中国不知残害了多少生灵，而且日本政府至今没有对此进行深刻反思。日本处于地震带，所以日本多火山地震。如果富士山火山喷发，让日本消失，这是罪有应得，并不是我们中国人的错！

（男）韩少奇：

如果日本灭亡，东亚唯一的发达国家消灭，许多国家会因此减少输出资源，不利于别国的经济贸易发展，而且会给周边国家的环境造成危害，地球上的陆地也会随之减少。但是，我还是想说："中华人民共和国万岁！"

（男）朱嘉庆：

我保留观点，虽然日本给我们带来了很多伤害，但是和平交往是主流，希望能感化日本。如果日本不知悔改，我也希望日本多地震，火山喷发，主要是他们太没人性了。

（男）盖龙飞：

以前，日本人侵略我们中国，杀了我们很多同胞，比如南京大屠杀。现在日本又不断扰乱其他国家，还抢我们的钓鱼岛。日本的文化都是从中国学去的，以前的科技都是从中国学去的，现在忘恩负义。火山喷就喷了吧！

孩子们没有听清我的资料介绍，我说的是如果富士山喷发，东京会遭到毁灭性的伤害，他们直接听成日本整个国家了。也许是一提到日本，孩子们就愤愤不平。在所有的发言中，女生的观点相对克制，男生的观点则略为偏激。我懂孩子们痛恨日本种种自私、贪婪的暴行。但是，作为老师，我又想说，我们跟日本相比缺少什么呢？

可能首先要说的是日本对环境保护的认识问题。在日本曾发生过世界十大环境污染事件之一——水误事件。在日本南部九州湾有一个叫水误的小镇，这里居住着4万居民，以渔业为生。1939年开始，日本氮肥公司的合成醋酸厂开始生产氯乙烯，工厂的生产废水一直排放入水误湾。该公司在生产氯乙烯和醋酸乙烯时，使用了含汞的催化剂，使废水中含有大量的汞。这种汞被水中的鱼食用，在鱼体内转化成有毒的甲基汞。人食用鱼后，汞在人体内聚集从而产生一种怪病：患者开始时，只是口齿不清，步履蹒跚，继而面部痴呆，全身麻木，耳聋眼瞎，最后变成神经失常，直至躬身狂叫而死。1972年据环境厅统计，水误镇患水误病者180人，死亡50多人，就在新线县阿赫野川亦发现100多水误病患者，8人死亡。据报道，患者人数远不止此，仅水误镇的受害居民，即达万余人。

自此以后，日本痛下决心，必须彻头彻尾地做好环境保护工作。日本是世界上最大的资源进口国，因为日本的很多资源相当缺乏，为了保护本国的森林资源，宁可从中国进口树木，制作一次性筷子，也不肯动用自己国家的一根树枝。日本人都懂得每一天运转的资源有限，因而倍加珍惜。而我们不懂，尽管所谓的中华地大物博，但是人均拥有量并不高，而且浪费相当严重，国人的资源忧患意识不足，着实让我们感到痛惜。在我博客里也有引用过日本垃圾分类的严格做法。我们中国有足够的人力，十三多亿啊，如果大家能齐心协力参与环保，将是怎样的结果？

再次，课本上提到日本是第二次世界大战后迅速发展起来的国家。第二次世界大战后，日本全民族意志统一，决心通过经济振兴实现崛起，其国民生产总值从1950年到1990年增长了152倍。这样的速度背后，没有一种狂热的举国一致的民族凝聚力作支撑，如何可以做到？

日本人做事极端认真负责，这一点也值得我们中国人学习。走在日本的街道上，很少有外国人不被日本的整齐有序所感动。街上一尘不染，人流整齐有序，公共汽车分秒不差。即使是遇到了地震和海啸，日本人也从来没有表现出慌乱之态。每个日本人都像机器人一样，忠实地履行着自己的职责。整个日本社会也像一部机器，运转精准，几乎毫厘不差。

还有，日本处于太平洋板块和亚欧板块的交界地带，是地震频发的国家，但是地震级别不低，为什么人员伤亡不大？我在博客里也转载过一位日本学者告诫中国如何应对地震的文章。我实在不知道该怎样说中国的房屋建筑，从材料到质量是不是想到过真的能预防地震？

在孩子们面前我无法争辩，目前的爱国教育确实已达到一个较高的层次，尽管我的眼前也频频出现日本鬼子在中华大地的横行霸道，电脑里还存有去南京时拍的南京大屠杀纪念馆的照片。以前每到《日本》这一课的学习，我都会播放给学生看，教育大家勿忘国耻。而今天，却不敢再看，教室里的硝烟味已经相当浓烈。

我说："提起日本，老师和同学们一样感到情绪激动，因为日本曾给我们留下了无比愤怒！南京大屠杀、钓鱼岛等事件无不让国人愤怒，但是日本的环保、超强的民族凝聚力又不得不让我们反思。"

面对这些，我们该怎样学日本？我教育孩子们用辩证的观点看待问题，面对历史和现实，学会吸收和摒弃；我和孩子们分析马六甲海峡是日本的海上生命线，学会用战略的眼光看日本，熟悉日本的种种优势和劣势；我们一起分析日本填海造陆的机场，会不会有可能随着环境的破坏，导致温室效应以致海平面的下沉？

最后我郑重地告诉孩子们：落后就要挨打，贫穷就会被侵犯，不和平就无法谈及强大。有些事情我们期望谈判解决，但是当战争真的来了，我们国人绝不手软！虽然我们要永远地记住和平和发展是世界永恒的旋律。但是，我们不得不必须明确，在我国960万平方公里的土地上，只有凝聚、发展和壮大综合国力，才能气势昂扬地站在国际发展的平台上。

2013年4月张冠秀随笔

（发表于《中学地理教学参考》2014年6月刊）

例二：爱心，在这里悄然升起

早上，天阴阴的，如同黑夜，路上的车小心地开着。

上午，下起了雨，雨丝在空中郁郁地飘着。冬日华北地区的雨一向难求，但现在却一连几天地下，和着冷冷的风，是在为海地遇难的中国维和警察们流泪吗？

课间，打开电脑，看到新闻网1月20日10：45发布了沉痛送别在海地地震中遇难的中国维和警察遗体的新闻，我的第一反应是：去教室给学生们看看。

10：55，是七年级十二班的课，我走进教室，跟同学们说，这节课的安排是自主复习做过的试卷，不明白的可以问。如果复习效率很高的话，可以挤出一部分时间上网浏览新闻，讨论个问题。还没等我说完，只听到"讨论"两个字，孩子们的情绪马上就提起来了，于是都开始哗哗地记忆、画图。

距离下课还有8分钟，我在黑板上写下了：针对"中国8名维和警察遇难"和一网民"热议生活费2美元"的新闻，展开讨论；黑板的另一侧是：走进海地——了解海地的地理环境、历史背景和自然经济。

大屏幕上出现了几个新闻框：

地理位置——海地位于加勒比海北部，伊斯帕尼奥拉岛（即海地岛）西部。东界多米尼加共和国，南临加勒比海，北濒大西洋，西与古巴和牙买加隔海相望。海岸线长1080余公里。北部属热带雨林气候，南部为热带草原气候。

海地位于加勒比海北部，全称为海地共和国。印第安语意为"多山的地方"。面积2.78万平方千米，人口813万，黑人占95%，因此有"黑人共和国"之称。居民多信奉天主教。官方语言为法语和克里奥尔语，90%居民使用克里奥尔语。货币为古德。首都太子港（Port-au-Prince）。

历史经济：海地原为印第安人部落阿拉瓦克人居住地。1492年，哥伦布航行至此，将该岛命名为伊斯帕尼奥拉岛（意即"西班牙的岛"）。1502年，海地正式沦为西班牙殖民地。由于天花的影响，阿拉瓦克人在岛上绝迹。西班牙人遂从非洲贩运大量黑奴，成为岛上主要的劳动力。1679年，根据《勒斯维克条约》，海地被割让给法国。1790年，在黑人领袖杜桑·卢维图尔的领导下，海地人发动了独立战争，是在拉丁美洲最早开始争取独立的国家。1804年，起义军攻占太子港，宣布独立，成立共和国。80%的农村人口生活在贫困线以下，全国失业率约60%。海地经济落后主要原因是政局长期动荡，国内和国际资源无法得到有效利用。从长远看，由于存在政治冲突找不到出路，政府行政能力有限，国民教育水平低下，缺水少电，生产成本偏高，通讯费用昂贵以及基础设施严重不足等因素，海地经济前景十分黯淡。海地，这个曾最早接触西方文明的美洲土地，这个创下无数"世界第一"的国家，如今仍然是世界上最贫穷国家之一。

强震让"灾难之国"海地雪上加霜。海地首都太子港及其约两百万人口深受地震影响，地震遇难者数以万计。早前海地总理对媒体称，海地地震遇难人数或超过十万人，海地某参议员更称地震造成的死亡人数或有五十万之众。强震对于海地来说不啻于毁灭性灾难，震坍了海地多年来恢复经济的努力。对于缺钱的海地政府来说，确实不知重建从何下手。

我继续打开网页："今天，2010年1月20日，在海地地震中遇难的中国维和警察遗体送别仪式在北京八宝山革命公墓礼堂举行。这是在八宝山革命公墓礼堂外准备参加送别仪式的人群。"

当看到"沉痛送别维和警察"的新闻时，孩子们的眼睛湿润了，脸色凝重了起来。我解说着警察们的感人故事，这一刻，教室里的空气很凝重。孩子们对维和部队并不陌生，因为前些日子我们一起关注了中国的维和部队在海地的接替仪式，当时的画面历历在目。

不用我说"讨论开始"，孩子们的思绪就已经按捺不住了——

常泽华：去太子港的维和警察是我们中国人的骄傲，他们不惜牺牲个人利益去支援海地，值得敬佩！

金凡丽：看到海地地震我就回忆起汶川大地震，当我们遇到灾难时，世界各地人民及时向我们援助，"滴水

▲ 我讲述着中国维和警察在海地的故事

之恩，当以涌泉相报"。海地地震了，我们也应该联合起来，尽可能地帮助他们。

冯杰：每一个国家都是世界大家庭的一部分，哪一部分缺少了都不可以。我们支援海地是仁爱的表现，为世界多奉献一点，地球家园才会更加温馨。

单婕茹：海地是个贫穷落后的国家，怎堪强震？可幸的是有了世界人民的帮助，相信海地会很快恢复。我默默地悼念中国维和警察，你们在我心里永远是最神圣的！

付志浩：维和警察就这样静静地走了，但是他们的浩气永存！他们是中国人的骄傲！维和警察，一路走好！

陈怡澎：一场地震击垮了贫穷的岛国，八名中华儿女被地震夺走了生命，热血染红了贫瘠的土地——那一刻，他们真正让人尊敬！

▲　小辩论家宋英豪总有自己的观点

孙姗姗：维和警察的牺牲，让我深深地体会到了世界各国之间的关系。我们是同在地球村的村民，我真心地发出呼吁：帮帮我们的朋友！

还有的同学提出了疑问，宋英豪说："像海地这样的国家，国际社会一手接一手给予援助，这是好事，但是海地需要真正自立，不能老依靠别国的支援，'兵来将挡，水来土掩'的资金援助模式终究不是长久之计。"

爱心得到了延伸，问题得到了升华。孩子们还在感慨着、讨论着，不知不觉已经到12点，早已下课了，窗外已经围满了其他班的同学

这样有生命力的课堂，大大激发了孩子的求知欲，孩子们可以坐着，可以站着，用自己喜欢的方式学习、讨论。这样开放的课堂壮大了孩子发言的胆量，谁还能说孩子们上课没情绪？谁还能说孩子们的语言表达能力差？在这里，他们思维的火花碰撞出超人的智慧。这样的课堂，学习效率高，孩子们喜欢，教师的课堂管理又省事，何乐而不为呢？只要我们平时稍微用一点心，身边的资料随时可以当作教材。

第三章　我的第二课堂

　　随着温室气体排放的增加，全球气候变化日益明显。一个世纪以来平均温度已经上升了0.74℃，未来100年还可能上升1.1～6.4℃。温室气体的增加会导致一系列环境问题，如温室效应、厄尔尼诺现象、臭氧层空洞、森林消失、草原面积锐减、土地沙漠化严重、生态系统破坏等。更让人担忧的是处于南北两极和高山高原的冰川融化（或倒塌）将直接威胁到人类的生存。资料表明，本世纪中期，可能有2亿人会因为海平面上升、洪水、干旱等问题而失去家园。2003年，英国已经充分意识到能源安全和气候变化的威胁，发布了能源白皮书《我们能源的未来：创建低碳经济》，首次明确提出发展低碳经济，即低排放、低能耗、低污染，经济效益、社会效益和生态效益相统一的新的经济发展模式，积极倡导建设低碳社会。

　　2009年，毫不夸张地说，在西半球的美国总统奥巴马提出降碳建议的同时，我及时抓住了"低碳"一词，在东半球的中国第一个在中小学内提出并践行"低碳生活教育"专题，一不小心成为"低碳生活教育的先行者"，同时也作为自己的硕士论文研究课题。"低碳""低碳生活"这些词语已经成为全球关注的焦点。而作为低碳生活教育主阵地的学校，倡导低碳生活、呵护绿色家园具有重要意义。虽然我国国民环保意识有所提高，但是基于低碳生活教育起步较晚之实情，教学实践行动仍远远落后于教育理念的发展。且因为屡受应试教育思想的冲击，长期以来形成的传统生活习惯和教育方式也是导致中小学生环境保护意识缺失、低碳生活参与度不高的主因。

环境保护是全人类的共同责任，各行各业都应该重视。而作为教育部门，特别是作为基础教育领域的中小学校，更需要做出积极努力。

结合实际情况，我的想法就是"从意识到实践"，很难想象在不了解什么是环保的情况下去做环保。我的胃口很大，直接从幼儿开始，因为幼儿时期一些重要的习惯养成对于他（她）一生的成长都非常重要。有很多人对我说，你做好初中部的活动就可以，不要管其他学部。但是我却认为，我校是从幼儿园到小学到初中段的综合体，具备极好的实践研究条件。最初，我尝试从校园网开始，上传了《中小学生必须知道的环保知识》等若干题库，呼吁老师和学生关注。还利用自己的博客、校讯通宣传世界环境日，跟家长、学校联系起来，共同了解环保知识。其中用的最多的就是以竞赛的形式，带动学生参与各种活动。过一段时间后，开始强化意识，实践操作。

对工作，我想做的事情不会因为别人的阻挡而放弃，因为我做的是对孩子们的成长有利的事情。好在自己擅长组织活动，独自承担大型比赛没问题，只要身体搞不跨。自2009年至2012年，我策划、组织了100多次环境教育活动，获得近200项比赛成果，人称"活动家"。好像我身体每一个细胞都活跃着"活动"二字。其实，说到底，最重要的是我有一帮铁杆粉丝——我的忠实的孩子们，是他们一直激励着我发热的头脑，让层出不穷的活动创意在我的脑海中涌现。随着成果的取得和我跟孩子们的坚守，我们的低碳生活教育越来越得到各方的重视。

2009年年底，我带课的学生们自发组建了"绿鸽"环保社团。

2010年年初，一个草根绿色教育研究机构，一个学生活动室，一个环境教育工作室，在世纪学校张照松校长的关注和支持下成立。

从此，我的绿色教育思想进一步升华，"大地理"教育思想迅速发展，探索和研究行动蓬勃前进！

一、校内环境教育活动

1．"珍爱地球，从我做起"环保知识大赛活动

2009年9～11月，我策划了世纪学校第一届"珍爱地球，从我做起"环保知识大赛活动，设置了初赛、复赛和总决赛三个环节，参与群体是整个七年级近千名学生。从初赛的组织到复赛，再到11月26日的总决赛，摄影、录像、舞台的使用等层层请示，让我和孩子们深切地体会到"焦头烂额"是什么意思。

总决赛前最后的紧张环节，原副校长高文春带领马宗国、郑砚全等学部领导及时出现出我和孩子们的视线里。感动不能言表，高校长直接跑到主席台的一侧，带领老师们跟台下的孩子们一起闯关。我设置的竞赛有三关，难度递增，高校长跟孩子们为一个知识点争辩，一会儿面红耳赤，一会儿又乐得合不拢嘴。

我一直感激于高校长对我组织活动的支持。记得在第一年做的时候，众多的想法搞得自己手忙脚乱，因为第一年跟着活动的孩子们没有经验，培养能力需要时间。为给孩子们争取参与活动机会，不免跟领导言辞"过激"，或是减少申报程序直接"越级上报"或"先斩后奏"。（我特别希望老师和孩子们的活动不要带有其他色彩，我们只是纯粹的活动而已，被拒绝的太多，受伤的总是孩子们。）我只是一个普通的地理老师，做任何活动需要经过级部主任、学部副主任、学部主任、学部副校长、校长等多道手续申报把关，有时忘记程序是难免的。倒是高文春副校长对我网开一面，他一直支持让孩子们多参与活动，总是跟我说："你跟马主任打声招呼，大胆做就行，我这头你不用管。"后来的张友全主任也是全力支持，直接省去了我在初中部的整个申报程序。看得出来，这是领导对我和孩子们的大力支持。

现在的高校长已经另赴实验学校做校长。记忆中的他经常做的一件事，就是在初中部教学楼门口，或是早上，或是中午，在老师学生陆续往教学楼走的大部队过去后，弯腰捡起孩子们不慎留下的垃圾。这个镜头已经深深地

刻在我的脑海里。

对于这次环保知识总决赛，孩子们深有感触——

地球之歌

刘梦洁

《地球之歌》由主持人激昂朗诵，感染了在场所有的人，也触动了人们对地球满是伤痕的哀叹。这是已逝的天王——迈克尔·杰克逊的MTV。看啊，土地在流失，河水在枯涸，风沙在呼啸，迈克尔·杰克逊在哭泣。他紧紧抓住两根树干，阻止人们的疯狂砍伐，可是一个人的力量毕竟十分渺小，即使他撕心裂肺地吼叫着，但还是阻止不了人们的行动。绿意盎然的草地变成了一片荒凉的废土，清澈泪泪的河水枯竭至河底干裂，动物们倒下了，人类的末日也即将来临。

在剧情临近结束时，人们的环保意识被彻底震醒，世界重新诞生，绿意盎然，草木丛生，河水流动，欢歌笑语。

必答题开始了，每个人的心都被揪紧了。我们是绿茵组，此队名有两种含义：一是希望地球绿草如茵，绿树成荫；二是希望每个人做一片绿荫来回馈大自然。第一回合我们稍领先，第二回合的抢答题，竞争更加激烈，一个慢半拍，机会就随之而去了。一个个回合下来，我们通过张老师的解释，对环保知识了解得更多了。

地球慷慨地给予我们所需要的资源，而我们却无节制地去索取更多，她早已疲惫不堪。可即使是这样，人们还不立马回头，去照顾我们的唯一家园吗？人人都是这个家庭的一份子，那么人人也应当承担自己的责任和义务，去守护我们的美丽家园。

地球在流泪，海岸在哭泣

付萧

我们级部举办了一个环保知识节目，主持人是我们的地理老师——张冠秀，那一次节目我至今难忘！

张老师在节目开始后，先给我们朗诵了 Michael Jackson 唱的《地球之歌》的歌词，然后马上切换了令人震撼的 MTV。画面触动人心，看了的同学、老师们都在心里默默流泪。美丽的原始森林被烧掉，树木一棵棵不停地倒下。最惨不忍睹的是：那长在大象上的洁白健壮的象牙啊，被人活活拔掉；在草原上奔驰的骏马，失去了亲人；鲸鱼、海豚……被人捕捉后，那求生无助的神情！人类呢，还在不断地制造悲剧。土地在减少，地球在流泪，海岸在哭泣。迈克尔·杰克逊牢牢地抓住最后的两棵树，可是也被贪婪的人们砍掉。树木没有了，沙尘暴不断地向人类袭击，人们跪在地上捧起曾孕育树木的泥土，泥土却从人们的指缝间溜走。人们这时想挽回一切，可是已经晚了。

日出没有了，雨也停止了降落，海洋干涸了，天堂跌落，人们不能呼吸，地球在不停地流泪，宝贵的自然消失了，人类的朋友——动物也灭绝了，人类即将死去。

为了不让这样的悲剧出现，我们要好好地保护环境，爱护我们生存的家园——地球。

行动吧！从现在做起，从你我做起！

环保知识竞赛结束了，我被现场热烈的气氛鼓舞着，也看到了作为一个学校进行环境教育的紧迫性。我必须按照我的绿色计划坚定不移地走下去，因为孩子们需要我，因为"大地理"教育需要我！

2. 环保文化艺术节

知识竞赛的余热还没有散去，我和孩子们马上策划举办了首届世纪学校环保文化艺术节。2010年1月6日，艺术节在报告厅成功开幕。世纪学校的孩子们多才多艺，我只是把他们组织到一起而已。这在当地教育部门是第一炮，我

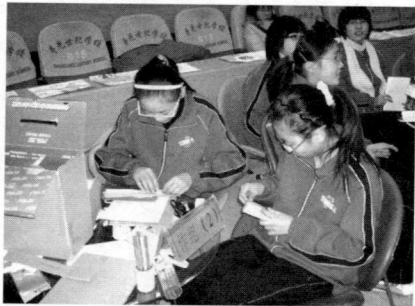

▲ 现场制作组（2）的孩子们正在参赛中

们的"大地理"教育是创新实用型的!

镜头回放——

1月6日晚上,一段让人难以忘怀的时光!冬日的严寒抵挡不住支持环保的朋友火一样的热情。此时此刻的寿光世纪学校报告厅内一片欢腾,掌声笑声不断,七年级的全体师生和热爱环保、支持环保的各界朋友们,举办了世纪学校首届环保艺术节。

当时孩子们和我设置了六大板块,分别是:知识抢答、歌唱自然、手绘蓝天、心灵手巧、超级辩论和风采展示(环境手抄报、各组作品的展示与解析),这些栏目是同时进行的,现场作画和制作的同学们情绪高涨,整个会场的气氛空前活跃。各个栏目的同学们尽管来自不同的班级,但他们配合默契,尽情挥洒着对环保工作的支持。看,"知识抢答"组合的博学多才让人难以忘怀,"超级辩论"组合的伶牙俐齿让观众折服,"歌唱自然"组合的文明倡议还在报告厅内回荡,"手绘蓝天"组合的精致描绘期待着地球妈妈重现美丽,"心灵手巧"的科技制作让我们走向减排、低碳生活,"风采展示"组合的青春魅力让我们久久回味。

这次活动充分展示了同学们对环境保护的支持和热爱,他们纷纷表示,环保工作其实并不难,难的是能否每天都坚持做环保。他们极力呼吁"拯救地球就是拯救我们自己",并决心从我们身边做起,从小事做起,为地球妈妈不再流泪做些力所能及的事情。

学生感言:

一次终身受益的课

张馨月

2010年1月6日的晚上,在世纪学校首届环保艺术节中,我的整个心都被调动了起来。这个夜晚,将成为我生命中一段挥抹不去的记忆。

通过这个活动,"环境"这个词更加深驻我的内心,仿佛永远不会消逝。我明白了,保护环境,人人有责。即便你再弱小,只要有你的一份力量，只要人人都献出一份爱，世界将会变得更加美好。

看着张老师那生动有趣的主持，我振奋！听着张老师提出的生活中的环保问题，我激动！看着那么多同学都积极去回答问题，多少次跃跃欲试，我多想把这积极向上的气氛永远镌刻在心上，更为现场制作组和绘画组的精彩表现折服。我相信，大多数同学的狂热情绪也都是被这种气氛所感染的。

一晚上下来，我学到了许多课堂上无法学到的新知识。在这个积极的学习氛围的包裹之下，我知道，一定要多读书，多充实自己，多开拓视野，让知识把自己紧紧环绕。

一个半小时过去了，我还沉浸在那种兴奋状态之中，我被这样的学习氛围深深感染，感慨万千，真希望在以后多举办这种类型的活动，把课堂完全交给我们，让我们从一个小小的活动中得到许多的感动，从而终身受益。

今晚，同学们的积极向上，老师的授课方式让我终身获益——我将永远记住这个难忘的夜晚。

2011年1月6日，我和孩子们又举办了第二届环保艺术节。

在第二届环保文化艺术节中，我更省事了，社团的孩子们个个都是组织家、设计家，他们的创意总是让你眼前一亮。社团里有组织家王艺蒙、活动家柴雪婷，才女李静文等，我曾在跟同事的交流中多次提到她们。每次活动我几乎不给孩子们留多余的时间，整个环保艺术节只有3个

▲ 李静文、刘钰、王艺蒙等设计大师

中午休息的时间做准备，有知识抢答、辩论赛、环保服装制做展示大赛等，时间紧任务重，但效果却异常火爆。

学生感言：

一个充满感动和快乐的晚上

张顺

正在紧张的复习中，下午的一个通知让我得知，今晚要去报告厅参加环保社团组织的第二届环保艺术节。

随后得知还有一个重要环节就是领取稿费。我在环保杂志中发表了一篇作文，说到这些还是得感谢张冠秀老师啊。以前或许我没有发现自己这项能力，而在张老师的启发下——或许不是张老师优美的语言打动了我，而是张老师的真心，她是真的为了我们好，希望我们出人头地，所以我一定不能够辜负老师的期望——我写了一篇关于节约用水的环保作文。开始我不相信自己，但是张老师跟我说写得特别好，然后2010年8月的《环境教育》杂志就发表了我这篇文章。我开心，我快乐，我似乎有了足够的信心写下去，就算失败，我也不会难过而是迎难而上！

到了报告厅，会议开始了，张老师给我们看了许多以前活动的图片，我深有感触。那是我们以前做的每一件环保的事，可是说是我们环保的脚印，一步一步走到现在，有泪水、有辛酸、有快乐，但是无比充实，因为有张老师带领着我们，每一张图片都含着深深的爱。在看图片的时候全场保持着安静，似乎落针的声音都能听到，同学们分享着我们的成长、多么愉快啊！

很快，我们发表过作文的小记者都要上去领取稿费，每一篇40元，这对于我们是极大的鼓励。当我们得知我们的稿费竟是张老师的工资，我和其他人的心情沉重了许多。一个平凡的老师，不光要教好学生，还要为环保尽心尽力。七年级时张老师教我们地理，除了上着5个班的课，还组织我们做环保，她经常为频繁的活动而睡不好觉，因为我们学校所有的关于环保的事情都是张老师一个人来做。我想夸老师，但是用再华丽的语言也赞美不了张老师。我的成功，我能为环保做这么多事都是来源于张老师的帮助和鼓励。张老师，谢谢你！

到了艺术节快要结束的时候，就要宣布"十佳绿色小记者"和"绿色宝贝"了。因为名额不多，在来之前我未得到任何消息，然而我非常自信，我相信我自己。终于我听到了自己的名字，我自信而沉稳地走到了台上，此时此刻我是多么的激动与感动，我知道这一切不光是我自己努力而得到的，而是有张老师对我的细心培养。张老师的笑容和鼓励使我面对困难，不是退缩而是迎难而上，我知道我有一个坚强的后盾，那就是张老师！

在这个充满感动和激动的夜晚，我有很多很多的感悟，也得到了很多的鼓励，信心满满的我在2011年要为环保做更多的事情，加油吧！

▲　市民支持第二届环保文化艺术节

收获的环保艺术节

王晓婷

在忙碌的准备中，第二届环保艺术节如约而至。

晚上，报告厅里，大家都来了。看着熙熙攘攘的人群，我突然觉得有点紧张。小屋里，大家都在认真地排练着，怕出差错，似乎只有我们辩论赛的成员们像几个无业游民一样四处游荡着。

终于，随着环保社长李晚晴的宣布："环保艺术节开幕！"人群沸腾起来，同学们叽叽喳喳地议论着，好不热闹！

第一个出场的是张冠秀老师，她为同学们放映了一年来环保社团的劳动成果，如：领养一棵树、手工制作等。这时，环保知识抢答的小主持人王一琪却紧张起来，不停地问我："王晓婷，你说，如果没人回答我提出的问题，我该怎么收场啊？"她这样一说，我也担忧起来。是啊，我们的节目并没有经过彩排，完全是现场发挥，万一遇到冷场怎么办呢？

张老师的照片放完了，王一琪忐忑不安地走上台。结果，我们担忧的情况并没有出现，题目并不算太难，而且台下的同学们回答十分踊跃，总是十几个人争着挤上来回答问题。老师设计的奖品在一个印制着"保护环境，人人有责，珍爱地球，从我做起"的气球中，答对的同学上来任选一个气球，里面就是奖品。有奖一本《环境教育》杂志的，有奖最有魅力的主持人的一个拥抱的，有奖一个参加环保实践活动的机会的……可有趣啦！接着，开始发稿费了，我很激动，会有我的吗？终于念到我的名字了，我走上台，郑重地接过装有稿费的信封，这可是我自己挣的！（后来才知道我挣得竟是老师的钱。）

轮到我们辩论组了，是我主持，心里一直在想，其中有几个要现场邀请，会有人自告奋勇上来参加吗？很快，答案就揭晓了，同学们都争着抢着上台呢，可惜的是我们只能选两个。辩论开始了，我没想到他们这么厉害，先是裴泽林把李子昂问得哑口无言，有时南鲁旬问得梁心怡一言不发。而且他们的语言非常幽默，台上台下的人们都笑了。后来，还有感人的科普剧表演，在我看来，他们的表演专业极了，比真正的演员还要出色！

最令我高兴的是——我评上了"十佳绿色小记者"！看着爸爸在后面举着气球为我们呐喊的样子，我开心地笑了！

这次的环保艺术节，让我懂得了很多，同时也收获了很多！环保，我们并不孤单，因为有那么多的人在默默支持着我们！

3. 中小学生低碳生活教育论坛

自2009年起，我开始在中小学生、幼儿园内提出并探索实践"低碳生活教育"专题，各种实践活动是大地理教育的核心。我发起了每年一届的"中小学生低碳生活"环境教育论坛。

低碳，英文为 low carbon，意指较低（更低）的温室气体（二氧化碳为主）的排放。"低碳生活"作为一种生活方式，先是从国外兴起，可以理解为：减低二氧化碳的排放，就是低能量、低消耗、低开支的生活方式。如今，这股风潮逐渐在我国一些大城市兴起，潜移默化地改变着人们的生活。低碳生活代表着更健康、更自然、更安全，返璞归真地去进行人与自然的活动。

▲ 左起：王艺萌、李静文、刘洋、张静、燕昌国、柴雪婷、杨丽萍

2010年3月12日，王艺萌、柴雪婷、张静等十名环保小卫士跟我一起，在初中部的书吧，结合寒假的社区调查，针对生活中的"低碳"常识展开讨论，他们用自己的方式说明了低碳生活的具体实现方法：

尽量使用可更换笔芯的笔；避免使用纸杯；不使用一次性筷子、一次性饭盒；减少纸巾的使用；使用环保袋，避免塑料购物袋造成的白色污染；尽量乘坐公共交通工具；尽可能骑自行车出行；分类回收旧电池（一枚纽扣电池可以污染60万立方米的水，相当于一个人一生的用水量，而一节5号电池会使1平方米的土地永久失去种植价值）；垃圾分类不乱扔（约50%的垃圾是生物性有机物，

▲ 2012年10月17日第四届"中小学生低碳生活论坛"（北京大学博士生导师郇庆治教授莅临我们的论坛）

30%～40%的垃圾具有可回收再利用价值）；作业本正反两面使用；每月手洗一次衣服；减少粮食浪费；夏季空调温度在国家提倡的基础上调高1℃～2℃；在家、在教室随手关灯；饮水机不用时断电；及时拔下家用电器插头等。

这一活动培养了学生低碳节能的意识。"低碳生活"对于我们来说是一种态度，不是能力，让孩子知道低碳节能就在身边，小到一滴水、一张纸、一度电，只要举手之劳，每个人都可以成为节能环保先锋。

这样的活动，我们每年举办一次，有学校领导、家长、市民、环境专业人士参与，不仅能让孩子们了解我们身边的环境问题，还有助于孩子们研究精神的培养和知识的拓展。

4. 老师，带我们去植树吧！

阳春三月，万物复苏。

一天5节课，上课的第一句话都是："孩子们，今天是什么日子？""植树节——"参差不齐的回答，不得不让我再重复一遍，好让孩子们知道今天是植树节，再把植树节的有关来历说给孩子们听。尽管一直在普及环保知识，但是，还是有孩子不知道植树节。每个班，我都问了同样的问题，在12班，反响最强烈。

一到走廊，距离12班还有5个教室，就听见孩子们在那头吵翻了。这个班简直是让人头疼，很多任课老师都这么反映，我也有同感，不过还是欣赏他们的思维活跃。我经常搞辩论赛，这样的孩子反应迅速，只要你抓住他们的心理特点，课就好上了。

走到教室，我穿着一身时尚的连衣裙斜靠在门上，孩子们先是"哇"了一声，我没有像往常一样微笑，而是慢慢地说："谁也别动，继续！为刚才没有结束的话题继续，我不会打扰你们。"说完，就搬着电脑径直走上讲台。孩子们一下子安静下来。如果用严肃的口气质问他们，对他们班没用。将计就计吧，于是，我问了同样的问题："今天是什么日子？"他们说："植树节。"

"是谁最先提出来的？"知道是孙中山的没有几个。"为什么要植树？""树有怎样的好处……那我们今天不能植树怎么办呢？分享你的想法，好吗？"

教室里像炸了锅一样又开始了讨论——

蒋铭杰：今天是植树节，本以为学校会大发慈悲让我们"闹"一场，疯狂地出去种树、种草，但我们还是在教室里郁闷了一天。植树节不植树，这是我的遗憾，我喜欢一片片的绿色……不是植树节也可以种嘛，我回家就种！

陈怡澎：植树节不能种树，我觉得是一种悲哀，我无法以植树的形式过植树节，更多的是失落。我希望在下一个植树节为世界、为地球妈妈奉上一片绿色！

张凯文：绿色植物被誉为"绿色能量的转换器""空气净化器""蓄水池"，在维护生态平衡中起着无可替代的作用。作为一个中国公民却没有参加植树活动，实在是我的遗憾，不过我计划：虽然在学校条件不允许，我会在周末发动家人补种树。如果每人每年植一棵树，那么几年后我们将有一片一望无际的绿。

李天琦：今天植树节，也是我的生日，我希望能够多植几棵树，表达我对环保的热爱。如果条件有限，那么我希望能做一些好事来弥补这次遗憾，使我的生日过得充实而又意义。希望我真能每一年种一棵树，表达我对祖国的爱。

我：这是一份特殊的生日礼物，植一棵树多有意义啊！孩子们为李天琦的生日祝贺一下，一起跟他说生日快乐！

宋英豪：环保不是喊破嗓子的宣传，不是无聊的作秀，而是踏踏实实、真真正正地为环保做点贡献，要立即行动！老师，带我们去植树吧！

张树广：植树节，一年只有一次，我们环保、绿化，不能只限于这一天。我想，植树节的本意不仅仅在种树，而是希望人们能够拥有一种环保的意识。环保没有时间，没有界限，没有任何限制！

张泓星：老师，在以前的学校时，我才上二年级，那时候，每年植树节我们都会在校门前种树，每天到校前都要先照顾一下树苗。来到这里后，每次过节都觉得枯燥无味，今年植树节也同样。不过我们不应该在课前闹，老师很对不起！老师，我觉得应该向学校提倡一下，以后植树节要植树，否则对我们只是毫无意义的一天。植树是公民的义务，我们初中生也应该多做一些力所能及的事，为绿化家园尽一份力！老师，我们要去植树！

张新伟：虽然不能种树，那就保护它吧，还有小花小草，好好为它们浇水施肥，因为它们也要迎接春天。学校应该组织同学们去种树，做些环保事！

……

听着孩子们的心声，我感到心头很热。大半年来的环境教育起了作用，让孩子们外出植树的事，我是参与定了！现在，先稳定孩子们的情绪上课："孩子们，我们既然不能出去植树，但可以在校园领养一棵树，好好地保护她，浇水、施肥、修剪……出去植树的事情，学校已有安排，不一定是今天，老师会协调大家去的，相信我，好吗？"开课的五分钟就在激昂的讨论中过去了。这一节，孩子们的学习特别专注。

三月，让我们"领养一棵树"吧

2010年3月12日的中午，我和孩子们一起走进绿色校园，认领了自己的"树朋友"。

树的作用有多大？对于人类来说它们能制造氧气，减少二氧化碳，吸尘，净化空气，制造有机物，固土，提供化工原料，防风，降温，转化无机物，是生物圈不可或缺的生产者。

▲　李静文要与"小树一起长大"

据统计，一亩树林每天能够吸收67公斤的二氧化碳，释放出49公斤氧气。一亩树木一个夏季可蒸发42吨水，一年可达300~500吨。一亩树木一年可吸收各种尘22~60吨。一亩树木一个月可以吸收有毒气体4公斤。一亩有林地比一亩无林地多蓄水20吨。一亩防风林可保护100多亩良田免受风灾，能维持大气中的二氧化碳和氧的平衡（减弱温室效应），促进生物圈的水循环，吸收噪音，每秒吸收十分贝噪音。

没有机会亲自植树，可以在校园内领养一棵树，这是植树节那天孩子们的呼声。他们说，我们可以跟小树交个朋友，上学、放学的时候看看它，给它施肥浇水，修枝剪叶，让校园绿色长青。

▲ 我和王艺萌、柴雪婷、杨丽萍、张静、李静文，
后面是燕昌国(左起)

通过活动，孩子们进一步认识到树的作用，"爱绿护绿"成为一种保护环境的时尚。他们纷纷表示，从自己做起，从身边做起，争当环保小卫士，为自己的校园增添一抹绿！

2010年3月12日张冠秀记录

5."地球一小时"之夜

最近两天，同事们看到我，大多给予我鼓励，告诉我说："周六晚我们全家接受你的建议，做到了关灯一小时，享受了烛光的浪漫。"年轻的同事也说，关灯关电视，出去"轧"马路了，这是好久没有的感觉……我为同事们的支持而感动。

很久很久以前我就把"地球一小时"的往年视频挂到了博客上，是想借此宣传低碳环保理念，但真正到了这一天的时候，却没有组织好。如果我的建议被采纳该有多好，那样会有更多的人加入关灯行列，会有更多的低碳生活意识由此而生，也会有更多的温情夜话出现。可是我的能力有限，最后做的只能是给所有的老师和家长发了活动信息。曾担心信息会给他们带去不便，好在我们学校高素质的家长朋友们和老师们理解我的做法，支持环保。

"亲爱的朋友您好！就在今晚8：30～9：30，将在全球范围内开展由世界自然基金会发起的'地球一小时'活动，这是为应对全球气候变化所发起的一项可持续性的活动，号召大家熄灯一小时。熄灭的是灯光，燃起的是对低碳生活的希望，这种简单的方式能唤醒更多的环保意识，请您和我们的孩子们一起参与，相信您会有一个看浪漫的周末。低碳生活，健康时尚；低碳生活，有你有我。让地球母亲因您的参与而健康美丽！"

我们家的"地球一小时"之夜是这样过的——

早在周五，我就准备好了两根红烛，儿子和小伙伴们准备了酒精和无纺布等，他们要做孔明灯。

一到晚饭时间，儿子便早早关了灯，点起了蜡烛，说要吃烛光晚餐。习惯了明亮的电灯，这下却有些不适应，点着两根蜡烛，房间依然很暗。不过儿子很开心。

晚饭后，我们就开始动手制作孔明灯了，三个小伙伴也陆续加入进来，坚持在烛光下制作。我们一共六人，在黑乎乎的烛光里摸索，一会儿说，我需要的细铁丝呢？一会儿说，我需要的胶带呢？一会儿人碰着人了……有几次，儿子不得不开灯，说："没有电真闷人。"我顺口就说："那你就知道节约用电的意义了吧。"房间里很热闹，我和老公参与其中，儿子给分了工，让妈妈和爸爸做无纺布的，他们做塑料的。我的制作尝试了很多遍，都被老公打断，说："这个不行的，有没有观察夜市上卖的孔明灯？那种无纺布是超薄的，我们的太厚了。"这时儿子鼓励说："老爸，你就会打击人，你不试试能行吗？我们肯定也行，是吧，妈妈？""当然！"明知不行，也要做的，我们可是要这种跟孩子一起享受制作的乐趣。

折腾了大半个小时，儿子的塑料孔明灯还没有收好空气就毁了，而我们做的无纺布的孔明灯头重脚轻，直接没有升起来的可能……哈哈！房间里笑成一团。

总结经验，继续改进，但是最终还是以失败而告终！儿子说："虽然没有做成，也很快乐，是吧，妈妈？"本想做好孔明灯在规定的时间内出去放飞，但是因为没有成功，就解散伙伴，正好不为安全担心了。

快到8：30了，儿子已经在倒计时了。一到点，就以最快的速度到床上听爸爸妈妈讲故事，说这是地球一小时之夜最开心的事情了……

6. 建立全国第一个绿色小记者站

随着诸多环保活动的开展，孩子们对学习地理和写作的兴趣愈加浓厚，可继而出现了新的问题。积累了这么多的习作资料怎样才能升华？能不能把孩子们的作品发表报端或杂志？这成了我的心头难题。

孩子们不知道，我去年组织了世纪学校第一届环保作文大赛，给孩子们争取了地球仪和地图等奖品，孩子们很高兴，可是我的心情并不乐观。这样好的作文，有的连老师都无法改动，就随着大赛的结束而结束吗？这是自己组织大赛的目的吗？不是！我想找出一部分优秀作品推荐出去、发表出来，给孩子一个成长的平台。但是，本地没有环保类的专门刊物，当时也没有以环保主题发文的教育刊物。于是，我查114打电话给当地环保局，那里的工作人员很热情，说："给你个号码，你问问上一级的吧？我估计是没有。"当我打给再上一级环保局，那里的工作人员也很热情，说："没有学生作品发表的杂志，你再问问上一级的吧？这里只有内刊。"我只好一路追问下去，用自己的手机不停地问。几经周折，拨通了山东省环保厅的电话，那里的工作人员也很热情，说："老师啊，很遗憾，我们只有内刊，用来发布简讯的，没有正式的刊号。"我的天！不禁叹然！偌大的山东居然没有一家有正规刊号的环保类杂志？！好在他们告诉我说，北京有！于是我拨打了《中国环境报》的电话，问编辑："有可发表学生环保作文的栏目吗？"他们没有让我绝望，但说基本不发学生的作文，只要活动简讯。

我拿着孩子们的精彩作文，心潮澎湃，这种无处可奔的无奈，别人根本无法相信。那时，我有一个强烈的

▲ 全国第一个绿色小记者站落户我校

想法要创办自己的杂志社，如果有足够的资金。

苦苦思索，询问，终于在2010年5月，我从网上搜到了《环境教育》杂志社，他们有个刚开始做的绿色小记者站项目。我立即联系，征得领导支持后，建立了全国第一个绿色小记者站，给孩子们的写作提供了更高级的平台。

我曾跟社团的孩子们说过自己的故事——13岁时的梦想就是当一名记者，带着摄影机满世界跑，遗憾的是我长大之后还是不懂写作，因此特别希望孩子们能抓住这个练笔的机会，当上小记者，用发现的眼睛去观察社会，用清晰的头脑去分析问题，给自己的未来搭建平台。

用行动感恩自然

杨丽萍

今天，是绿色小记者常驻世纪的第一天；今天，是绿色小记者挂牌仪式的启动日。在揭开红色纱布的那一刻，我恍然明白了：原来我们的行动可以鼓舞社会，原来，我们的行动并不是微不足道的！

我想起张老师带领我们去领取自己的小树的那一刻，激动都不足以形容我的心情，只觉得自己肩上从此扛上了责任。

我想起张老师在课堂上为我们讲哥本哈根气候峰会时，"全神贯注"这个词都难以形容我的专注，只觉得，身上充满了勇气想要保护我们的地球。

我想起电脑上一张张荒芜的照片深深刺痛着我的眼睛，刹那间，愤怒已不能抒发我的情绪，只觉得，自己绝不能做破坏自然的凶手。

我想起……

掌声雷动，将我拉回了现实。今天，我已成了一名绿色小记者，我已明白了所有我该做的一切。老师，明天，我将用行动回报您的付出，我将用行动感恩我们的自然！

7. 为墨西哥湾海洋污染事件献计献策

美国是工农业大国，它的石油主要分布在墨西哥湾沿岸，但是石油不能自给，仍需要大量进口——这是在美国课本上学到的知识。然而，因为跟孩子们密切关注国际新闻，我看到了2010年4月20日的墨西哥湾石油油管漏油事件。我们的孩子们地理课上学过，石油污染是海洋最大的灾难。这则新闻就是给我们准备的实践拓展资料，于是在课堂结束前的5分钟，我把一个问题抛给了孩子们——你怎样看待墨西哥湾漏油事件？孩子们用科学的分析给我留下了深刻的印象。

墨西哥湾急切求助！

冯聪慧

从地理课上得知，在2010年的4月20日，墨西哥湾水下1600多米处的原油开采管爆炸。顿时，原油从爆裂的管口中冒出，如涌泉一样源源不断。

至此，原油的冒出，已经持续了一个多月，每天的损失多达几十亿，是个天文数字，一天内原油的损失量竟然达到十万桶。

泄露出的原油，已经污染了整个墨西哥湾，并已逐渐向大西洋南北延漫。漏油的发生，已经严重威胁到生态环境的平衡，使得生活在海底的海洋生物窒息而死，导致周围生物因水资源缺乏和食物污染中毒或饥饿而死。

事件的发生，同样也影响了在周围生活的居民。生活在海洋沿岸的人，大多从事海洋捕捞业，记者采访时他们说："一个月前的下海捕捞，可能是我们这辈子最后的一次捕捞。此时此刻，我们没有了经济收入，就要论落街头了。"漏油事件的发生，同样也影响了许多人的正常生活。与此同时，有许多人仍在用传统古老的方法来解决此事件，如用头发和羊驼的毛发吸取原油，但每天只能获得二千二百桶，而对于每天泄露的成千上万桶原油来说，是无济于事的。

虽然漏油事件造成了巨大损失，但我们却能从中得到许多宝贵的教训和启示。

在发展工业生产时，要重视安全，安全是最重要的。日常生活中的环保也同样重要，因为地球是人类及动植物赖以生存的环境。

地球只有一个，我们的居住地也仅仅只有一个。保护环境，人人有责。

我希望漏油事件早日结束!

又是一个悲剧!

付康怡

墨西哥湾原油泄漏,这又是一个悲剧的发生,我们应该好好反思一下。

如果这么破坏环境的话,真的就像那"预言"一样,2012年,地球灭亡!当然,如果我们从现在做起,做一些自己力所能及的事情,那么环境的污染就不会那么重,那么我们可爱的地球母亲就将会很舒服地活着。

原油在水面上飘着,不知会飘向何处,海中的鱼儿会怎样呢?可想而之,日子一定不好过,那我们又能怎么办呢?当然不能袖手旁观。我们应像科学家那样,开动我们智慧的脑筋,想尽一切办法,地球的大事每个人都应该参与进来。那么漏油口是怎么造成的还是个谜,现在的任务是怎样阻止漏油。地球上的任何资源,都再也经不住任何的"打击"了!

而使用油和排放废物最多的国家——美国,他们的责任在何处呢?!难道他们不应该更着急吗?那些工业大国在关键时刻为什么都成了缩头乌龟……

而现在,我们能做的,至少是应该保护环境,从点滴做起。而各个国家更应该减少排放,想尽办法保护我们生存的环境!

8. 运动会上的蓝帽子

2010年的11月11日,世纪学校的运动场上正在进行着一年一度的体育文化艺术节。赛场上的运动员们奋力拼搏,观众席上的啦啦队们喊声震天,热闹的气氛冲散了冷冷的天。就在这样火热激情的场面中,有一群身穿蓝色马甲、头戴蓝色帽子的同学却在默默地维护着运动场的环境卫生。

环保志愿者们很认真地清理着每一个角落,引来观众敬佩的目光,没有穿环保服的同学也主动走到我们的环保大军中来。每个半天结束的时候，志愿者们都在看台和场地进行拉网式地清理垃圾，今天的沙尘天气，并没有让他们退缩，真的令人敬佩！看，他们的背影，是否给你留下一串蓝色的回忆？让红红的柿子林见证我们的行动吧！

▲ 环保志愿者们正在工作

回到办公室，已经很晚了，打开门的瞬间，看到孩子们已经整齐地叠好了衣服、帽子，一种感动顿时涌上心头……

环保志愿者的劳动是辛苦的，但是他们没有一个半途放弃的。正如七年级八班的王鑫涛说的："我觉得今天的活动非常有意义，尽管有些累，但在同学们的议论中捡拾垃圾，使我第一次为自己的勇气感动！我对得起衣服上的'环保'二字，读懂了'保护环境、人人有责'的分量。当我们的方队走过主席台时，我听到了台上同学和老师发出一阵阵赞叹声，心里有一种巨大的成就感。我是对的，我为环保事业贡献了一份力！"

杨心怡在活动记录中说："那些嘲笑别人的人，你乱扔垃圾，自以为很帅，但你扔的不止是垃圾，还有你最宝贵的品质；而我们却找回了自我，用自己的行动去实现我们的人生价值！"

孟伟轩说："在别人眼里我们是捡垃圾的人，但是在自己的心里，却是一个有爱心的志愿者。无论别人用什么样的眼光看待自己，一定要坚强！"志愿者还有刘禄鑫、方子晗、魏雪艳、武世强、杨英杰、李纪浩、李天玺、卢旭航、朱毅、田增等，他们的心声我随后发到了"学生感言"栏目。

感谢这些志愿者们，感谢这些勇气的孩子们！正是有了你们的付出，才让大家认识到什么是坚强，什么是关爱。你们用自身的行动告诉大家："我们是优秀的，我们是有爱心的，我们是最棒的！"

活动记录：

今天是我校2010年体育文化艺术节，在开幕式即将开始的时候，我作为初中部《恰恰舞》的领舞者，教师的十大代表之一，要在8:30赶到运动场参加开幕式。当下到三楼的时候，看到我任教的班里还有好多同学，他们既不是运动员，也不是服务者，也不是彩旗队或是任何一个能参加开幕式的同学，此时，我的心里立马涌起一种别样的感觉——同样在一起学习的孩子们都能在运动场上参与，而这些孩子们却在教室闷头看书，他们能看得下去吗？于是一个大胆的创意闪入脑中：聘他们为我工作室的第二批环保志愿者，去运动场维护环境。但是距离开幕式只有8分钟了，连预演都结束了，我们能不能在众人的目光里，组成一个环保志愿者的方队走进开幕式呢？我迅速在脑海里画了个弧儿——在逐级请示领导的同时，还要迅速召集志愿者，而且只能做好，不能搞砸！

我走到教室，问："有谁愿做志愿者去运动场维护环境卫生？这可是项光荣而艰巨的任务哦。"几个同学立即同意，有的表示不愿意，说太丢人。3个班集合了21名志愿者，边分发马甲和帽子边说注意事项，孩子们很快穿戴整齐。这时我们已经得到校方答复：允许我们参加！

走到楼下的时候，有参加开幕式的同学还在往运动场飞跑，跑的时候不忘嘲笑我们的志愿者。这时有的同学就在嘲笑中退出了，我说："这事可是自愿的，咱看谁的勇气大！"结果我们剩下了19人。

我就领着一行19人，穿着整齐的蓝马甲和蓝帽子进了运动场，把写着几句话的纸条快速塞到学生主持人手中——

"观众朋友们，现在走向大家的是世纪学校的环保志愿者。他们尽管是临时组建的队伍，但是都有一个共同的心愿，就是让我们的比赛环境更加美好，请让我们以热烈的掌声欢迎他们的到来！"

一切搞定，仅用8分钟！

开幕式在8：30准时开始，我们的环保志愿者方队举着"寿光世纪学校环保志愿者"和"寿光世纪学校环保社团"的大旗，在众人敬佩的目光里自信地走在运动场上，开始了他们的志愿者之旅。

第一次采访

杨光

今天是秋季运动会的第一天，我们绿色小记者的行动马上就要开始了。这次共有十多名身着蓝衣蓝帽的志愿者与我们三名小记者一起行动。

我们的主要采访对象是运动员、学生裁判、教师裁判、学生、老师及领导，我们三名小记者分工明确。我的任务是采访裁判员、学生和领导。由于我是第一次采访，心里难免有一些紧张，所以我先找了一个我们班的人进行采访，以放松一下紧张的神经。采访完毕后感觉自己恢复了状态，就径直走向运动场。

本来还想再准备一下的，没想到一过去就碰到了张冠秀老师，她问我的采访任务完成了没有，我只能硬着头皮找了一位女教师裁判展开了采访，采访很顺利。我从没想到面对一个素未谋面的人我竟能如此顺利地对她进行采访并且从头到尾没有一丝紧张感。这是我的第一次采访，感觉非常好。

从我采访的这几位人员来看，他们对环保工作是非常关注的，他们对乱丢垃圾的人持有批评的态度，对身着蓝衣蓝帽的志愿者则是肯定和赞赏。他们觉得乱丢垃圾的行为是一个国家不文明的体现。

采访结束后我们集体照了几张照片，接着张老师让我们去采访高文春副校长。我一想：高文春？那可是我们学校的副校长啊！我还没有跟校长面对面交流过呢！一颗刚刚平静的心又怦怦怦地跳了起来。张老师一边领我去看台一边跟我说到那儿后自己直接开始。也许是太紧张的缘故，到了看台，我的腿哆嗦着向高校长走去。我向高校长做了自我介绍，采访就这样开始了。

高校长很和蔼，他听我做完自我介绍就让我坐在了他的身边，我问高校长的问题是：对我们志愿者这次的行动您是怎样评价的？高校长告诉我，我们这次行动非常有意义，高校长还围绕这个话题告诉我以后我们将怎样将这个行动发展下去。

听完高校长的回答我真有一种"听君一席话，胜读十年书"的感觉，从

▲　绿色小记者杨光采访高文春副校长

高校长的话语间我能感觉出他对环境非常关注，他举出的例子都非常切合实际。十多分钟的采访很快就过去了，真想与高校长再有多一些时间的交流。

当记者确实不容易，但是利用这个身份能把最新的环保知识、环保新闻带给同学们，让同学们知道、了解并且能让同学们的行为有一定的改善的话，我之前的努力就没有白费。校园环保并不难，重要的是要有那份自觉性。如果环境恶化到极其严重的地步的时候，即便有再高的自觉性也都是无济于事的了。

从高校长提出的建议分析来看，我们今后可以通过板报、手抄报以及校园广播等形式进行环保宣传，内容要与实际生活相结合，要与同学所关心的事相结合，还要对在杂志上发表的文章进行大力宣传，使更多同学来关注环保，加入到这个活动中来。高校长说，我们可以向学部申请走出校门，向社会进行环保知识的宣传。高校长的建议对我的启发很大，这充分反映出我们宣传的缺点和漏洞，是我们日后需要改进的地方。

9. 环保工艺

动手、动脑是"大地理"教育理念的一个重要内容，传统的教学模式将孩子们的思维固定于课本和教室，而初一这个年龄阶段的孩子，有充足的新奇感，如果能适时培养，他们的创新和探究精神会更好地展现。

在我眼里，每一个孩子们都是天才，都是设计家、创意家，他们的灵性在这里张扬，他们的思想在这里绽放！

▲ 心灵手巧的孩子们正在制作"恐龙蛋"

10. 全国校园环境征贴活动

然而，有一天，我这个"活动家"怕了，真怕了——

无论什么样的活动都不会诱惑我继续做下去，对于本次"全国校园环境征贴"活动，2012年寒假时候就有了活动通知，我只是贴进了博客，谁关注谁就做吧，再也不想费力。

不得不坦白一点，我对活动已经产生了焦虑，总想做得最好，殊不知要付出太多的精力，5个班的工作量再加上这些频繁的活动，身体超负荷运转，身体确实"hold"不住了。

新学期开学后，主办方的多次电话都没有打动我，我还是坚守个人意见，两个字——不做！

▲ 我和孩子们一起快乐地展示作品

尽管嘴上这么说，但是，那天办公室的一幕场景却改变了我的想法——

下课后，刚踏进办公室，就发现桌子上放满了环保画，有很多，几十幅，社长郑文迪托其他老师跟我说，作品已经收集了一部分，还有很多改天上交。原来是环保社团的孩子们没有跟我打招呼私下组织的，因为，他们理解老师的辛苦，也因为，活动已经有了自觉效应。我静静地坐了下来，仔细地翻看着每一幅作品，有节约用水的、节能减排的、爱绿护绿的、生态失衡的……无论从色调还是创意上都令我惊讶。我不时地拿起一幅幅作品，给同事们看："快看，这幅，太棒了！再看这幅，震撼！还有这幅……"我目不暇接，心中涌起了阵阵感动。天啊，这是孩子们自己设计的吗？这是咱世纪孩子们的创意吗？我为孩子们赞叹！

　　情绪还在激动着，却意外发现了一张粘在作品背后的纸条，上面写了几个字："老师，这幅画可以吗？我想参与活动，但是学习很差，也很笨，我们班参与的都是学习好的孩子。"用铅笔写的，有些模糊，不仔细看还看不出来。看得出是孩子的不自信。我不禁愕然，这是谁？我要找到他，亲自给他辅导，把最优秀的作品拿出来！后来，在我们的共同努力下这幅画被评为优秀作品，我也相信这个鼓励对孩子的影响很大。目前我接手的活动最低是国家级的档次，不是自己水平高，而是想把孩子们直接推到最优秀的平台。

　　"差生"两字一直不敢在我心中停驻，我从教十几年，都不能从我嘴里说出"这个孩子是差生"。我从不启齿，也不能面对这些字眼，总觉得评判孩子不能以学习成绩为唯一条件，

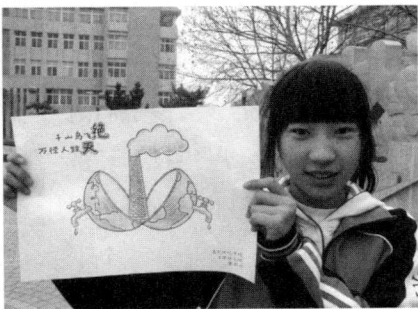

▲ 萧惟丹的《千山鸟飞绝，万径人踪灭》获全国最佳标语奖

我的"大地理"教育理念更不能如此！学习成绩好的孩子和成绩差的孩子一样生活在教育蓝天下，他们都有权利通过教育展现自己的特长，完善自己的人格。

　　还是孩子们的作品忽悠了我，看到这些作品，我立即投入了战斗，筛选、修改，对标语重新设计……我欣赏着他们的作品，再次活跃在孩子们绿色的梦想中。

　　经过激烈角逐，我校社团的23幅作品荣登榜首，那还用说，世纪学校一不小心又成为唯一的最佳组织单位。

11. 欣赏春天

今天是周六，天气特别好，有七年级八班的课。

我总觉得在繁花烂漫的日子就应该让孩子们走出去感受春天。于是我对孩子们说："这节课要是复习效率高，可以节省时间出去玩一下。"孩子们当然高兴，都积极准备，学习效果极高。当顺利完成本节的复习知识后，还有10分钟，孩子们在我的提示下轻轻地、猫着腰跑到天井里，我领着他们顺着小路往南跑向花园。

刚走进花园的一角，孩子们就在一大簇紫荆花前留步了。女孩子们情绪特别高，一会儿这闻闻，一会儿那嗅嗅，真想把美景带走。男孩子们则在健身器材上一展绝技，玩得好不开心，而我不停地抓拍着孩子们的笑脸。但是有一个不良细节跳进了我的镜头——孩子们随意扰花。娇美的玉兰刚刚开放，就被调皮的孩子们跳起来一拍，看落花纷飞。可人的桃花随风摇摆，但是却被孩子们撕下几朵来戴在头上，连三叶草也不放过。我看在眼里，疼在心里，急忙制止这种行为。无论嘴上强调过多少次环境教育，可在现实中还是做不到。孩子们都这么大了，咋就这样不懂得对花草生命的珍惜呢？

▲ 春日校园赏花

回来后，我针对摘花问题跟孩子们讨论，从河南洛阳昂贵的绿牡丹失踪事件到今天花园的折花撕花，让孩子们懂得如何尊重自然、尊重生命，如何提高自身素质。他们一开始觉得不可思议，认为老师说的有点过。但是当我把"素质""修养"说开时，他们的脸上渐渐有了悔意，认真反思了自己的行为。

张晓婷：摘花是不对的，花应该是用来欣赏而不是用来摘的，我们应该爱护花草树木、保护环境。

杨晓明：地理老师带我们出去玩，好高兴！没想到地理老师这么疼惜花啊。我们去院子里玩，走到小花园的时候，看到美丽的鲜花，想要！说句实话，我出去没有摘花，我也不舍得，这么漂亮的花，想要也不行。我们高兴了，却把小花断送了，这样不对啊！

冯金凤：今天老师带我们去赏花，我不明白，那么美丽的花为什么有的同学去摘它。小草也是有生命的，爱护花草树木应该像爱护自己一样。

王昊：鲜花为我们的校园增添了几分香气，虽然微不足道，但它为了这点香气，却等待了三个季节，而有些同学则手不留情地摘下了它。那不只是一朵花，那还是一个生命。

葛宋：有的同学看到漂亮的花摘下来，说做标本，而有的戴在头上，但是回教室的路上，又都扔了。我觉得这样做一定不对，既然把它摘下又扔掉，不如一开始就不要摘。

李长霖：我们不能乱摘花，它们都是生命。它们盛开不代表是供我们玩弄的，它们也是个体，也是生灵，随意乱摘会让它们疼的。它们虽然不会说，不会哭，但是我们不能因此就糟蹋它们。

肖瑞、丁学军：不能随便摘花，花也是有生命的，我们应该爱护花草树木。好的风景是供大家观赏的，不能占为己有。如果每人摘一朵花，那么我们再也看不到美丽的花。老师带我们到校园观赏美景、感受春天，我们却破坏花木，请老师原谅。

胡志森：花季到来，地理老师带我们去花园游玩，这本是老师的好意，但是有些同学故意毁坏花草，居然随手摘花，我很气愤，这种事不合理！与花草、大自然一起友好相处才能更好地在这广大的地面上生存，所以我向大家呼吁：珍惜生命、珍惜花草、珍惜大自然！

杜宇、郭晴：盛开的花朵，让我们欣赏，残落的枝叶却令人心疼。刚刚沐浴着春雨舒展开身姿，却被我们无情地折下！对于这件事情，我们应引以为戒。假如参观的人一人摘一朵，那这种美景岂不是要离我们而去？春天由这种万物复苏的景象构成，我们一定尽力保住！

郭昊炜：作为七年级八班的一员，我对我们班有的同学折花的行为感到愤怒。花儿也是有生命的，我们却无情地去摧残它们，这样做是不对的。我们应该去爱花，而不是折花。花是用来欣赏的，我希望折花的同学能认清这个道理，不要再去摧残花的生命，要去保护它们，珍惜它们！

……

从这件小事上，我们不难看出，孩子有孩子的特点，喜欢玩闹，但是行为习惯需要文明，需要规范。学生的素质教育不能只注重口头，或是条文，生活中时时、处处都有教育。

12. 绿色消费，你行动了吗？
——6·5世界环境日活动

5月30日下午的社团活动时间，世纪学校报告厅内座无虚席，六、七年级的学生在环保社团的组织下，正在进行以"绿色消费，你行动了吗"为主题的"6·5世界环境日暨第三届中小学生低碳生活教育论坛"活动。

本活动分为两部分，第一部分是我跟孩子们一起学习了"绿色消费"的知识，并对前一阶段低碳生活教育活动作了简短总结，帮助学生了解低碳经济、绿色经济在我国的现状。我结合图片和资料请每班派出的学生代表上台即席评论，同时与台下的同学互动。场面"学术"氛围较浓，学生的观点令人耳目一新，其阵势不亚于央视《经济论坛》。第二部分是针对前段时间组织的全国环境征贴活动进行表彰和鼓励。

本次论坛活动，调动了学生对论坛的参与性，加深了学生对绿色消费的理解，同时引发了学生对环境的思考。

活动后记：

决定在周三下午的社团活动做论坛仅仅是周三上午的事情，因为周二刚从济南考察回来，疲惫得很，而且淋了雨，已经严重感冒，鼻子都擦成红的了，上镜的话形象会很差。但是，距离"6·5世界环境日"没有几天了，而

我做活动的原则是尽量不动用
其他时间。活动策划对我来说
太简单，往往只用几分钟就可
以考虑周全，各部室的协调基
本一趟腿、几个电话就可以搞
定，因为我有一批跟随我的忠
实的社团学生。

　　每次活动总是前一天备好
课，一般动用多个学生社团和
宣传组，因为我希望每一次活

▲　绿色消费，你行动了吗？

动都能给学生全方位的成长创造条件。相对于其他社团，我喜欢做较复杂的
活动，只要对学生有利，费点精力无妨，我心甘情愿。

　　直到上午的第4节我才跟学部的领导说要在下午做活动。距离活动开始
时间四点半只有几个小时，我必须合理规划时间，利用中午的半个小时制作
课件，下午还得上一、二节课（活动时间是第三、四节）。对于学生，只有
10分钟的课间准备。不过我并不着急下手，只是脑筋在飞速地转，必须高
效。我总喜欢这样逼迫自己，把每一次活动都当作锻炼自己的好机会。在第
一节课结束的时候，去六班和七班，跟孩子们说把手中的小牌子换成各种名
称，因为在论坛中要用"环保官员""当地居民、开发商"等各种角色，各
班的小组长很快做好。

　　到了报告厅，我并没有提前跟孩子们招呼，说让谁上台做评论，目的让
孩子们主动上前，锻炼他们的胆量。台上摆着7个凳子。除了我，得需要6
个孩子上台。在论坛刚开始，就有学生评论员2女4男在其他学生的欢呼中
坐到了台上，其中5个是我的学生，另外一个是环保社团的孩子，一看就知
道，因为我平时带的活动多，孩子们参与环保的积极性特别高。

　　在我宣布"绿色消费—低碳生活教育论坛"开始的同时，请王寿琪、国
雪玮、苗静静、朱铁亮、葛慧敏、郭丰凯6位同学先介绍自己。论坛的步骤
我没有告诉任何人，完全考验学生的应变能力。其实，我心里是有底的，平

时开展的课堂辩论多，有实际锻炼。再者，咱世纪学校的孩子，无论哪个，拉出来看看，都是演讲高手，综合素质就是高，不服不行。这几个学生一上台，就很有范儿。他们很快像电视节目里那样把自己介绍的个性十足，非常精彩，不时引来阵阵掌声。

在随后的环节中，当我打开课件，让他们随机抽取图片讲解的时候，他们分析得太棒了，有的观点很尖锐。台下就是200多位观众，他们能在台上落落大方、侃侃而谈，我很欣慰，很有成就感。

活动整体是较好的，看阵势不亚于央视电台的《经济论坛》，只是遗憾，社团拍照的孩子没有操作好，活动结束后近百张照片中几乎找不出像样的新闻图片，培养学生的摄影技术还得下大力气。还有就是当时没能联系好录像的，没留好资料，非常遗憾。

2012年5月31日夜张冠秀记录

13. 绿色小记者"对话"北大博导

不止一次地说过：假如"教育"是我的躯体，"活动"就是我的血液，离开了血液的躯体，我的"大地理"教育生命将会是一具空壳——我坚守以"活动"促"教育"，以"教育"伴"成长"，我始终认为"活动即教育，教育即活动"。

很多时候，在上报成果奖的时候，因为我和孩子们课题研究的类别而被剔除，我从没有辩白，我早已学会了沉默，沉默是为了更好地说话，用事实说话是我做事的风格。我不为做课题而做课题，不为评选"教育类"还是"教学类"而做课题，就是想在"大地理"教育活动的体验中对孩子们进行爱心教育、感恩教育、责任教育和生命教育。

我和孩子们做的教育课题是一个永远不能结题的课题，是一个将被社会强烈持续关注的课题，是直接关乎我们生活质量的课题，是每一个地球公民、每一个节俭的世纪人都应该积极关注的课题。我的力量很弱、很小，如果本课题的系列活动真的能带动更多的人加入到"大地理"教育、"低碳生活教育"的行列中来，就是再累，也值得！

2012年硕士研究的完成并不意味着一切结束，而是正规研究的开始，我没有离开课题，我沉下心来做深度思考。下一步该怎么走？几年来我和孩子们做的是具体的实践教育活动，而现在我必须加入研究的思维，带领我的孩子们走向探索之路，提升孩子们对成长的深度认识，这是我的前进思路。

2012年10月，我们社团在学校的支持下特别邀请了北京大学博士生导师、环境政治领域学者郇庆治教授到校给孩子们上课。我们是第一个邀请名校专家讲课的学校社团。当时目的有两个，一个是给孩子们一个北大的高目标认识，提高学生学习的主动性；二是希望郇教授给孩子们传授小课题的研究方法，以及如何写作，鼓励孩子们从研究的角度看问题，这一点尤其重要，也是我的"大地理"教育的主轴线。按照"基本活动—研究意识—行动研究—自我发展"的思路，培养他们在活动中做一个研究型的孩子。

▲　短短的休息10分钟里，孩子们也不放过郇教授，
直接跑到讲台上不停地提问

新闻回放:

2011年10月17到18日，寿光世纪学校环保社团喜迎贵客——北京大学博士生导师郇庆治教授莅临我校讲学，郇教授在校一整天的活动给师生留下了深刻印象。

郇教授17号下午到校后便参观了绿鸽环保社团，对社团的活动情况表示肯定并提出了建议。在社团开展的"中小学生第四届环境教育论坛"中，很多学生的创新思维和探究意识让邰教授非常满意，他对社团开展的国际项目"环境小硕士"的开题研究做了专题指导。

18号上午8：30，一场精彩的环境科普宣传和写作讲座在演播厅拉开了序幕，参加者是四至八年级的绿色小记者还有部分七年级学生。不同级部的学生汇集在一起，在邰教授的讲解下分享着对环境知识的好奇。尤其在绿色小记者采访邰教授的环节，学生跟邰教授的互动成为会场一道靓丽的风景。现场气氛活跃，超出了原来想象的效果。

相信这次环境科普活动会让学生的环境保护意识大大提高，并在实际生活中努力去做，为学校的生态环境教育增添一份活力。

2012年10月18日晚张冠秀记录

活动后记：

每一次活动我都有说不出的感触，孩子们的坚决支持是我做事的全部动力。

很久很久以前，我就有一种非常迫切的想法，想让孩子们站在一个较高的平台上进步。原来的基础教育环境已经达到一定的程度，怎样实现拓展延伸？我最近社团工作的核心计划，其实就是想方设法要给孩子们创造一流的交流、学习环境。直到今年的6月，这种想法愈加强烈。当有机会拜访了北大博导邰庆治教授之后，便锁定了讲课人的目标。一个是北大的品牌会鼓舞学生们对学习目标的追求，另一个是邰教授的学者风范、研究领域和讲课激情非常适合孩子们。当我向张照松校长做请示说明时，他马上答应了，只要是为孩子们的成长有利的事情，他从不含糊，全力支持。于是在朱副校长的帮助下，协调多方面的工作，这件事最终确定了下来。

17号中午邰教授来到之后，时间很紧张。我们的安排几乎没有给他任何休息的机会，午饭后便在办公楼三楼的大会议室开始了"中小学生环境教育论坛""国际环境小硕士"项目的开题，带去了20个孩子。没有提前演习，都是现场提问，全是环保社团的孩子们。对于这样的环境论坛，孩子们一点都不陌生，平时我们在地理拓展课堂中经常采用这样辩论的方法，但现在却更激烈些，孩子们在北大教授、博导面前没有丝毫的拘束，我只是做了适当的客串主持而已。有的绿色小记者提的问题非常现实甚至尖锐，对"土地荒漠化""吸烟有害健康""家乡的空气污染""水质污染"等问题表示不解，还有的对自己学校和家乡的环境问题提出建议等，希望有关部门引起注意。

18号，本来是我校的秋季运动会，除了部分运动员，整个的七年级学生、四年级到六年级的绿色小记者都参加了环保社团的活动，演播厅里满满的，有点出乎意料。第一环节是环境教育科普知识讲座，然后利用休场的时候，我穿插了有几个环保试题抢答，奖品是《环境教育》一本。在第二环节的指导写作中，内容有点难度，不同层次的孩子居然都能听得进去，有的蹲着，有的站着，聚精会神，学习的样子让人感动，我抓拍了几个镜头。在第三环节的"绿色小记者对话博导"中，我没有想到会有一个戴黑框眼镜的四年级的男孩冲上主席台，坐在那里竟然像模像样，问的环境问题让博导大为吃惊。这样的采访和提问，极大地带动了会场气氛，也让我感受到孩子们对知识的渴求。郇教授几乎没有一点休息时间，本来中场是有空余时间的，但是孩子们都冲上舞台不住地询问生活中的环境问题，还有的小孩子拿了本子请郇教授签名。后来我不敢再进行环保知识抢答了，实在压不住场。可以看得出，孩子们很好地利用了这次学习机会，我的初衷完成得不错，好多天来的铺天盖地的忙碌和累积的疲劳早已忘记。

2012年10月18日夜张冠秀记录

本次活动被郇教授记录在一篇文章里，发表在《环境教育》上——

环境教育中的"教育"与"被教育"

北京大学博士生导师 郇庆治

近日，笔者应邀到山东省潍坊市的寿光世纪学校做了一次关于"环境教育"的科普知识讲座。该学校属于那种新型教育体制下的创新性学校，同时也是潍坊市乃至山东省开展中小学环保教育的一面旗帜，获得了大大小小的众多奖项。其中，最为知名的是学校有一个非常活跃的"绿鸽环保社团"和专门设立的"环境教育工作室"。笔者行前最感兴趣的问题有两个：一是如何向中小学生做"环境人文社会科学"方面的普及性宣传——我隐约感觉到，这必将成为我们未来环境教育中的一个关键性内容，因为只有环保科技知识的公民和只有发展主义思维的公民其本质是一样的，都不会真正带来一种绿色的新社会，二是实地考察一下我们的中小学是如何实际开展环境教育的，毕竟，传统主流知识的教育甚至是传输是更为重要的任务，尤其是对于这些也许更为关心学生"前途"的家长（至少从家庭投入的角度）来说。

对于第一个问题，笔者既感受到了一种强烈的现实迫切性，同时也深深体会到了其中的操作性难度。小同学们对于环境问题的兴趣与热心远远超出了我的预期。从小自学校身边和家庭周围的环境难题到国家乃至整个世界的环境难题，同学们知识丰富，信息灵通。尤其令人高兴的是，稍微高年级的同学就会不仅仅从自然科学与技术的角度、也从社会科学的角度提出问题，比如，大人们为什么明明知道吸烟的危害却依然吸烟？村镇里的工厂为什么明明知道会破坏周边环境却依然我行我素，而村镇政府官员却不去主动制止？诸如此类。因此，可以十分肯定地说，同学们其实从小就有着一种明确的人文与社会科学视野，而远不只是环境方面的自然科学知识需求。这对于我们这些环境人文社会科学学者来说自然是一种"福音"，这意味着，我们应该还是可以大有作为的。当然，我也深刻地体会到，能够把环境人文社会科学方面的基础知识特别是学术研究与写作方面的基础性知识，传授给他们，真正做到"授业解惑"，还真不是一件容易的事情：我们也许更擅长于把简单的东西说复杂，但却不太熟悉做相反的事情。更何况，现实中的所有环境问题似乎都比环境自然科学家、环境技术工程专家阐释得更复杂。比如，城市大气污染问题，它既不简单是城市上空空气成分的趋害性变化（尤其是对于人类舒适生存来说），更不简单是如何消除特定氮、碳类化合物的问题，而是民众对于物质消费及其能源消耗的无限性需求。

对于后者来说，笔者认为，中小学环境教育的最大优势也许就在于拥有更为真诚与热情的受众，其他方面与大学大同小异。一方面，环境教育有可能成为中小学实施创新教育、素质教育和拓展教育的一个重要突破口，因此较容易获得校方的鼎力支持，尤其是这些新体制下运作的学校更希望打好这种"环境教育"牌。事实也是如此，寿光世纪学校不仅在短短的八年左右时间里赢得了来自省部各级的各种环境教育奖励荣誉，而且正在向国际化学校与国际化教育的方向迅速推进，富有特色与活力的环境教育则是这种全校战略实施的重要"抓手"。但另一方面，环境教育毕竟不是学校教育的主要内容或主战场，如果没有一个（些）具有强烈执著精神的老师和活动分子是很难坚持下来的，更不用说取得可持续的发展。自然，能够把上述两个方面的优点结合起来的学校就更为不易和难得——可以说，正是该学校张冠秀老师的热情和执著精神打动了那些年幼的心灵，也深深感动了我。当你想到当下的努力付出会在可以预见的未来改变一代青年的思维与行为时，你现在的每一分投入与牺牲就会变得充满价值感和道德高尚感。我想，像张冠秀老师这些中小学环境教育工作者应更容易获得一种价值实现与满足感，反观自己的"生态马克思主义研究"和"环境政治专题"等课堂才更多的是"灌输"与惭愧。

因此，笔者返程途中思考最多的一个问题就是环境教育中的"教育"与"被教育"。虽然笔者由于职业的关系成为了一名环境教育中的"高端教育者"（主要从事高校研究生层面的专业教育），但如从代际的角度来说，我们这一代人其实都首先应该是"被教育"的对象。说实话，正是在过去的30年之中，我们的周围环境成为了需要人们关怀与救助的对象，而这与我们一代人所受到的知识教育特别是价值观教育和环境教育密切相关——大自然本身逐渐从敬畏与欣赏的母亲变成了创造物质财富的资源材料。也许正因为如此，努力告诉小同学们从小就学会环境友好的思考与行动就显得特别重要与迫切。这倒不仅仅是因为他们是未来环境的主人，还因为他们依然是可以教育的。

14."低碳贝贝"环保时装表演

　　我们的活动，课堂—户外实践—写作—绘画—孩子们的手工制作等，无一不透着孩子们的心灵手巧。

　　我们师生又一次用舞台演绎了环保。2013年世纪学校春晚上，一个时尚、环保、动感的《低碳贝贝》引起了无数人的尖叫。歌曲由四年级的隋晓颖领唱，我和孩子们做环保模特，穿着自制的衣服，踩着"T"步，把环保工艺的魅力展示给大家。

▲ 整个舞台装扮都是孩子们自己完成，我穿着临时做的呼啦圈衣服行走在孩子们中间

学生感言：

七年级十四班　冯卓艺：

　　"不经历风雨，怎么见彩虹，没有人能随随便便成功……"我相信，每一个人成功的人都一定有这样的感受吧。

　　最近，在我身上就发生了一件这样的事——环保服装制作比赛。在这个活动中，我认识了很多好朋友，提高了与人交际的能力。我的爱好就是手工制作，刚刚接到做衣服的任务时，我的心情十分激动，只用了一天就做出了一件环保衣服。它是用薄膜做的裙子，用尼龙袋子做的上衣。没想到我这次热情太高了，越干越来劲，就又做了一件衣服。这件衣服的技术含量和材料都比上一件衣服好一点，材料是旧的空调套，而帮助我把它缝起的是一名高级裁缝——我的姥姥。做完第二件衣服后，我还没有罢休，最后完成了我最自豪的衣服！这件衣服是以金黄色的孔雀为模仿对象做成的一件金黄色的拖地长裙，其中这套衣服的头饰我不得不说一说了，在头上我用发卡将我自制的羽毛固定在上面，而这羽毛又的的确确是用纸做成的。我首先将金黄色的底色纸固定在发卡的铁丝上面，然后又在黄色纸上逐层粘上大小不同的红蓝两种颜色的小纸片，见到的人没有一个不认为是真羽毛的。

在学校元旦晚会的那一天，我们全体环保服装的制作人员都穿上自己最得意的作品走上了舞台，在舞台上我们听到了阵阵热烈的掌声。但他们可能不知道，我们在台下费尽了多少力气，洒下了多少汗水，只为了这台上的几分钟呀！由此我想到了冰心奶奶的一句话："成功的花，人们别惊慕她现时的明艳！然而当初她的芽，浸透了奋斗的泪泉，洒遍了牺牲的血雨。"

七年级十四班　刘逢元：

其实，在没有进行这个活动之前，我对于走秀之类的表演一直是不理解甚至于不屑的。因为在我看来，穿着华丽的衣服去舞台上走两圈摆个pose就能赢得观众的满堂喝彩，实在是最简单不过的了。因而在进行这个活动前我从未曾知将它做好需要付出那样多的努力，克服那样多的困难。

第一点较难的就是服装了，其最难点不在于设计，而在于……材料。因为是环保服装，顾名思义，必然要环保啊。穿着昂贵的布料做出的衣服写上"环保"两字必然做作而遭人唾弃。于是，在我冥思苦想了好久以至于费了不少脑细胞兼之奶奶与妈妈的热心帮助下，我们查阅了许多资料，考虑了很多种材料。一件并无法称得上是华丽的环保服装做成了。虽然并不是特别美丽，但它凝聚了我们的心血，同时也是我们智慧的结晶。第一个困难，顺利解决。

第二点就是走台步，而要学会走好台步就要克服我走路脚蹭地的习惯。这可难办，毕竟12年的毛病不是说改就能改的。虽然我也很想克服这个困难，但稍不注意，那讨厌的"沙沙"声便又响起在我的耳边，实在是令人头疼。而且老师说我甩胳膊不自然，我便又很努力地学"自然"地甩胳膊。谁知越学越僵硬，竟如邯郸学步般的不会走路了，成了顺拐，急得我们的张冠秀在台下"咆哮"。

但面对这样多的毛病，我没有退缩，我也不能退缩。在我时时刻刻的注意和父母、老师的监督下，我终于把这些坏毛病一个一个地改掉了。

而为了使我们的表演更加趋于完美，我和参与这个活动的同学、老师们都付出了许多时间和精力，将午休的时间用来排练，以至于真正上台时大家的眼睛里还布满着血丝。不过虽然付出很多，排练得很累，但当我们站在舞台上的那一刹那，大家的想法应该都是一样的——付出的这些，值了！

通过这次活动，我明白要做好一件事是很不容易的，需要有着坚韧的意志和坚持不懈的精神。当遇到困难时，不能被它吓倒，而要努力去克服它。风雨之后方能见彩虹。也许你付出的很多，但你收获的，将会更多！

为了明天

肖雨欣

为了明天，我更要积极勇敢、冷静面对每一次；

为了明天，我更要坚定信念、积极参加有意义的活动；

为了明天，我更要坚持不懈的锻炼自己，磨练自己。

——题记

最近，我参加了"低碳贝贝"这个节目。对于第一次参加这样活动的我，是带着学习的态度来参加的。因为自己从来没有参加这样的活动，也不知道该如何去做，脑子里几乎是空白的。

不敢谈放弃，便只能硬着头皮去做。正在我们还在十分努力地排练的时候，元旦联欢晚会就到了。那天晚上，我穿着自己做的衣服，怀着紧张的心情，站在舞台旁等候我们节目的开始。我不住地打哆嗦，我可以清楚地听到自己的心跳在不断加快，手心里的汗在不断增多，毕竟这次节目，是我们两个多月来的心血啊！我可不能辜负了老师、家长、同学对我的期望。

轮到我了，我深吸一口气，在璀璨的灯光下，在欢快的音乐中，我迈着欢快的步伐，面带甜美的微笑，走上了舞台开始表演。这时我的心情反而莫名地放松了许多，因为那时候的自己已知无路可退，已经从心理上选择了勇敢面对。我拿出了平日以来训练最好的结果，完成了这次演出，最终赢得的是一阵热烈的掌声。

当我演完后回想整个过程时，清楚地意识到自己最紧张的时刻并非是站在舞台上的那一刻，反而是表演前的那段时间。如果那时候我屈从自己内心的胆怯之声、否定自己内心的勇敢，那么就不会博得一阵阵热烈的掌声，也不会感受到自己内心的喜悦。其实生活、学习中很多时候也是如此，当你面对挑战时，最难熬的一般是挑战真正开始前的那段等待或准备时间，这种时候你惟有积极勇敢面对并坚持下去，才能在挑战中激发潜能，发现全新的自己。所以无论遇到什么困难，都不要未作任何尝试就先否定自己，也不要为自己的怯弱找借口，勇敢地去做、去说，即使结果不尽如人意，对于自己而言也是一种心理的磨炼与突破。

通过这次活动我受益颇多，因为我战胜了内心的恐惧，超越了原来的我，在面对困难与挑战时，不会急于自我否定，知道了积极勇敢、冷静面对，坚定信念、坚持不懈，而且我又结识了许多要好的朋友，相信这些源自于我亲身实践后所产生的感悟，会在我以后的生活、学习中发挥重要而积极的影响，并引导我不断的进步与提高。毕竟这是我第一次参加这样的活动，相信如果还有下一次，我一定会更加努力地演得更好、更棒！

看着孩子们的所想所思，你能说他们没有充盈的收获吗？所以说，累的时候，最好的办法就是把我抛进孩子堆，或是拿着孩子们的作品"忽悠"我，这些比任何药物或营养品都管用。

15. 喜获"国际生态学校"绿旗荣誉

国家环保部近日印发《关于授予2013年度国际生态学校绿旗荣誉并下发2014年国际生态学校项目工作计划的通知》，授予寿光世纪学校"国际生态学校"绿旗荣誉，这是潍坊市唯一一所获得此荣誉的学校。

国际生态学校项目（Eco-Schools，ES）是国际环境教育基金会在全球开展的五个环境项目之一，由各国国际环境教育基金会的成员机构负责项目实施，帮助本国的学校了解国际生态学校标准，组织开展教育教学资料开发和培训工作，推动学校的环境教育，并在国际环境教育基金会授权下对符合标

准的学校授予生态
学校绿旗和证书。
项目鼓励青少年采
取积极的行动，使
自己的学校按照对
环境友好的方式运
行，减少学校所产
生的有害的环境影
响，并参与到讨论
和决策过程中。据

▲ 我校获得国际生态学校绿旗荣誉

介绍，2013年度国际生态学校绿旗荣誉申报评审结果揭晓。在评审过程中，经国家环保部宣教中心组织专家对各地申报材料进行评审，并对部分学校进行实地抽查，最终全国67所学校获得国际生态学校绿旗荣誉称号。

国际生态学校项目自2012年5月注册学校"绿鸽"环保社团开始具体执行，各部室全员参与共同完成，绿旗荣誉的获得为寿光世纪学校的环境教育增添了新的生机。

这个项目耗时2年，其难度之大可想而知，但全部是由社团固定组的十几个孩子们执行完成，我只是做了项目策划、督促和材料整理而已。期间各部室的跑腿跑嘴的事情，都是孩子们出头露面，真正见证了"给予孩子们机会他们就会做到最好"这一教育观念。对此，我更是感动不已。

二、校外环境教育活动

1. 牵手绿色 畅想未来！
——内蒙古兴河公益植树活动

2010年8月20～23日，绿色小记者孟航一家作为全国30家环保家庭之一，应邀参加广汽本田—内蒙古植树活动。尽管活动已经结束了，但是那些活动的精彩片段还不时地跳跃在我的眼前，孩子们开心灿烂的笑脸、生动有趣的环保课堂、激情豪放的联谊晚会、圣洁的哈达、积极踊跃的植树场景……都给我留下了深刻的印象，我的心境也由一开始的犹豫，到对家庭安全的顾虑，到对接待服务的放心，直到最后变成圆满的惊叹。整个活动的"完美"，让我对广汽本田的精心策划彻底折服了。

　　我惊叹于广汽本田组织的这次全国范围的环保公益活动，其组织之严谨、服务之周到、创意之独特，的确令人佩服，这样的魄力也许是其他企业不可比拟的。我并不想在这里赞美广汽本田，只想说，中国的大企业很多，但能坚持以绿色为发展理念的企业不多；中国注重环保的企业很多，但坚持数年之久支援内蒙古沙化治理、倡导绿色的企业并不多，真的！本次活动感动了每一个在场的家庭成员，孩子们的踊跃参与，爸爸妈妈的积极配合，在场工作人员的精心指导，都给我们留下了精美的回忆。

　　忘不了，30个环保家庭和内蒙古兴河栋梁小学的孩子们一起植树的情景。孩子们不怕松树的针扎，不怕高原的日晒，没有戴手套，光着小手用铁锹培土，亲自去上山坡提水，有的和爸爸妈妈一起，有的是自己。绿色小记者孟航就是两只手一边一桶水地提下来，给小苗苗送来甘露，每栽一棵，孩子们便会祈祷它们快快长大，快快挡住风沙。

　　忘不了，孩子们在旷野里撑起的台子上踊跃地贴上自己的绿色心愿，他们有的让爸爸妈妈抱着贴，有的使劲地跳起来粘到最高处。一片片小小的绿叶，像一艘艘快乐的小船，载我们驶向绿色的港湾，那里承载了每个人对家园环境的美好向往。

　　忘不了，孩子们争先恐后地在画板上，对着蓝天白云画出自己的绿之

▲　我和孩子们在内蒙古兴和一起种下绿色的希望

梦。孩子们用稚嫩的小手，拿起五彩斑斓的笔，描绘出祖国的绿色蓝图。

今天，我们种植的是小树，播下的也是一颗颗绿色的种子。广汽本田紧紧抓住这个契机，呼唤环境意识从小抓起，因为孩子是祖国的未来。我想该项环保活动的宗旨不仅仅局限于30个家庭，而是以家庭带动社区，提醒更多的人加入环保大军。我们家是山东仅有的几个代表之一，非常荣幸地参加了本次公益活动，受益匪浅。我更想把这份环保理念带回家乡，带回社区，带动身边更多的环保志愿者，形成一股强大的社会力量。我真心希望，中国越来越多的企业和广汽本田一样坚持绿色、坚持低碳发展。我相信，不久的中国会是持续健康发展的中国，地球母亲也会因为我们的付出而更加靓丽，更相信，我们的山会更绿、水会更清、孩子们的天空会更蔚蓝！

即兴赋诗一首：

> 广本倡导环保观，四海同胞一线牵。
>
> 千里辗转兴和县，种草植树战犹酣。
>
> 莫笑无力多绵薄，众志成城山河遍。
>
> 荒漠从此变绿野，水更清来天更蓝！

而对内蒙古公益植树之行，我感触极深——

内蒙古之旅

看山、看水、看草原是我旅游的三大愿望，山水的世界已经多次摩挲，而草原一直是可望而不可及的。

2010年8月20～23日，一个偶然的机会，我们受邀去内蒙古参加广汽本田组织的公益环保亲子植树活动，受益匪浅，这不仅是对孩子的环保意识的提高，对大人也是一次绿的洗礼。在听说去内蒙古的瞬间，便想起了"天苍苍，野茫茫，风吹草低见牛羊"的诗句，尽管早已知道内蒙古的沙漠化很严重，但是，总不能改变小时候在语文学习中对草原的印象，还有歌曲《美丽的草原我的家》《天堂》《陪你一起看草原》……真的向往那片蓝天、白云、绿海，那是我梦中的天堂！

8月20号，我们和全国各地的共30个环保家庭和广本的工作人员一起相聚在首都北京，21号出发至内蒙古兴和县。兴和距离北京不远，因为路上老堵车，400公里的路也要8个小时左右的时间。路上，孩子们兴致很高，南方的孩子很多都没有见过北方的景致，他们不时地发出惊叫，欢歌笑语，给我们漫长的路程带来快乐。临近内蒙古，孩子们看到了草原、大马、向日葵……不得了啦，一个无锡的梳着两条小羊角辫的小女孩，激动地在车厢里转来转去，一看到大马就大喊："马、马，妈妈，马！"一会看到奶牛了，又大喊："妈妈，牛、牛、快看牛！"左边有，右边也有，可忙了6岁的小女孩，车厢里回荡着孩子童真的声音，一会儿又打电话给老家的奶奶说："奶奶，我看到好多的马，还有牛，是花花的，还有驴子！"车上的我们哈哈大笑，这个小家伙太可爱了。车上胖胖的大连小男孩赵泽宏，一直跟导游说："阿姨，我要吃烤羊腿。"我们乐得笑出了眼泪。

再长的路也因为有了孩子的相伴而变短，跋涉了近8个小时，我们赶到了兴和国际酒店。兴和是比较贫困的县，这已经是当地最高级别的宾馆了，从外面看就像一般的老式居民区。下车的时候，我感到了刺骨般的冷。温差我是知道的，来时还查了当地的气温，但还是没有带多少衣服，总不相信会那么冷，想体验内蒙古高原的温差，好回去跟孩子们上课用。结果一下车，我们就感受到了"冬天"的寒冷无情，到宾馆后马上找出了所有的衣服，半袖的，迷彩裤、牛仔裤全穿上了。

放下行李稍作休息，便进入了环保课堂环节，由来自广州的志愿者贾静仪和高绮君给我们上了一堂生动有趣的环保课，孩子们和家长都积极参与，气氛活跃。

环保课结束了便进入了晚宴时刻，这里的歌舞是可以想象得到的，但是歌舞与吃饭同时进行还是头一遭。我们在愉悦的氛围中感受到了蒙古人的豪放好客，接受了洁白的哈达。印象最深的除了他们的马头琴、粗犷的歌声，还有一个内蒙古栋梁小学女孩引起的大家一阵阵的掌声，她歌唱的声音和神态让我觉得：如果有人能培养她，她绝对是将来中国歌坛上的大腕儿！

22号早餐后便赶往植树的地点，又走了2个多小时，一路的颠簸和看到的不足以覆盖地面的草原，让我们知道这里需要大量的种草、植树。这里的草很矮，就像我们家乡稀疏的草皮，今年的雨水又少，很多是披着黄色的外衣的小草（那层枯黄还没有退去），根本固定不住水土。再加上过度的放牧，植被损坏严重，造成大范围的沙漠化，有人说"北京一年刮两次沙尘暴，一次半年"，这个不假。《中国地理》课本上的一个论述题说："一旦内蒙古草原没有了，北京也会消失。"这个的确也不假，不说北京，就连山东也会消失。而今，我终于看到土地沙化是什么概念。

到了指定的地点，早有广本的工作人员和当地林业局的领导、工作人员在等候我们，简短的开幕仪式后便进入了植树环节。30个环保家庭和内蒙古的孩子们一起，用我们的辛勤和汗水种下了绿色的心愿。看着满坡的稀草，不禁感叹我们的植树活动微不足道，这里的植被修护任重而道远。真的希望有更多的企业和广汽本田一样，让绿色深深扎根企业，做为人类造福的好企业。

山野再贫瘠，也有生命迹象灵动于其中。赶往下坡植树时，我发现上坡有一种红色的果实，跟小指肚一半大小，隐藏在较密的深绿的叶子下面。我没有犹豫就取下来尝了一颗，酸甜可口，好吃！我摘了几颗问当地人是什么野果，他们告诉我是山樱桃。那红的透亮的厚厚的果实，在这片沙化的土地上格外惹眼，我不禁惊叹于山樱桃顽强的生命力了。

孩子们植树后又进入了新的环节，他们用五彩斑斓的画笔，描绘出自己心中的绿之梦。

实践活动中的收获总是令人满意，内蒙古之行是愉快的，我们种下了绿色的希望。

2. 全国百名"生态小达人"西安世园会体验活动

2011年，我们绿鸽环保社团的志愿者在学校领导和各位家长的支持下，经过了长达3个多月的环保知识初赛、决赛和"百名生态文明小达人"的入围选拔赛，共有王艺蒙、柴雪婷、袁皓文、葛孚鑫、唐天娇、张凯文、马鑫、

▲　我和孩子们在世园会——西安(左起孟航、张凯文、马鑫、葛孚鑫)

孟航、郭瑞琪等9名同学脱颖而出，获得特等奖即全国百名"生态文明小达人"的光荣称号，并于8月16日~23日顺利参加了国家环保部在陕西西安举办的"体验世园生态文明小达人活动"。

我校获得全国组织奖第一名，有42位同学分别获得一、二、三等奖（名单见我的网易博客置顶博文）。世纪学校的孩子们表现突出，马鑫在绿色课堂上积极回答问题、绿色小记者张凯文利用空闲及时采访、孟航拾金不昧受到了环保部宣教中心领导的高度表扬。

孩子们的收获是丰硕的，葛孚鑫同学说："感谢这次西安环保体验之旅，无论是绿色课堂还是户外实践，都让我深刻地认识到环境保护的重要性。在以后的日子里，我会尽一个环保志愿者的本份，带动周围的同学做更多对我们生存环境有益的事情。"

学生感言：

体验世园"生态文明小达人"夏令营活动感悟

张凯文

2011年8月16日，我和同学们有幸参加了体验世园百名"生态文明小达人"夏令营活动。我觉得这次夏令营不同于以往，这是一次环保体验的夏令营，经过这次活动，我对环保的理解更深了。

在报到的时候我们每个人发了夏令营服装，单从背包我们就能看出绿色与环保的理念；还有在绿色课堂上老师与我们积极互动，同学们一个个主动发言的场面我历历在目；下午我们又参观了西安中学生态园，在活动中收获了知识，认识了许多常见却不知道名字的植物；在陕西历史博物馆我仿佛回到了西周、商朝；而世园会更是超出了我意料，来的时候在火车上听人家说世园会一般，但是当我亲身到了那里才发现，那里太美了，是那种自然美、绿色美，道听途说与亲眼所见的巨大反差也更让世园会在我心中留下了深刻印象；兵马俑气势之宏大、华清池之缥缈、大雁塔之威严现在回想起来都仿佛就在眼前。大唐芙蓉园既有古建筑的古色古香，又有皇家园林的雄奇秀丽，让我流连忘返……

这次夏令营让我切身体会到环保的重要性，只有保护好环境才能让我们的家园更美好，希望这样的活动能多开展，让环保理念深入人心。

活动后记：

直到今天，环保部组织的"生态文明小达人"的活动才算圆满结束，回想4个多月的组织与参与，总有一种感动涌动在心头。

在环保知识的初赛阶段，我们学校参与的人数最多，当时想借本次活动做一个家校环保知识普及，也是自己课题研究的一部分，并没有很注重结果。找了好多题库，在全校范围内印发了"答题明白纸"，并在我的博客"绿鸽，因爱永恒"同时发布精选试题，利用校讯通及时发出信息，鼓励家长和孩子们一起学习环保知识。在初赛中，我发现有好多家长，尤其是低年级孩子的家长更注重孩子的环保教育，从知识点的争论到初赛答题的技巧，我和家长们一直在网上和手机上互动。

到了决赛时，已经接近期末考试和暑假阶段，有很多孩子错过了决赛时间。当时组织有欠缺，参与度我感觉不如初赛，其实这是预料之中的。另外，题目太难，范围又广，我无法缩小题目范围。第二，答题时间只有4分钟，题量是随机的30道题，不容思考。第三，毕竟这不是为决赛结果而举办的活动，我重视的是环保知识普及的过程。

结果不错，有9个孩子获得全国"百名生态文明小达人"，其中我代课的班上有很多孩子在电话和博客上留言询问为什么不公开成绩，觉得自己答得不错，为什么没有入围？我说环保部宣教中心组委会是按照答题时间和分数划分的前一百名，网络答题是公平的，组织是公正的，我们重要的是体验参与的过程。而这里面，我深深地理解孩子们的付出和重视程度。

2011年8月17日～21日，我带着4个孩子和家长们组成了9人的"亲子实践团"，一同参与了在西安举办的"百名生态文明小达人"夏令营活动。一周的行程让我感触很深，感谢有这样的机会普及环保知识和体验之旅，对孩子们来说西安之行是对历史、地理、文化的学习，这是书本上永远学不到的。

孩子们在感言中提到的在西安的浏览，是我们单独外出的活动。起先感觉距离远，不想参与，也担心安全问题，但我觉得孩子们几个月辛苦努力，赢得一个来西安古城的机会很不容易，我做组织，深知难度。但是，如果出去就意味着地理、历史、环境、交际等多方面的收获，有麻烦我就顶着吧。但是我一个普通教师是无法顶住的，只有细心、细心、再细心。签订安全责任书的时候，我是请家长到学校挨个签的，我都用录像和照片的形式记录了下来，并跟家长说明情况。

2011年8月，我刚病休不久（由于前段时间活动频繁，卧床病休2个月），身体还不能久坐或久站。但是，一旦有机会我一定带孩子们出去开开眼界。为了出行安全，爱人要随行去帮我带孩子们，还有几个家长的帮助，包括买火车票和在西安实践的需要，都有家长帮忙联系。就这样，我们一群大人孩子组成了活动团队，于16日经过了20多个小时的颠簸，终于可以在西安世园会、兵马俑、华清池等地参与环保部组织的体验活动。其实，这样的组合一方面有了安全保障，另一方面也是亲子教育活动，更重要的是来到古都西安，我们收获更多的是传统与现代结合的文化知识和环境理念。

2011年8月24日张冠秀记录

3. 走出教室，外面的景色会更美

一旦有了任务就要全力以赴，这是我做活动的原则。

在 2010 年的 11 月中旬，孩子们参与了国土部关于"观赏石进校园"的科普活动，最后一个环节是写作文。我在七八年级组织了征文大赛，鼓励孩子们写作。但是收集上来的文章没有活力，非常乏味，孩子们没有见过真的观赏石，不了解观赏石文化。于是我想申请带孩子们去外地地质考察实践后再写作文。尽管有一本科普读物，但是我想跟孩子们一起观察看得见、摸得着的实物，有了真实的感触才能写出好的科普文章。况且，亲近自然会对孩子的成长有益。

记得那个下午，我用手机给寿光的国土局、博物馆、文化馆等单位连续打电话，一直打到潍坊的国土局、地质博物馆，直到山东省的相关单位，想问问哪个地方适合孩子地理考察与实践。一个多小时的时间，几经周折，托国土部的领导联系了临朐的奇石市场、石林、山旺化石博物馆，这些都是宝贵的"大地理"教育考察资源。

一个阳光灿烂的日子，我带孩子们走出了校园，去临朐县参观山旺化石和各种奇异的观赏石。让孩子们在快乐中了解古生物的变迁、地质地貌的发展概况和观赏石的文化，在石场的环保体验中感受到环境保护的迫切性。

路上比较顺利，刚到临朐收费站就看到了前来接我们的临朐国土局的衣兰海副局长。尽管当时有上级部门去他们那里检查，而他只是

▲ 我和孩子们在临朐野外考察

电话协调，坚持为我们讲述完山旺化石的形成和观赏石的故事。真的感动，路上他还不忘鼓励："你们世纪学校这是真的在做教育，我的孩子要是还小的话，就一定去你们那里上学。"

一个上午的实践活动，给孩子们带来了室内永远学不到的知识，这样亲近自然的课堂孩子们喜欢，拓宽了他们的思维。他们活跃在各个场区，一边采访，一边记录，还有的利用绿色小记者敏锐的视角"咔嚓"个不停，要把美好的瞬间带回学校，跟同学们一起分享。

对于本次实践活动，绿色小记者们深有感触，黄忠瑞说："这次绿色小记者实践之行，使我开了眼界，增长了见识。在参观中，我充满了对大自然的好奇，激起了我想揭开大自然神秘面纱的欲望。奇石，我还会再来看你的！"

王晓婷说："也许很多人认为环保无外乎就是单调无谓的到处捡垃圾，但我并不这么想，通过环保，我们能学到很多课堂上学不到的东西。这些知识，也许现在对你的用处并不大，但它能让你受益终生。环保，我们并不孤单！环保，其实很简单，随手捡起一片纸、关掉水龙头等不经意的事其实都是环保的表现。只要人人都从小事做起，参与环保，你就能感受到——我们，并不孤单！"

贾如杨更是激动不已，说："这次参观不仅使我们增长了自然科学知识，还使我们领略到大自然的独特风光；不仅让我学到了许多课本上学不到的知识，还让我增长了见识，令我受益匪浅！"

可以这么说，每组织一次活动都很复杂，外出的安全问题一直束缚了太多人的手脚。我们"可怜"的孩子们就在大人们的"呵护"下弱弱地成长，过度的小心已经毁灭孩子的探索和创新！但我不能只看着孩子们始终在教室里封闭式学习，因为这样长期下去，所有的灵性都会磨灭，我想尽自己的微薄之力，同时也呼吁更多的教育者关注孩子的健康成长，我想和孩子们走得更好、走得更远。

看到孩子们有收获，我是欣慰的，我会坚持走下去，为了孩子，为了心中真正的教育。

回来后我马上组织孩子们写作文，把自己的学习心得跟大家分享，最后有11名同学获得全国优秀成果奖。

对本次实践活动，孩子的收获用文字表达了出来——

观赏石之悟

王一琪

今天，我和其他19名绿色小记者还有张老师，一起踏上了临朐的观赏石之路，一起去参观那些珍贵的观赏石，濒临灭绝的观赏石。

到达了第一站——临朐山望化石博物馆，我们就开始不停地记录和采访。首先，我们参观了化石馆，里面为我们呈现的是曾经的、现已灭绝的种类的各种生物，它们经历了若干万年后成为现在的化石。

随后去了第二站——奇石城。在那里，我见到了我从未见过的东西。各种各样的奇石，上面的颜色五彩斑斓，花纹错落有致。噢，原来这就是观赏石啊，真的很漂亮。看到了一些好看的石头，价格竟然是几十万元。我忽然明白了，为什么有人会大量地开采观赏石，原来是因为它们能够给他们带来利益。可是，就是带来这些利益的同时，又有谁想过它们会越来越少，甚至，会永远消失？观赏石是非常漂亮的，也有些人认为它能够带来好运，可是，它毕竟是不可再生的，没了就是没了，后悔也来不及了。难道，我们珍惜它们就不好吗？

最后去了石林景区，虽然它们不如那奇石城里的石头花纹漂亮，但是，它们很真实；虽然不如奇石城里的石头精致，但它们自然，形态更是栩栩如生，让我忘了拿起手中的相机拍照。沉醉在这迷人的自然美之中，那种感觉真的很舒服。可是，在这同时，更应该反思一下我们自己，为了我们自己的利益，曾经有多少与这相似的自然美被破坏，又有多少的环境被破坏？这些问题很少有人想过，他们总认为，自己不会使世界上某一类物种灭绝的，可真正想一想，中国有13亿人口，每人破坏一点环境，将是什么样的结果？全世界大约有60多亿人口，每人破坏一点环境，又将是什么样的结果？到那时，我们的地球还能存活吗？我们人类还能存活吗？为什么就不能珍惜呢？为什么就不能爱护呢？如果全世界60多亿人口都保护环境，那么，我们的地球不是更美丽、更和谐吗？我并不是说不能开采，而是，我觉得应该合理开采，不是吗？

通过这次活动，我不仅认识了一些美丽的观赏石，了解了它们背后的故事，而且，更明白了我们的地球母亲需要我们去保护、去爱护、去珍惜，要保护我们地球上的稀有资源。我们要保护环境，即使别人不做什么，我自己也要做好，因为，我是一个绿色小记者，这就是我的责任、义务。同学们，行动起来吧，地球母亲需要我们的保护、爱护，让我们从现在做起，从小事做起，从身边做起，保护环境，保护绿色，保护我们的地球母亲，否则，最终受伤害的将是我们人类自己啊！一起努力吧，为了我们的地球母亲，让我们爱护家园吧！珍爱地球，珍惜资源，我们人人有责！

奇石之旅

张仪楚

带着满心的疑问，携着清风万缕，我们踏上了神幻的奇石之旅。

乘车远航，向窗外眺望，树已枯黄，只有光秃秃的枝干衬着，风的呼啸是轻柔地唤他们进入大地的妈妈的怀抱，还是无情地让树妈妈与树叶饱尝分离之苦？没有人知道，更没有人在乎。但它却把我拉到了去年的秋冬之际，在一个风雨交加的夜晚，气温急剧下降，树叶不愿与树妈妈分离，从此永远留在了树上，但这却意味着树妈妈无法孕育新的生命。这惨重的结局就是因为人类恶意破坏环境所造成。这难道不是给人类的警钟？

远处还有几个白色塑料袋在张牙舞爪，让我的心不觉一颤。很快我们便来到了山旺化石博物馆，首先我们先参观了大自然的奥妙——植物化石与动物化石。

从低等植物藻菌类、蕨类，到无果皮的裸子植物和有果皮的被子植物。应有尽有，让我闻到了泥土的气息，听到了植物们的故事。每一片树叶都有自己的故事，树叶经过无数年的考验变成了历史的记载，坦露了自己的思想，倾诉了自己的所见所为；动物化石中有昆虫、鱼类、两栖类、爬行类、鸟类和哺乳类，有已经灭绝的犀、貘、鹿、熊等大型哺乳动物的祖先化石。

让我知道了前所未闻的东方祖熊化石、解家河古貘、细近无角犀、山东原河猪化石、冠氏柄杯鹿化石。我为之惊叹，为之震撼。

我想到了几千年前，那儿有山有水，有花的清香，有鸟的歌声，没有垃圾的飘舞，只有湛蓝的天空。如果这是以前那该多好，既然不能改变历史，不如从现在做起，保护环境吧。

思想停顿了半刻，在朋友的催促声中，又开始了参观。踏入门栏，里面堂皇亮丽，最让我印象深刻的是王姿造像，它是由十六人组成，是佛像中数目最多的。在这里面神游片刻便又奔向古时的"历史书"——古色古香，依稀可以看见以前劳动人民在劳动的场景，新娘结婚时的喜气冲天，以及看到了小时候在家瞥见过的油灯。

很快我们又再次启程，来到了琳琅满目的奇石城。

这里更让我大饱眼福，每一个石头都呈现出不同的画面，有的是凶猛威武的老虎，有的是挺拔茁壮的绿树，有的是象征阳光的向日葵，有的是孩子依偎于母亲身上的画卷……奇石不仅能记载历史还能记载生活，体现了劳动人民的生活，亲情的伟大，。

长舒一口气，终于到了最为之惊叹的石林了。这里不再是小巧灵的石块，而是足达几十吨的大石碑，一位爷爷在为我们讲解。爷爷的脸上已经刻满了沧桑，讲起石头却是热情洋溢，满腔自豪。在观赏石碑的时候，看到上面有许多歪歪扭扭的小字，我并不清楚这是不讲道德的人在上面的肆意破坏，还是另有原因。但在日常生活中，却有许多这样的事发生。

奇石之旅到此结束了，我们依依不舍地离开了奇石之乡——临朐。再见，临朐！

4.《环保，我们并不孤单》师生同台演绎环保情

剧本：张冠秀

主要演员：杨尘、王一琪、沙尘宝、田忠正

妈妈、老师：张冠秀

儿子：毕祥林

男家长：赵涛

伴舞：李静文、王艺萌等环保社团的孩子们

小品简介：这是一段真实的故事，践行低碳生活、响应节能减排已经成为母子、师生的生活习惯，请随着轻松的音乐进入《环保，我们并不孤单》。

学校篇：一张纸的背后

一个人边走边把废纸、易拉罐扔在地上，吹着口哨，逍遥而去（像小混混摸样），不远处还有饮料瓶、月饼盒。

杨尘：我在马路边，捡到一纸团，把它交给"环保队长"手里面……（唱）

沙尘宝：杨尘，谁？交给谁？

杨尘：那还用说吗？我们地理老师啊，可是人人皆知的"环保队长"啊，经常组织我们废纸回收，卖出的钱作为我们的环保社团活动经费呢。

沙尘宝：嗨！这么一张两张的，能顶啥啊？

杨尘：我说沙尘宝儿，（加动作）（语气要气氛、不满）这就是你的不对了，你们班有多少学生？

沙尘宝：40个！

杨尘：那一人捡一张纸呢？

沙尘宝：差不多一个本子（用手一摊）。

杨尘：你知道我们世纪学校有多少学生？

沙尘宝：5000多吧，哎呀！（手拍脑袋）这一算还真不少呢？一人一张纸，千人千张纸，五千多人就得五百多个本子啊，杨尘，你看，（比画）就得这么一大摞！

杨尘：对呀，我还没跟你说大——的呢！（大：拉长音）

沙尘宝：还有大的？我沙尘宝不就是比你杨尘的威力大吗？

杨尘：别开玩笑！你知道全国有多少个中小学生？

沙尘宝：（嘿嘿）不知道，反正比我们学校多。

杨尘：嘿！——就你聪明，我告诉你，目前全国的中小学生（百度搜索，两手噼里啪啦）有接近3亿的中小学生，你想，如果我们都能捡起身边的一张纸，会是什么样子？

沙尘宝：哇！不得了的一座大山！（手势）

杨尘：那你知道纸是来自哪里？

沙尘宝：来自树木啊。

杨尘：沙尘宝，你算一算，这些纸来自多少棵树？（注意表情）

沙尘宝：哎呀，妈呀，那不是很大的一片森林吗？我们能回收利用的话，不就是等于少砍一片树林吗？杨尘你不也就刮不起来了吗？（夸张手势，表情要真诚、震撼）

杨尘：是啊，别说废纸、杨尘刮不起来，你沙尘宝就没有威力啦！可别说，生活中的例子可多呢，就是这么一个小小的月饼盒吧？（说着捡起一个月饼盒）当中秋节我们合家团圆举杯邀月的同时，地球上的6000多棵树已彻底消失，它们变成了月饼的包装盒，被扔在垃圾箱里，据统计，在香港，去年中秋后就丢弃了285万个月饼盒，叠起来相当于270幢高420米的国际金融中心。（手势）

沙尘宝：哇！不得了的数字！

杨尘：树的生态价值可是很大，地理老师说过：一棵生长50年的树，它每年的生态价值是20万美元，但中秋节却把它变成了只能使用一次的垃圾。

沙尘宝：唉！简直是浪费！啥也甭说啦，我捡！咦？这是谁扔的饮料瓶，还有纸盒子？我也捡！（弯腰捡垃圾）

杨尘：（看手表状）要上课啦，快走啊！

总结字幕：

环保从身边的小事做起，环保并不遥远，生活中的节水、节电、节能等都是践行低碳生活、保护环境，做好身边的环保工作就是对地球母亲最好的回报！

家庭篇：妈妈和儿子早上上班的情景

妈妈和儿子早上上班时有什么情景呢？遇到堵车又发生了怎样的事情？他们每天都在上演这样的环保故事——

简单对镜化妆、微笑。

妈妈嘴里哼着小曲：每一天上班之前，对着镜子来一个微笑，能保持一天的好心情，这叫"心理环保"。

儿子：妈，您今天好漂亮，又买新衣服啦？

妈妈：嗨！哪里，这是用旧围巾改的披肩，这裙子是20世纪的大裙子改装的，妈妈这是减碳呢。儿子啊，你知道吗？一件普通的衣服从原料到成衣再到物流，再到最终被遗弃，都在排放二氧化碳。少买一件衣服可以减少2.5千克二氧化碳的排放。

儿子：妈妈是标准的"环保痴人"啦！（一边说，一边向观众做滑稽状）

妈妈：你说什么？

儿子：没、没有，是"环保达人"！（双手一张，继而双手合十）

妈妈：快走吧，要到点了，妈妈还有第一节课呢！

儿子：（着急）妈，等会儿，电视插销忘记拔了，手机充电器插销也没有拔下来，你看，你和爸爸总是忘！（回头做拔插销、电源状）妈妈，你知道吗？关掉电源每年可节电20%，722度，减少二氧化碳排放577千克。

妈妈：这些环保常识，你还记得清楚，不愧为"低碳生活小达人"。好，宝贝，上车！

儿子唱歌，母子开心上班。

儿子：（唱）灰灰的天上白袋子跑，白袋子下面沙尘暴……

妈妈：人家是"蓝蓝的天上白云飘，白云下面马儿跑"……

儿子：妈！暂停！哪见蓝天白云啦？整个天空都是灰蒙蒙的，白色垃圾到处飞呢！（手指天空）

妈妈：唉！现在环境污染已经非常严重，再不敲醒警钟，怕是真成了灰天黑日了！

（红绿灯）完了，堵车！（喇叭声）"吱——紧急刹车"（身体前倾，突然刹车+刹车音，儿子趴在了妈妈的后背上）

儿子：妈，快熄火！

妈妈：还有不到一分钟，下次时间长些再熄火吧？

儿子：妈——熄火！（儿子拍了我的肩膀，伸手要拔车钥匙）你在学校还做环保工作呢，自己都不做好，怎么管别人？

妈妈：可是时间短，会对车子不好。

儿子：车子坏了可以再买，大气层破坏了谁去修复？北极熊到哪里去住？到我家住吗？（语气很急、气愤！）

播放音乐：《烛光里的妈妈》 感情升华

妈妈：儿子，你咋知道这么多事呢？我可没教你啊？

儿子：（语气透着爱怜，疼惜）还说呢，妈！我知道您一搞环保活动就兴奋，一兴奋晚上就睡不着觉，抱着被子满屋子跑，您睡梦里都在指挥工作，那天您又说梦话了——"尽量不要开车，二氧化碳增多会导致全球升温，海平面上升，沿海城市会被淹没的！"半夜您把我吵起来，我跟您对上了话："妈——开车的人太多，咱就是一家做好，人家也不一定做好。"妈您说："从我们家做起！"（手势、深情）

妈妈：好了，好了，个人隐私，不可外扬！

儿子：不，妈！我要说，您一边做环保活动，一边上着五个班的地理课，您要学生们好好学习地理知识，还得让孩子们懂得关注社会，晚上回家还要给我检查作业。妈！您都累得没人样了，成天吃着中药包。

妈妈：别，别，儿子，我今天可是气色特别好。（眼睛湿润，双手捧脸，侧身）

儿子：妈，就是今天的化妆也不能遮掩您的憔悴。

妈妈：唉，别说啦儿子！哪个老师不为自己的学生健康成长着想？哪个老师不希望学生成为有责任心的人？假如我的梦话也能感动大家，人们能够

联合起来共同保护环境，珍爱我们的家园，妈妈就是再累，也值得！哎——不堵车了，我们赶紧走。（拭擦眼泪状）

儿子：妈——我听天气预报了，明天不冷，我和妈骑自行车去上学。

妈妈：哎——好！

总结字幕：

环保从家庭做起。一个孩子带动几个家庭，几个家庭带动一个社区，几个社区带动一个城市，几个城市带动一个国家，几个国家带动一个大洲，几个大洲带动整个地球！

社会篇：质疑环保——支持环保

场景：环保社团活动中，同学们在回收品制作

一同学看到海报（环保社团"绿色小记者"火热招募中——）大声说：都来看啊，有好消息！

大家围观，商量要报名

沙晨宝：哎，这事不错，还能户外实践，我报名！

放学后的儿子来到办公室找妈妈

儿子：呵！这么一大帮子人？让我看看、让我看看，"绿色小记者招募"！妈，我也想报！（转身向妈妈）

杨尘：老师，老师！（气喘吁吁跑来）我想报名，但是我爸爸不让！快帮帮我！这不，我爸到学校找您了。（说完，藏在了老师的背后）

老师：孩子别急，你先跟大家制作，有我呢。（老师安顿好学生在环保社团做制作）

爸爸从后边跟来，很生气的样子，一屁股坐在了大厅的家长接待处，用手擦着汗。

老师自言自语：现在的世道，人家家长都是争着抢着为孩子增加课本以外的知识和社会实践能力，这个家长？怎么跟他说呢？

（转过身，面带微笑）

老师：您好！您是杨尘她爸？哎、哎呀，这么点芝麻大的事还让您跑腿儿？一个电话就行啦。咱家孩子想参加环保社团，想做绿色小记者，您的意思？

家长：什么环保？名词好听，不就是捡垃圾吗？我千方百计让孩子上世纪学校，是来学习的，不是捡垃圾的！（不理解、愤怒、两手一摊），往凳子一坐，从凳子上摔下来。

老师：哈哈！（手拉起家长）杨大哥讲话理太偏，谁说环保就是捡破烂？（《刘大哥讲话理太偏》快书形式——说唱结合）

学生1：地球母亲泪涟涟，满身疮痍太难堪。

学生2：沙尘暴肆虐啊，泥石流不断。

学生3：河不是河啊山不是山，养育我们的母亲啊，你真是好惨！

学生4：你听我慢慢讲啊，把环保细细传。

学生5：多植树、少费粮、多节水、骑单车。

学生6：低碳生活健康时尚人人做，环境保护天天坚持有起色。

合：环保人人讲，环保人人做，不为名，不为利，只为孩子们的天空更美丽！

（背景地球不堪一睹的惨状图片）

（师生和家长的目光随台词转移，师生围着家长，一人一句，用真诚说动家长）

家长：原来是这样啊，我……我太小心眼了，原来环保还有这么一大摊子事儿啊！我支持，老师，我也做个绿色大记者，做个环保"老"卫士！

（屏幕上是孩子们在环保艺术节的制作图片）

学生：大叔，您看我们做的手工艺品，我们可开心啦，明天还要去弥河生态带考察呢。

家长：好，周末的时候，也算我一份，我也打义工。哎，对了，刚看到您带孩子开展了丰富多彩的活动，我想提供点赞助，给孩子们一些奖品。尽管我开着小店，但是我决定支持你们环保，来！这六核桃露营养丰富，孩子们很辛苦，来尝尝！（边分边说，）营养大脑、开发智力。

（背景屏幕上展现支持环保的寿光六核桃露的办事处的经理徐庆义同志的图片——

说完，分给在场的环保志愿者和台下的观众。）

学生（合）：老师，我们也要参加义工，我们——也是环保志愿者！老师，您不孤单！

我们也来啦！（志愿者扛着环保活动大旗子上台）

家长：甭说了，我也参加啦——

老师：是啊，我并不孤单！

（总结语：环保需要你，需要我，需要大家一起做！）

学生上场，舞蹈动作，所有的演员也上场，一起加入到环保大军来

老师（领唱）：（集合——吹哨音——《环保友爱歌》）

你呼唤我，我呼唤你，

环保把我们连接在一起

不论师，还是生，

做环保都是唰唰唰

虽说是岗位不一样

环保情、环保爱

都为地球人

好环境，人人爱

人生最美是环保

是环保

喊一声环保志愿者

你的辛苦难忘记

难忘记！

播放幻灯片：歌曲《同一个世界》作片尾曲

结束语：

观众朋友们，我们的环保工作已经在国内，甚至在美国、德国等海外国

家引起关注，他们从网上声援我们，有的教授给我们寄来了资料，有的及时给我们提出了建议，在这里，我们想说——（合）环保，我们并不孤单！

2010年10月30日，我和"绿鸽"环保社团的13人一同赴潍坊市首届科技节参加了科普剧的义演，我们自编自演的《环保，我们并不孤单》，简述了世纪学校一年来环保社团的活动精华，本剧以学校篇、家庭篇、社会篇三个方面阐述了当前环境保护的重要性。

学校篇，杨尘和沙尘宝两位同学在上学的路上以一张纸引出森林资源危机。家庭篇，讲述的是社团辅导老师张冠秀和儿子每天早上上班经过红绿灯时的真实情景，由"儿子给妈妈拔车钥匙，强烈要求熄火"到"妈妈做环保工作的辛苦"，引出了感人的母子对话，和着背景曲《烛光

▲ 磕磕绊绊环保情

里的妈妈》，本篇章将母子情、环保情诠释得近乎完美，感人至深、催人泪下。社会篇，以"家长到校反对孩子参加环保社团和绿色小记者，认为环保就是捡破烂"的实事为原型，由我们的环保志愿者用"快书说理、环保模特"等说服了家长，并取得了社会的支持，让越来越多的志愿者加入到环保大军中来。整个科普剧，幽默中见真情，真情中见教育，师生共同演绎了"珍爱地球，从我做起；保护环境，人人有责"的环保大爱故事。

自从一周前接了任务后，就感觉有压力，自己对剧本一窍不通，上网查，没有满意的东西，况且这样的环保剧本不多。自己写？没有水平，我看的小品和电视剧屈指可数，身边的故事倒是有的，题材还是比较丰富。于是想了好久，决定按照自己的感觉写出几个篇章，跟大家分享我们真实的环保故事。因为我懂得"艺术来源于生活，又高于生活"，再加上我们的表演，应该问题不大。

两天内我赶出了初稿，同时在网上发布了海选演员的公告，QQ里的孩子们积极性很高，我把初稿给领导看后，他们表示满意。我就把第三天的时间定为筛选演员。但是一直选了一天半，并不满意，孩子们很难进入角色，同一个角色叫不同人表演一小段，有出色演技的人，读几句话我就可以感受到他的才艺。从十几个候选人中，逐渐剩余两个再参与竞争，但是我没有立即定人，因为担心万一有个什么事儿，会措手不及。谁上台在最后的一天半内才定下来。只为"家长"和"儿子"的角色就好为难，儿子的声音沙哑，家长演起来"太彪悍"，剧情把握不住，一遍一遍地排练某一个环节，我感觉好累。自己很急，一考虑剧情，晚上的睡觉就成了问题，我并不是只有节目一项任务，5个班的课时太多，还有学校临时的紧急任务让人焦头烂额，只有在自己的休息时间才可以做。孩子们年龄小，没有阅历，表演这些东西来有难度理所当然，但是，我们得赶时间。只得改剧本，变成他们能适应的动作。张艺谋在《南方周末》的专题采访中说过这么一句话"导演跟着演员走"，我记住了。

两个中午我都在跟演员分析剧情，让他们体会人物的心理，把自己融入到角色中。我曾拿着中药包给孩子们演示我喝药的痛楚，让他想想"妈妈"的辛劳，但是对学生来说不会感动，我急！尽管我这只是第二次演小品，但是自我感觉表演超棒，我很容易进入剧情，随着音乐想哭就可以马上眼泪哗哗落下，想笑马上又会阳光灿烂，动作更不用说，会把整个剧情考虑的非常完美。但是孩子们就不好做，十三岁的他们不懂得这些。

彩排了几遍都拿不起来，孩子们还跟我兜圈子，不读剧本，不去体会人物感情，一会儿就出去玩悠悠球了，一会儿又闹起来了，看着这帮调皮蛋们我就想上火。剧本在不停地改，幻灯片的内容在不停地变，台词尽管是自己写的，到最后还是经常打岔，原想学习《刘大哥讲话理太偏》完整的演唱版，成为跟家长宣传环保时的经典，也没有时间学习。好在，到了最后一晚上彩排时孩子们拿出了样子，感觉才好了一些。

我跟孩子们反复强调，要自然大方，把世纪的风采带出去，把我们做环保的公益心带出去，表演的就是我们生活中真实发生的事情。但是，这些小皮蛋儿，体会不算深刻。

片尾有我的演唱，根据《官兵友爱歌》改编成《环保友爱歌》，连续一周来的紧张和疲惫，使我的嗓子已经很累，我主要把精力放在了孩子们身上。因为声乐我没正规学过，但小品中的歌唱却赢得了评委们的一致好评。

终于，熬到了比赛时间，22号上午要求去参加开幕式，而且一待就是一天，我耗不起这个时间，上午还有4节课，就要求把节目推到下午，我和孩子好有充足的准备。

下午，好不容易抽点时间出去转了一圈，我买了个黄色的运动马甲，39元钱。一演出就犯愁，没有衣服，但是还得降碳环保，少买一件衣服等于降低2.5千克的二氧化碳呢。于是把多年前的网球裙穿上，看了看还合适就这么凑合了，就做个现代版的老师吧。

中午，比赛那边已经等不及了，因为下午的校车要送学生回家，已经周五了。我只好带着孩子们出发，演个小品真不容易，啥道具也是自己准备。

过去后，学校给送了饭，我低血糖，已经很头晕，好歹塞了个包子、一碗西红柿汤。天热，只想喝水，而带的水也都没有了，条件就是这样。

我们的节目是倒数第二块，在观看其他学校的演出时，孩子看到其他学校的有点跟我们重复，就担心："老师，他们好像跟我们的一样啊。"我说："不会，没有人会跟我们重版，我们是独一无二的！放心演，就跟在家里彩排一样！"

我们没有走台，记得中午一到比赛地点的时候，组织者说，你们正好彩排一下，我一看哪有时间，孩子们还没有吃午饭呢。半个小时的彩排和吃饭会搞得很紧张，不用走台，没有问题，孩子们会灵活处理的，只要把原来强调的记住就行。

快到我们上台了，"杨尘"说："老师我紧张，我脸红。"我说："脸红更漂亮。""我胸口很跳！""不跳就不能喘气了，这很正常！"于是，来了一个拥抱结束了她的紧张。

上台了，孩子们发挥得非常棒，台下又有人掉眼泪了，除了评委就是最后一块节目的演员和老师，现场还有几个寿光一中的工作人员和学生，但是却得来的掌声比一开始的还要多，还有大声的叫"好"声。我的"儿子"毕祥林也在《烛光里的妈妈》的感染下，流下了眼泪，整个演出非常顺利。

但是也有细节上的不足，例如，我好像把台词"杨大哥讲话理太偏"，唱成了"刘大哥讲话理太偏"。还有孩子们的道具没有及时找到，没有很快地穿到后台再绕着上来，好在他们灵活，即变即演，哈！感谢孩子们的配合。

结束后，孩子们问我演得怎么样，我说："你说呢，都把人家观众的眼泪给煽下来了，还怎么着？哈哈！"只排练了三天（只是两个中午和三个晚上各一小时的时间），能得到这个结果已经很满意啦！成绩绝对不错！——寿光市科普剧第一名，并荣获最佳表演奖。

还没有调整过来，我们马上接到了去潍坊参赛的通知。在潍坊演完的第一时间，我在演播厅里写下了以下演出日记——

我反思自己，做导演我不称职，如果我再坚持坚持，如果我不生病，如果可以申请一个下午拿出来做彩排，我完全有能力做好，但是没有，虽然得了唯一的最佳合作奖，但对这样的结果我仍表示遗憾！

各种冲突不断涌来，跟放幻灯片的老师突然告辞不去，又没有人接替，我不便告知领导，那阵，我真觉得真累。我的嗓子疼得都说不出话来，每天4瓶的点滴，两只手都打青了。我几乎没有打过吊瓶，但是为了能顺利带队演出，提前挂了。我只想说是为了代表寿光教育而参与的一个节目，不是我个人的东西，而同事

▲ 师生倾情奉献

不想周末加班，摔门而去。我站在工作室里，眼泪吧嗒吧嗒地掉，屋里满是孩子们，但我实在无法控制自己的情绪。

在潍坊市首届科技节比赛中，我们是第4位演出的。今天的演出实在令人难过，但孩子们也不能连台词都忘记啊，好郁闷。他们没有太多的舞台经验，也没有练好，需要的麦克风没有及时处理好，我们没有其他助手，十几个演员全上场。放幻灯片的是我临时请的一个家长帮忙。准备不足是主要原因，知道取得参加潍坊赛的资格后，时间已很短了，距离参赛只有两天，却又有人提出要删改剧本。修改后已经没有彩排的时间了，这是最严重的错误。我后悔当初没有坚持自己的意见，因为剧本是我写的，只有我最清楚，如果按照自己的风格设计，拒绝修改，演出也许更自如。

孩子们的表演发挥失常，有大段精彩台词都忘掉了。"家长"把"闺女，来，你做绿色小记者，我做绿色大记者，你做环保小卫士，我做环保老卫士"的台词忘了，孩子们憋了壳，我只好临时调控，连连暗示，"家长"就是没有想起来。台词中儿子说完"妈妈，我……支持你"后，有好多的志愿者应该涌上台说："老师我支持你，老师你不孤单！"但是，孩子们像约好了一样——全忘记了，出现了暂时的冷场，应该是刘钰领的台词。我的妈呀，我着急啊，都说出刘钰的名字："刘钰——你……你领着大家辛苦了。"只好换词，舞台的时间是不能让我再继续暗示的。还有更笑人的，原来设计的"家长"在我们整队要走时，急急忙忙地赶过来，拿着环保服，说："等等我——我也去打义工！"但是他没上。演完后我问他怎么回事，那个"家长"演员一脸怨气："老师，我的演出马甲找不到了！"哈哈哈！还没完呢，整个科普剧的最后环节应该是我整队，带着环保社团去户外实践，转身下台的时候齐喊："保护环境，人人有责，珍爱地球，从我做起！"喊完就走下舞台。但是结果只有我一个人喊了这16个字，简直令我哭笑不得。那一刻我真的好孤单！呜呜呜！

好在"环保模特"环节给我们挣足了掌声，4个女生的环保时装秀吸人眼球。说起这个还得感谢王艺萌、刘钰、齐朝阳、李静文4个才女，当决定做这个环节的时候，是在周四的中午，我跟王艺萌一起吃的午饭，商量能做出来吗？其他一起吃饭的老师说太仓促了，周五孩子们就放假，怕是不行。我说只要能找到材料就能做起来，我有最棒的服装设计师！下午上班的时候我就穿梭在后勤、运动场和服务部，找做衣服所需的东西，一会儿铁丝、胶带、旧条幅、破伞、废光盘……可以说，动用了学校的各大部室。第四节我集合了孩子们，四个心灵手巧的姑娘便开始了设计和制作，一直到晚饭时间，李静文也不去吃饭，自己连做了两件，一件是旧条幅做的晚礼服，一个磁带做的迷你裙，我看了都为之惊奇。现在就有这样别具一格的设计，将来绝对是设计圈的大腕！王艺萌用两把破伞做了上衣和裙子，好漂亮！我刚想把伞把扔掉，她不让，说可以当手里的道具，嘿！这孩子，满眼里都是宝贝！到晚上8：30了，我不得不走，因为要过打针时间了，王艺萌和李静文说："老师快去打针，这些就交给我们吧，四套衣服保证做好再走！"我的宝贝儿们，别让老师掉眼泪哦。一年多来，一直是这些最棒的朋友在支持着老师，有她们，我真的放心！

回想在寿光赛中，一演完就有非常棒的感觉，绝对的一等奖，但是现在在潍坊，演完了，却像吃了一堆杂草。还有设备没有调好，有的麦响，有的不响。再就是演出室是一个嘈杂的环境，周围的噪声几乎盖住了演员的声音，我们是一半用手麦，一半不用的。一个舞台没有我们学校的三分之一大，一个多媒体教室而已，换衣服和上下台都在观众的视线中。

有人安慰我们说，这样的演出结果已经不错了，但是没有表现出我们的水平。如果从艺术表演的角度来说，演出并不顺利；如果从环保宣传的角度看，我们可以说尽了力。演出一结束，我就不断地反思自己，如果我再坚持坚持，如果我不生病，如果可以申请把放假的那个上午拿出来作为彩排……但是没有，对这样的结局我表示遗憾！我实在挺不住啦。

演出的空余时间，我带孩子们去其他赛场采访外地参赛人员，这可是孩子们绝好的锻炼机会。

▲ 绿色小记者刘钰和王艺萌在采访

▲ 我和孩子们在潍坊首届科普节

　　获奖不是重要的，重要的是我和孩子们的环保理念宣传了出去，我们辛苦着、快乐着、收获着……

2010年10月30日11：45速记于潍坊育华学校多媒体教室

三、"以孩子带家庭，以家庭带社区"的环境教育活动

"大地理"教育试验不仅在学校开展，而且注重用"以孩子带家庭，以家庭带社区"的模式，逐渐培养公民环保的意识和行动，进而惠及全社会。我组织的大型环保知识普及活动总共涉及3000个以上的家庭。

1. 2010年暑假"家庭环保周"活动

为世纪学校暑假"家庭环保周"的顺利进行，将简要方案设计如下：

①由学生发展部转发本活动的意义和参与要求，积极组织学生和家长共同参与，体现环保从身边做起、从小事做起的理念。②7月12号到19号，学生家庭自由开

▲ "快乐暑假"家庭环保周活动启动仪式

展环保活动。③7月19号到7月22号，整理环保过程资料并发送指定信箱。④7月23日组织者带领绿色小记者及时选出优秀家庭组合。⑤7月底由电视台录制家庭环保活动，或依据自家拍摄的视频，推荐优秀家庭组合，在寿光电视台"环保栏目"与观众见面，介绍自家的环保活动心得。

"绿鸽"环保社团

2010年6月28日

"家庭环保周"活动电视台记者采访视频回放

据世纪学校张老师介绍，暑假"家庭环保周"的目的就是"以孩子带动家庭，以家庭带动社区"，大家一起关注环保、践行低碳生活。当我们来到

小记者单婕茹家中时，她正在用发酵的淘米水浇花。单婕茹说，一方面淘米水里混有糠麸和少量碎米粒，含有丰富的磷素、氮素和微量元素等花卉生长所需要的营养物质，使用淘米水浇灌对花木生长发育十分有益。另一方面，也能节水。用洗衣服的水冲洗拖把、利用废弃物制作环保工艺品等都是单婕茹的环保心得。尽管炎炎夏日，但是家里的空调基本不开，如果开就在国家提倡的最低温度26摄氏度的基础上，再调高一度，单婕茹说这样能节电百分之七。关注环保从小事、从家庭做起，单婕茹认为很有必要而且非常迫切。

单婕茹：如果人们再不关心环保，将来我们到哪里生存？

而作为家长除了支持，还表示要共同参与到活动中来。单婕茹家长单发东说：非常支持女儿做环保，通过世纪学校这些环保的宣传和实践活动，孩子对环保的意识和重要性有了很高的认识，会从日常一些小事来实践环保活动，比如减少洗涤剂的使用，少用洗衣机。

桑洪峰小记者在家庭环保周的环保心得是：积极倡导爸爸妈妈用盆子接水洗手，可以二次利用，在洗手间马桶里放置多个矿泉水瓶子，用以节水等。说起对环保活动的不懈坚持，桑洪峰充满感情。

桑洪峰：为了我们共同生活的家园，为了天更蓝，水更清，环境更加美好，让我们的空气更加清新，所以有了坚持下去的动力。

桑洪峰家长桑庆国说：对这次家庭环保周活动，我作为一名教师，感触很深。这几年环境问题成了世界性的问题，环保教育也纳入了学校教育的重要内容，作为家长我们非常支持孩子参加一些环保活动，在家庭中、生活中提供了很多机会。我始终认为环保不只是国家职能部门的任务，每个人都要去做，都要去尽一份义务。孩子从小进行环保教育有这么几点意义：培养孩子人人为我我为人人的互助意识，培养孩子的节俭意识，培养孩子的社会责任感。

环保无处不在，环保就在我们身边，绿色小记者站开展的家庭环保周活动，倡导环保行为从自己做起、从家庭做起，从点滴做起，从而使每一个公民、每一个家庭都成为环境保护的宣传者、实践者、推动者，自觉节俭消费，崇尚低碳生活，共建我们绿色的家园。我国约有3.7亿个家庭，如果所有的家庭节约1度电，就将减少2.9亿千克碳排放，节约1吨水就将减少0.72亿千克碳排放，少使用一个塑料袋就将减少37吨碳排放，家庭生活中一个看似不起眼的小举措，可能会有意想不到的减排效果。

从以上案例中不难看出，孩子在学校的环境教育活动已经影响到他们的家庭。其实良好的生活方式在一个家庭中占有很重要的地位，孩子的主动建议会给家长带来改变，家长欣赏孩子环保意识的提高，他们认为这也是学校积极教育的成果。

暑假"家庭环保周"之说服记

陈晨

这个暑假，我盯着家里那台年岁和我差不多一样大的冰箱和那台一运行起来就像打仗的空调发呆。我，是不是该做点什么？现在我也是一名绿色小记者了，不能有名无实，我决定，说服家长让他们把冰箱和空调换掉。

晚上，我就向父母说了我的想法，他们说考虑考虑。谁知，这一考虑就是三天，这事不会就这么不了了之了吧？不行，我得采取下一步行动。可什么是最浅显易懂的呢？既可以让家长对此重视，又可以引起家长对环境保护的共鸣，这是个问题。我向好朋友说了我这个烦恼，他觉得我应该拿出更实际的东西来，并不是仅说说而已。一语点醒梦中人，上网找资料不是一个很好的途径吗？我找了好多资料，从中截取了一些关键的，做了几张幻灯片，其中就有2009年的哥本哈根气候峰会，我觉得还是以事实说话更有力度，毕竟"事实胜于雄辩"嘛！

我又提出了我的想法，为了这次不让老爸老妈敷衍了事，我把资料早就准备好，通过氟利昂对臭氧层的破坏以及近几年来海平面上升极地冰川融化等一系列事件，让爸妈明白破旧空调、冰箱对环境的危害性。老爸笑眯眯地说："就冲女儿这份心意，我就同意了！"老妈当然也无话可说，也给了"通过"。第二天，我们就去超市把新的冰箱和空调（无氟）给买回来了，可又迎来了一个新的问题，旧的怎么办呢？老妈说："早就联系好了一家废品回收站，他们会把这些废电器回收再利用的。"我不禁感叹，还是老妈想得周到。

经过这件事，我们一家人都开始积极投入到环保中来，老爸不再开车上班，改骑自行车，老妈出去逛街也是步行，我觉得很有成就感。原来，这就是普通人的环保，环保并没有多遥远，只是看你有没有决心去做。暑假里，经过家庭环保周的尝试，我对环保有了一个全新的认识。

这就是我的家庭环保周故事，你有吗？

（该文发表于《环境教育》2010年9月刊）

2. 7·16海洋污染紧急募捐公益活动

2010年7月16日，大连海域发生了油管爆炸，造成大面积的海洋污染。我在大连环保协会的QQ群，时刻都在关注他们的救援实况，于是跟孩子们商量能否帮上一把，因为我们生活在同一个地球同一个家。孩子们的反应是积极的、强烈的，自发地在绿鸽环保群中发出"紧急募捐"，带动周围的市民为我们的海岸线贡献力量，演奏了一曲"爱的奉献"赞歌。

这里，有种大爱在升腾

自墨西哥湾漏油和我国的大连油管爆炸事件后，我一直密切关注着两国清污工作的进展。

开始的时候只是担心，因为自己更了解石油污染给海洋带来的环境危害，但当看到一名年仅25岁的消防队员冒着油污去海底不幸遇难时，我实在控制不住自己的情绪了，难过地留下了眼泪，正当青春年少的他是怎样的一种精神！

去年我在网上加入了大连环保协会，见证了一群环保志愿者的艰辛付出，被他们的执著深深地感动着。而今我打开了协会的QQ群，当看到"救救我们的大连海岸线！急需清理油污的丝袜、玉米皮、旧毛衣，我们的人力物力都不够"的求助时，我再也坐不住了。能不能给他们提供帮助呢？我们可以收集这些东西啊！一方有难，八方支援，况且保护环境是大家的责任！

晚饭后，我让儿子和他的小伙伴一起看了我的博文《同胞们：救救我们的海洋》。他们多少了解墨西哥湾的漏油事件，但没有看到过我们的战士裹着厚厚原油的黑乎乎的身体和满是油污的海洋图片，看到后他们都惊呆了。小伙伴们问："这样的黑油，人们下去怎么呼吸啊？"儿子喜欢看海底世界，着急地又问："那鱼和其他的海底生灵也不能呼吸了，会憋死的！""肯定！石油污染是海洋最致命的打击！海洋生物和渔民是损失最惨重的了。"我带着孩子们在世界地图和中国地图上分别圈出了墨西哥湾和大连，儿子问："什么能清理石油呢？不是海底有种吃石油为生的管状生物吗？""靠那个太慢，我们这片海域还不知道有没有。""可以烧掉吗？""不行的，会产生二次污染，况且大连沿海有好多油罐呢，一旦连环爆炸，那还了得？"我在博文中找出了"旧毛衣、丝袜、玉米皮"等字样，儿子说："咱们家有的是，爸爸和你的袜子一大堆，可以帮他们吗？""好啊，那就用你的智慧和嘴巴也跟你的小伙伴们和楼上楼下的阿姨们说说，看看能不能多收集些，妈妈两天后快递给大连环保协会的叔叔们。"儿子以前并没有做过类似的事情，有点底气不足，我就说："你是绿色小记者啊，这是个表现你能力的好机会，宝贝儿，你没问题的。"儿子这才和小伙伴出去行动了。

我打开绿色小记者的"绿鸽"环保QQ群，在公告里转载了博文，得到了孩子们的积极响应。不仅小记者，家长也参与了进来。孙姗姗的妈妈、淄博高泽林的爸爸等，也在询问并支持本次募捐活动。远在兰州度暑假的王杉杉说："可以寄钱去吗？老家里是有很多衣物，但是我一直在外地啊。"东营的李嘉辉说："老师，你给我详细地址，我可以从东营寄去吗？比转到学校更方便些。"单婕茹说："老师，我负责联络世纪花园的同学们和邻居们。"郭瑞琪说："我联合了原校的同学，他们要一起收集。"好样的！孩子们，老师为有你们这样的一批挚友而骄傲！一种感动在我的心头涌动着，一年来，无论我在环保工作中遇到多大的困难，一跟孩子们说心里话，得到的都是满满的支持。真的，就是孩子们这样的爱让我曾经疲惫的心不再犹豫！

一个多小时后，儿子顺利归来，高兴地说："妈妈，我自己找了7家，每到一家我都跟他们介绍大连的海洋污染情况，他们好多人还不知道呢。楼上的有XX，小朋友们有XX，还有一个朋友含糊不确定，我估计他能忘了，明天再跟他说一遍。我要他们明天上午准备好，有给我们送的，也有我要上门收的。"儿子在每次的环保活动中总是妈妈的最佳助手，"不错啊，宝贝儿！效率很高，你真的很负责，你是真正的绿色小记者！"

网上，"绿鸽"环保组织和大连环保协会分别在紧张地协商着清理油污和防止二次污染的事情，我在银屏前默默地看着这一切，感动着，欣慰着，为世纪学校的孩子们对环保的热爱与支持，为大连环保协会成员的责任与大爱！

我们真诚地期待着有更多的人关注此事，环境保护没有省区、国界之分，我们生活在同一个的星球上，良好的生存环境靠大家共同维持。如果只当旁观者，那谁去在乎我们的生命？海洋污染还能等待多久才能得到解决？每个公民是不是该行动起来？环境保护刻不容缓啊！

深夜难眠，披衣下床。蚊叮虫咬，浑然不觉，我敲下了这段日记。

2010年7月23日02：50张冠秀记录

大爱在延伸

2010年7月24日下午五点左右，在学校北门不断有人来来往往，冒着酷暑，把一包一包的吸油物资，送到了我们的身边。他们中有老人、有孩子、有我们的绿色小记者，还有数不清的不认识的市民。

自7月23号傍晚7：30发出校讯通（紧急募捐！大连油管爆炸，造成海洋严重污染，急需头发、丝袜、棉布条、旧毛衣毛裤等吸油物资！希望支持环保的朋友们及时收集，并于24日下午五点在世纪学校北门集中装载，多少是您的爱心，保护环境是每个人的事情！咨询电话……）的时候，我曾有过担心，正在暑假，人员不好召集，吸油物资更不好收集，但结果却令我惊呆了，不到一天的时间，关注环保的朋友们就在北门堆成了"小山"。五十多个大包，小包更是不计其数，参与的人数超过两百。时间本来定在五点，但是从不到两点就有好多人把东西放到后门，没有留下任何姓名和联系地址就离开了。

　　现场的氛围不得不让我们感叹寿光人的文明和爱心。小记者王媛和李海旭的妈妈组织世纪广场的员工们集体捐赠，在打开集装箱车门的时候，我们被十几包物资感动了，正是有这样的爱心的员工，世纪广场才成为老百姓的放心购物广场！

　　小记者仲婉晴和妈妈骑着车子从20多里路以外的家赶到现场，从四点一直帮我们整理、分类，直到晚上八点多，一口水都没顾得喝，衣服都能拧出水来，还主动帮忙联系了到大连的物流车，解决了运输的大难题，真的感谢这样的环保之家。

　　小记者张顺和爸爸也盯在募捐处，本来想放下东西就离开的，但是看到老师的人手不够，便主动要求留下来帮我们整理。还有郭瑞琪、张浩轩、单婕茹、董瑞彤、孟航等一直跟老师坚持整理到最后，张馨月的妈妈、不认识的市民等一起加入到我们的队伍中来，大家在忙碌中感受着寿光人的情怀。

　　稻田的李振中、岔河的宋东晓，纪台的董福全、公孙的张俊豪、孙家集的张英帅、郑超庆，候镇的郭树强，昌乐的李承霖、华侨中学的赵逸奇等在家长的陪同下早早地来到现场踊跃募捐。

　　积极参与本次募捐的还有好多理发店，广场街的"曼都廊""引领""铭发艺""派""艺剪"等，他们都非常支持本次的环保募捐，给了我们大量的能派上大用场的头发。小记者们的伶牙俐齿和真诚让理发店对我们极力支持，感谢寿光的爱心发廊！

　　市民们有的开着车，有的骑着车，有的步行……他们一个共同的愿望就是尽快地把这些东西运到大连最急需的地方。

　　这里不分年龄的大小，不分官职的高低，不分是否是世纪学校的学生，他们都有一颗善良感恩的心，他们都有渴望我们家园更加美好的心。相信他们的辛勤付出，会换来越来越好的生存环境！

　　本次活动不仅仅是募捐，更重要的是增强了孩子们的爱心，燃烧了他们的社会交际能力。所捐物资会在今下午（25号）装车，预计三天左右到达大连环保协会。

2010年7月24日夜张冠秀记录

收获的同时，还有另一种声音——

真心支持，还是表面文章？

7月23日晚上7点半，我在市区的"绿色小记者"中发起了支持大连清污工作的"紧急募捐"，到7月24下午五点活动正式开始。不到一天的准备时间，结果却出人意料的火爆，参与者远远超出了小记者的范围，前来募捐的人有八旬以上的老人，有五六岁的孩子，从部分记录上看，除了三四年级，还有初一的学生。他们有的在家长的牵领下，有的自己骑着自行车赶来，也有市民不远百里地来支持。

那天太热，参与者大多是开着车来的，但我更希望让大孩子们自己乘公交车或是骑着自行车过来。有很多市民说这件事情对孩子教育很好，让孩子亲临募捐、感受氛围，在活动中教育孩子从小要有爱心，关注环境。但是忙碌中的我，也注意到了另一种情景：一辆一直开到学校北门的高级轿车上下来了孩子和家长，提着大方便袋的物资放到了我们的位置，在场帮忙的小记者们招呼他们到指定位置登记，随后他们在我和小记者的感谢中离开北门，上了私家车。但在调头到东西的大路上即将离开的时候，那车却摇下窗户，在我的眼皮底下"啪"地扔了一个易拉罐来，而且扔得很远，正对着我们的募捐场地。那声音在当时嘈杂的场合下也许别人听不到，但却重重地敲在了我的心上。尊敬的朋友，你是来教育孩子支持环保，还是"教育"孩子随便扔垃圾的呢？

这让我想起夏初发生的事情，当时某慈善机构在某河的这头放生大量的鱼，让它们重新回到大自然，本意是好的，而在那头，就有好多的人直接拿着大网坐而捕捞。

还让我想起，多次在非常干净的市区路上，或在等待红绿灯时，总有个别人很"自豪"地从车子里扔出烟盒、奶袋之类的垃圾，这跟人们辛辛苦苦争创"人类最适宜居住的城市"的劳作很不相称。你知道有多少环卫工在为大家生存得更美好而努力？你知道有多少环保志愿者在为呵护我们的家园而操劳？

想想，人们的心底是否真的接受"保护环境，刻不容缓"？是否知道"维持生物的多样性"的重要意义？是否知道"保护环境是每个人的责任"？想想，是否真的让我们的孩子从小注重环境保护，还是仅仅让孩子上交老师的"作业"？

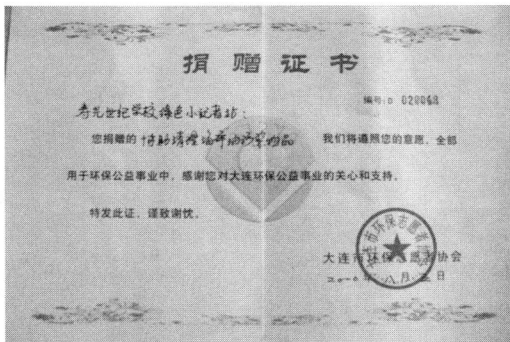

▲　大连市环保志愿者协会给我们的捐赠证书

支持环保不是表面文章，不是形式，我们做活动的目的更重要的是想引起人们对环境的关注，从点滴做起，从身边做起，人人做生活中的环保志愿者!

一直到晚上8:00，我和孩子们才离开。高温下持续作战近8个小时，我们顾不得喝水，实际上也没有水喝，疲惫、酷暑与环保公益的决心考验着我们。当离开的时候，嗓子冒烟了，腿几乎迈不动了。

我和儿子第二天便同时趴在了医院的病床上，儿子发高烧39℃。我们娘俩一起在诊所打点滴，一个在南边的床上，一个在北边的床上。母子两个隔着几个病床的对话，时至今日，我记忆犹新。

我问发烧的儿子："昨天的募捐，你跟着妈妈累坏了吧？害得你也跟着打点滴。"儿子用稚嫩的语言说："妈妈不也是打点滴吗？跟妈妈在一起做环保是最幸福的事儿。"

我的眼泪再也控制不住了，为儿子的帮助和支持。当时，儿子9岁。

▲　常竹君在邮局填写邮寄地址

3. 爱心在传递

随着校内频繁的环保活动的开展，环保意识在假期不断延续，这正是我做活动的目的之一。我们的环境教育没有句号，孩子们的积极和热心催我不断前行。

十月一放长假，我在博客里贴了一篇博文，是给西藏小学募捐衣服的启示。

一起去温暖，一起去幸福！

常竹君

十月一临放假的地理课上，张老师跟我们说西藏那里已经很冷，孩子们缺少棉衣。她在博客发了《爱的传递》博文，给我们看了并建议有能力的同学奉献出爱心，帮助他们。就这个话题，我也在心里琢磨了好一阵，不是没有爱心，可西藏毕竟离我们太远，捐还是不捐？虽然我很明确爱心是不可用距离来衡量的。

回到家，打开张老师的博客，映入我眼帘的竟是张如此醒目的照片：瘦得似竹竿一样的小男孩，仅披着一条单薄的大布，在捡拾着地上那对于我们来说已经无法吃的干饭……也就是这张照片，让我的心灵为之一振。我目不转睛地盯着，他是如此瘦弱，又是如此天真，他还只是个孩子，却过着不该属于他的生活。接着往下看了许多，心里也不禁苦楚了许多。我没有什么资格去抱怨我的生活，我与他相比，岂是天与地的距离！我没有理由不伸出援助之手，更没有理由不去奉献。

打开衣橱，看着堆积如山的衣服，我既难受，又庆幸。我难受是因为衣服多得让我如此温暖，却从没想想那些身处寒冷的人。值得庆幸的又是，也许在我微薄力量的帮助下，他们将与我一同温暖。

一件小小的棉衣，一副小小的手套。打好包裹，我和姐姐载着它去了邮局。仔细地书写着地址，生怕出错。后来又在姐姐的帮助下，一针一线地封袋子，生怕它不结实，掉出来衣物。有这么多的仔细，就是没有仔细到邮费，我带的……钱不够，但是，我的意志很坚定，我绝不退缩。这事儿我干定了！

一路奔跑回家，用的是最快的速度。问妈妈要钱，用的是最坚定的语气。以冲刺的速度冲回去，成功地把包裹寄了出去。这比我在冲刺赛上得到冠军，意义更重大，心情也更美妙。即使跑得肚子很疼，可我的心里却像苞蕾接触到了光芒，开出了一朵饱满的花。

也许我们不该把它当成"建议"或是说"作业"去完成。这些微不足道的事，是我们理所当然，并且是该去做好的。

现在的我们，不能再去接受行为不好的人们对我们影响了。我想，没有谁的心灵本质上是坏的，没有谁的心灵是很容易就变质的，只是大多数人懒得去做。每个人的意识不同，我只是认为我们有责任和义务去帮助那些弱者。人不能沉浸与享受在自己的幸福中，那并不是所谓的幸福。真正的幸福不仅仅是自己温暖，还要因为你的行动让他人也还温暖，这才叫幸福、叫温暖。我们在温暖别人的同时，也暖了我们自己的心，也许这就是"送人玫瑰，手留余香"的感觉吧。我们更不必去求任何回报，做的也不是有代价的施舍，就让我们一起去幸福，一起去温暖吧！

快乐，从帮助别人开始。

4. 阳光下的日光灯风波

休大周，我这次布置的作业用同学们的话说是很奇怪的：回家后拉上窗帘，将所有的灯开一天，回来后将活动感悟交给我。

原来上周四上午的第三节是我的地理课，当我走进教室的那一刻，看到教室里的日光灯都亮着，窗帘拉得紧紧的，此时外面却阳光灿烂，就问："为什么拉着窗帘开着灯？都十点了，是看不见吗？"看到这样的浪费，我心疼！

多浪费电！让他们关灯、开窗帘，但是这群孩子们没有照做，说耀眼、反光，而且这是班主任才管的事情。我不能听他们的话，暂时不再辩驳，就上前统统地关灯并且拉开了窗帘，让冬日的暖阳照进教室，说："这节课老师不写板书。如果板书反光你看不见，我给你念。"就这样在孩子们不情愿的表情中开始了上课。

临到下课，我布置的作业是，回家把你家的所有灯都开一天，记录你的过程和耗电的度数。起初有的学生不以为然，不就是开灯吗？回家做了之后便说：我们张冠秀老师真狠！原来家长阻扰开"长明灯"。

于是在2010年10月，针对"教室、走廊的长明灯浪费能源"，我以学校"绿鸽"环保社团的名义发出了"关灯"低碳行动。看似一件非常小的事情，做起来却不是那么容易。先是号召大家对电的来源、作用、没有电对生活带来的影响等展开讨论、征集建议，动员学生提出合理化建议，并按照计划实施。设立"每天、每灯负责制，每走廊负责制"，鼓励环保社团的成员申请做，并坚持及时记录每天关灯的时间，一周一汇总，并跟没有节能计划的另一级部做比较，最终让走动的电表数说话。这样，一个简单的活动，却带来世大的成效，将节能意识深入内心。几个月坚持下来，每个班的学生都能自觉按照光线的强弱开关灯。

对此，环保社团的王一琪说："没想到芝麻大点的'关灯'小事，居然有如此大的学问。对于节能不是我没有能力，而是我平时没有在意，以后我会更支持低碳，就从身边的小事做起吧！"

铭心的触动

毕祥林

今天，一回到家我就开始幸灾乐祸——家里停电了！以往一回到家，首先做的就是打开电脑玩游戏，一停电则愁眉苦脸。可现在不同，老师布置了一项很特别的作业，不知是否别有用心：那就是把家里的灯全部打开，亮上一整天！可是现在没有电，自然打不开灯，也就没法亮了。

可是，不一会儿就来了电。墙上的万年历高兴地报着时，电视机竟冒出一句："欢迎使用！"好气愤，只好把灯全部打开。虽然白天艳阳高照，可是家中也亮堂了不少！

担心的事情终于发生了，妈妈见灯全开了，一边关一边吼道："林林，还嫌家里电多得使不了，把灯全打开？"

"不是我，是姐姐！"我还狡辩道。

"你是只怨姐姐，不知道自己的错误。"妈妈无奈地说。我不禁吐吐舌头。

等妈妈回了屋，我又再次开始我的"诡秘任务"。偷偷摸摸地回到开关旁，小心翼翼地把灯打开了，又偷偷地溜回自己的房间。好惊险啊！可是，怎么又感觉黑了不少？我打开门，原来妈妈又关上了。这样重复了好几次，眼看妈妈要"火山爆发"，电灯泡要闪坏了，我才善罢甘休。

这项作业实在不好做，但我已经体会到了浪费行为的可耻！如果不制止这种行为，那是非常可怕的！要从身边做起，从小事做起，节约能源。

别看我们现在有水有电，假如一天突然没电了，但是我们已经适应了有电有水的日子，那会怎么样呢？现在我们已经很幸福了，何必再做那种无意义的浪费呢？

地球母亲泪水涟涟，满身疮痍太难看。让我们努力爱护好每一度电，每一寸地，努力发挥、利用他们的最大价值！这样，我们的地球母亲不再丑陋，不再有污染，会变得魅力十足，精神百倍！

开灯的感受

赵涛

在某一天上午，我们上地理课，在上课的过程中阳光非常灿烂耀眼，所以我们班某一个同学拉上了窗帘，打开了教室里的灯。这时正好被地理老师看到了，就问他为什么拉上窗帘打开灯。

那位同学说："太阳太耀眼了，所以拉上了窗帘；教室里变暗了，就打开了灯。"

老师气愤地大声说："就因为阳光太耀眼你就拉上窗帘打开灯？"老师继续说道，"如果有很多像你这样的人，那会浪费多少电哪？"

　　老师下了一个命令：让我们回到家之后，把家里所有的灯打开，亮堂一整天，看看一整天会是怎么样的。我一想，对啊！如果开一天灯，看看会怎么样。

　　回到家，我打开刷卡器看到还有230度电，就把家里所有的灯打开，就这样，一天过去了，在我又去看刷卡器的时候，我惊奇地发现：一天竟然用了5度电！一度电要5角钱，5度电要交2块5角钱，虽然不多，但如果有10户人家开着灯，一天下来就是25元钱；1000户人家就要2500块钱啊！

　　一想太浪费了，一个小小的灯泡，好几个开一天就要浪费这么多电，真不甘心！我们以后节约能源，不浪费！

5. "守护蓝天 播种梦想"大型公益植树活动

　　3月9日，世纪学校"绿鸽"环保社团一行师生40人，在学校团委书记王建强主任和初中部肖存永主任的组织下，来到双王城水库，挥锹铲土，提水浇灌，参加市团委主办的"守护蓝天，播种梦想"大型公益植树活动，为初春的寿光播下一片新绿，为学生们的成长洒下绿色的梦想。

　　上午10时许，植树现场已一派忙碌，坡上、路边，到处都是参加植树的人，有机关干部、高校学生，也有当地群众和青年志愿者。挖坑的挖坑，扶苗的扶苗，浇水的浇水，大家干得热火朝天。志愿者们用快乐的劳动换来了绿色的收获，一株株树苗很快成行成列。植树间隙，绿色小记者刘逢元、赵海涵等，对身边的绿色市民及时采访，他们落落大方、文明问答，跟踪摄影师郭登甲同学抓拍着每一个镜头……他们展现出了世纪学生的风采。

　　对本次活动，志愿者不无感慨。肖雨欣说："献出一份爱心，还你一片绿荫，只要人人都献出一份爱心，为寿光生态建设献出一份力量，我相信我们的家园会越来越美！"从没有参加过植树活动的朱晓妍说："虽然，我们的善意也许改变不了什么；虽然，我们的身上落满了灰尘扬土；虽然，我们的汗水浸透了崭新的衣衫，但是，我们领悟了团结一致就能必胜的铁道理，体会了作为劳动人民的辛酸和疾苦，我们的视野得到了充分的开阔，我们的心灵被彻底地净化……"

植树告一段落，我们特地去了双王城"南水北调"工程观看建筑现场，了解国家大项目的背景和发展意义。但是这里沙尘肆虐，无法睁眼，甚至行走困难，真像到了甘肃。对我们师生来说，这也是一节活生生的地

▲　种下绿色的希望

理课，深化了植树造林的含义，要我们明白生态保护刻不容缓！

通过开展植树造林活动，让学生了解了植树可以创造森林碳汇，更重要的是提高森林覆盖率可以美化城市，改善生态环境，推动森林家乡的建设，可以说是功在当代，利在千秋。当前，世纪学校正在努力创建国际生态学校，积极组织、参与有意义的环境教育实践活动，促进学校生态文明建设，提高对环境的保护与改善。

终于圆梦了！

2013年3月12日植树节，我和孩子们终于又进行了一次货真价实的公益植树活动——终于圆梦了！这是我最想说的一句话。

早在2010年3月12日植树节前夕，在我和孩子们学习植树的作用时，他们曾强烈要求："老师，带我们去植树吧！"但当时我没有能力带他们走出校园，只好在校园内发动了"领养一棵树"的活动，通过认领一个树朋友来加深理解植被与水土的关系，提高环境保护的认识，引发孩子们对自然的感恩情怀。

今年，终于有了机会。距离植树节还有一周多的时间，学校团委书记打电话给我，说："市团委有个公益植树活动，你看看通知，想参加吗？"我激动了，第一反应就是："久违了，孩子们的梦想！"赶紧说："太好啦！我们早已期待许久，活动组织没问题！"

无论多么辛苦，一旦有孩子们的学习机会，我的疲劳总是烟消云散。学生、家长、安全问题，学部、级部各个关口等一切协调就绪。在3月9日风和日丽的早上，我和四十多个孩子乘坐大鼻子校车踏上了亲近自然之路。

路上，各个领导分别叮嘱了注意事项后，我便开始了小记者采访的短暂培训，因为这次活动还是一次绿色小记者采访和地理考察活动。当我把采访的要求跟小记者们交代清楚后，孩子们立即分组写好了采访提纲。然后，我们做了模拟练习：如果你们采访遭到拒绝怎么办？如果你提出的问题太专业，对方答不上来怎么办？怎么找到采访机会？采访礼仪应该注意哪些……我充当被采访者，不时习难小记者们。这种模拟不时引来一阵阵笑声。

在车上乐呵着感觉路程并不远，实际却走了一个多小时。到了双王城水库东侧的湿地公园，还没下车，就已经看到满眼荒凉、沙尘漫漫、茫茫一片。我一下子蒙了，感觉这里根本不是寿光，这里与中国蔬菜之乡的美誉很不相称，好像到了中国的大西北。

其他单位的志愿者早已在等候，还有些市民带着孩子陆续赶来，大家集中在这块萌生希望的地方等待活动开始。九点仪式开始，市里各领导轮流讲话，跟我们一起憧憬美好的湿地风光，鼓励志愿者们在这里播种希望。

植树开始了，原本我只想抓拍和照顾全局，但是一不小心就忘了自己的本职工作，跟在植树大部队中一起提水、填土，跟孩子们快乐在春天里，沉浸在绿色的梦想里。孩子到底是孩子，在忙的时候还不忘取闹。冯卓艺和赵海涵不时逗趣，尹文萧则发挥嘴皮子特长，随时跟志愿者们宣传环保知识，刘逢元和肖雨欣就好似战地记者，随处采访，在树空里钻来钻去，一眨眼的工夫从这个土坡又跑到另一个土坡，我都没做好跟踪拍摄。负责摄影的绿色小记者郭登甲更是跟不上她们的步伐，不时向我告状，说这些记者跑得太快，害得他扛着摄影架子跑僵了腿。

累了，就和孩子们盘腿在沙地上略作休息，取出食物，喝着西北风就着沙粒好歹解决一下，呵呵，也是不错的野营。十点半以后，天公故意考验我们，变了脸，狂风大作，沙尘肆虐，大部分志愿者已经撤身离去，但是我们的团队仍坚持将搬下的树苗种完。此时，每个人的脸上已经蒙上了厚厚的一层土，但是孩子们没有一个叫苦的，我们的头发和衣袖在春风里乱舞，奋战的激情活跃在希望的田野。对这些家庭条件较好的孩子来说，可是一次很好的锻炼。

等我们大部队撤离的时候，整个植树活动就全部停止了。风实在太大，孩子们在这种环境里更能理解植树有涵养水源、保持水土、防风固沙等作用的真正意义。他们谈论说，以后来到湿地游玩的时候，希望还能找到自己种的树。大部队往回走了，背后留下的是一排排整齐的树苗，有的尽管还是光杆，但是我们分明已经看到了绿色在蓬发，希望在生长。

▲　植树活动圆满结束

植树活动结束了，孩子们的兴致并没有结束，我们又来到双王城水库施工现场，我想让孩子们看到"南水北调，千秋伟业"的国家大工程，更想让孩子们了解什么是真正的地理学习。南水北调问题，会在八年级的地理中学习，但这正好是绝好的机会能让他们提前接触。

大巴驶到水库边缘，抬眼望去，不觉震撼。只见沙尘漫天，狂风呼啸，前天我刚看了甘肃的沙尘暴，寿光的现在一点都不逊色，更像电视剧里千军万马奔腾过后的景象，我感觉有些不可思议。我记得地理课本的一个活动题说："假如内蒙古的草原一旦消失，北京就会消失。"这不是骇人听闻。然而现在，感觉寿光也将在沙尘里消失了。从公路到大坝还有一段弯曲的路，我带领孩子们扛着旗子冲上大坝，但几次都被沙尘狂暴地赶下来，好像我们抢了它的地盘一样，这真是一场人沙大战！好不容易到了坝顶，但是风吹得让我们无法回头。等站稳了脚，才放眼看去，偌大的水库，瘪瘪地矗在这里，中间仅有一小洼水，大概是施工用的。坝上有几辆大十轮车，因为风大都停在那里，整个现场施工暂停。

尽管是这样恶劣的环境，孩子们还是感到新鲜，不停地问："南水北调是什么意思？""水资源的地域差异是怎么回事？"可别小看这帮孩子们，他们知道的地理知识还真不少，敢于发问。我在大坝上就着沙粒讲解水资源空间分布不均，南涝北旱，为了缓解北方水资源严重短缺问题，20世纪50年代毛泽东提出"南水北调"的设想，后经过科研人员几十年勘察、测量和研究，最终确定南水北调的总体布局为：分别从长江上、中、下游调水，以适应西北、华北各地的发展需要，即南水北调西线工程、南水北调中线工程和南水北调东线工程。建成后长江、淮河、黄河、海河相互连接，将构成中国水资源"四横三纵、南北调配、东西互济"的总体格局。这里是东线工程，南水北调工程通过跨流域的水资源合理配置，将大大缓解中国北方水资源严重短缺问题，促进南北方经济、社会与人口、资源、环境的协调发展。

小聪孩儿盖龙飞说："这一大工程还是毛爷爷提出的？太了不起了！"孩子们跟着张大了嘴巴，不顾沙粒们扑进嘴里。但是爱动脑筋的刘逢元又提出："老师，为什么如此大规模搞这个工程？可相当浪费人力、物力、财力哦。"一时间又出现了七嘴八舌。"还有别的办法吗？为什么我们不能将海水淡化？有效利用身边的资源？"我把自己了解的知识传给孩子们："海水淡化就是利用海水脱盐生产淡水，是实现水资源利用的开源增量技术，可以增加淡水总量，且不受时空和气候影响，水质好、可以保障沿海居民饮用水和工业锅炉补水等稳定供水。目前海水淡化的方法有蒸馏法、电渗析法、反渗透法等。"海水淡化在中东地区很流行，在某些岛屿和船只上也被使用。但是，海水淡化需要消耗大量能量，运转成本高。因此，在不富裕的国家，经济效益并不高。

略有成熟感的肖雨欣问："如果我们辛辛苦苦地把水送过去了，北京、天津的人口特别多，他们用的多，浪费的也多，也应该有个合理的用水方案啊，现在大家保护水资源的意识并不强！"这话说到环保的点子上了，孩子们有了共鸣：什么水循环再利用、家庭节水高招等，跟环保社团平时的活动和地理课本水资源利用问题充分结合在一起，沙尘里的学习给孩子们上了难忘的一课。

返回的路上，孩子们仍然不知疲倦地谈论南水北调、湿地公园的前景，他们希望明年还要来植树，用自己的青春和热血维护家园的葱绿。

作为一名普通的教育者，还能做什么呢？什么是教育？不懂。什么是环保？不懂。带领孩子们亲近自然、学以致用、热爱生命则是我一生的追求！

2013年3月22日夜张冠秀记录

学生感言：

植树小记

尹文潇

春天是孕育生命的季节。今天，我们"绿鸽"环保社团的成员们在大自然的号召下，参加了一项非常有意义的活动——植树。近年来，中国的污染非常严重，每个人都想尽自己的微薄之力去改变，当然，其中也包括着我们，环境保卫者。

清晨，我们环境保卫者乘着黄色的大巴出发了，前往林海公园。时间在流逝，方向在改变，但我们每个人的心中都有一个不变的信念——那就是环保。

约半个钟头的路程，我们就到了林海公园。一下车，我们看到的是一望无边的黄色的沙土，路旁稀稀疏疏的行道树被黄色的风沙吹得东倒西歪。有些同学很纳闷，为什么我国也有沙尘暴呢？其实这个问题很简单，俗话说："植树造林，防风固沙。"这就是答案，这里大部分都是黄土，仅有的树木，也就只是路边的几棵光秃秃的小树，无法真正起到防风固沙的作用，所以沙尘才会如此肆无忌惮。

接着，我们走进植树区，看到前来参加植树的人很多，让我们感到一丝欣慰。那是因为终于有人去改变了，对环境污染不再麻木不仁，与我们一起保护环境。我们高兴地跑去植树，却发现，虽然道边有不少的树，但仍看不到绿荫，最多也就是几棵树的枝丫上，萌发出了小小的嫩芽。老师分好小组，让我们自己分好工，大多数女生都是去取树，男生抬水。这正好发挥了男生女生各自的优点，取长补短。虽然任务重但我们心中都充满了信心，这使我们都很快乐。而剩下栽树的同学，则都去借鉴老师的技巧，先把树扶正，往树根部填土，等到固定树后，往里浇大量的水。同学们有说有笑，干得热火朝天，每组都栽了很多树，每个人的身上多多少少有些泥巴，但脸上却全是笑容。

最后，我们感到有点累了，就停下来休息。无意间听说那些园林工人们每天栽的树是我们栽的好几倍，我突然意识到了园林工人们的高尚，他们年复一年，日复一日的劳动，都没有放弃，可以说他们才是真真正正的大自然守护者，他们才是真的英雄。

很快我们就要跟我们栽的树告别了，看着我们亲手栽下的小树，确实有点恋恋不舍，等到明年春天我们再来的时候，相信这里会是一片生机与绿色。那时我一定会自豪地说，看，这是我栽下的树。但愿我们的植树活动能给人们敲醒环境污染的警钟，唤起更多的人们去关爱自然，保护我们生存的环境。

为了我们的绿色家园

王姝然

又是春风吹草绿，又是一年植树时。随着春天脚步的临近，"守护蓝天，播种梦想"大型植树活动在张僧河景观公园拉开了帷幕！

瞧，公园里沸腾了！到处都是人，组团来的，自己开车来的，扛着铁锹，拎着水桶——为了我们的地球，为了我们的环境，为了献出我们的一片爱心，让那一片绿再多一点，哪怕只有一点点，也体现出我们对大自然的热爱和对地球母亲的爱护！

一切就绪后，我们在张老师的带领下开始植树了。老师分了6个组，每个组都有对应的坑，而且都分工明确，有的拿水、有的挖坑、有的填土、有的拿树苗，都忙得不亦乐乎。虽然很累，但我们把它看成一种乐趣、一份责任，自然就觉着很快乐，因为是为了自己的家园！

当然我还不能松懈，因为还有一份很重要的任务需要我去完成。放下铁锹，我们绿鸽环保社团的小记者们拿起笔和本子就干劲十足地冲进了人群中。当时我和另一名同学一起采访，所以我们问的问题自然很多。我问了一些人，他们都说是为了保护环境，为地球贡献一份力量而种树的，而且95%的人都有保护环境的意识，这让我很欣慰。因为保护环境不仅只需要个人的这种意识，还需要我们大家的实际行动。为了这个目标，让我们共同奋斗，让我们的地球美起来、干净起来！

随后，张老师带我们来到了南水北调工程这里。因为施工的原因，朝上走时，沙尘已迷住了我们的眼睛，使我们无法前行，但我们不怕，因为我们会坚持到底。就因为有这种力量的支撑，最后我们终于爬上去了，这让我有种成就感，就和种树是一样的。再看一看这一望无际的工程，啊！无论是谁，肯定都会发出赞叹之声，因为这太庞大了！无不使我感到佩服！

上午的活动结束了，虽说时间很短，但我却知道、懂得了好多。我明白了一个道理：为了我们未来的家园，我们应该同心协力种更多的树，爱护树木，从我做起！

第二天，我收到了一位学生家长来信，这一切鼓励着我继续前行——

巧用自然　用心施教

3月9日，世纪学校积极响应寿光市团委组织的"守护蓝天，播种希望"大型环保植树活动，我有幸随行，一路见证了世纪学校张冠秀老师"巧用自然，用心施教"的美丽风采。

早上，春风拂面，阳光晴好，世纪学校七年级二级部分学生怀着兴奋的心情，在张老师的组织带领下，文明有序地登上了去双王城水库的校车。在车上，张老师和孩子热切地交流着生态环保的知识，"守护蓝天"的意义，小记者采访的要领。一路欢声笑语，一路知识传递。

春天小儿脸说变就变，一到双王城水库，就刮起了大风，夹带着沙尘，张老师借这次自然现象跟大家一一讲解沙尘暴与植树造林的关系、生态环保的意义。在植树活动结束后，沙尘，天空也变成了昏黄色，但学生们依然兴致高涨。因这次实践机会难得，张老师又冒着仍是一阵强过一阵的沙尘暴带大家登上了双王城水库，讲解了南水北调这项伟大工程的建设由来……一路走来，张老师、学生们还有作为家长的我，脸色都有点黄。有一名学生用手一摸，那搞笑的沙土花脸逗笑了那一张张因守护蓝天重任而变得肃然的脸。

古今教育没有一个万能的方法适应所有的孩子，因地因时因人而异，用心施教是教育学生永恒不变的真理。张冠秀老师的一言一行更是说明了这一真理。我作为学生的家长，在这次双王城水库的植树活动中，深深地感受到世纪学校老师们甘为人梯、用心施教、倾情付出的可贵精神，我们很幸运把孩子交到你们手里。在此，我代表所有学生的家长，向张老师，向世纪学校的全体老师诚挚地说一声："敬爱的老师们，谢谢你们，你们辛苦了！"

世纪学校七年级十二班

郭登甲妈妈 付青玲

2013.3.9

值得高兴的是，植树活动在延续，这已经成为良好环境教育的开端。在2013年9月14日全国科普日（主题是保护生态环境，建设美丽中国）到来之际，我带着44个孩子又一次去寿光西北双王城共青团林，为春季种下的树浇水。

质疑的声音
此起彼伏

第三部分

呼啸的浪

推翻了前进的孤舟

凌乱的帆

扯不起希望的温暖

原本简单的出航

挤满了问号和叹号

刹那间，柔弱的心

坠入莫测的深渊

无助，侵蚀着我的灵魂

批判，敲打着我的躯壳

一个倔强的女人

用一腔热血，和

永不退缩的正气

挣扎在暗流的边缘

耐心的解答

艰难的摸索

继续着，一路

颠簸的绿色的教育梦想

只为孩子们成长的脚印

多一丝芬芳和爱的力量

学校方面

从做"大地理"教育的第一天起就伴随着众人的不解和疑惑，好在我认定了这条教育之路对学生的成长非常有利，坚持走到今天。期间有很多支持的声音伴随着我，我感谢大家对我的理解，更感谢对我的不解和打击。

在第一个半年的时候遇到了"雨点博客"的博主，他说我对环境"太理想化"，"太不可思议"，说我做的是"天方夜谭、骇人耸闻"，在中国"太难操作"。面对这样的质疑，我曾写了随笔《理想距离现实有多远》一文进行剖析（我的网名曾是"永不落叶的银杏"）。

理想距离现实有多远？

网易博客"绿鸽，因爱永恒"刚满月不久，点击早已过万，从我发上第一篇博文开始，就有一种感动在心中不停地涌动，感谢关注我的朋友们，感谢各位不相识的朋友们，因为有了你们的支持，银杏才不会落叶！

我是一名普通的地理老师，通过多年来的教学发现，教学不仅在课堂内部，而要"学以致用"，要走出去，走向社会课堂，那里更能学到对孩子们一生有益的东西。我利用空余时间和孩子们参加多种课外环保教育活动，目的是让他们"在环保活动中学习，在快乐体验中成长"，从孩提时代培养孩子的环保意识。

气候变化危害之大，环保教育迫在眉睫。地球妈妈在急切地呼唤着每一个子民的呵护，她已经伤痕累累，满目疮痍。她曾无怨无悔地为对人类无私奉献着自己的身躯，而人类却恣意地对其践踏。气候变暖，海平面上升，沙尘暴频繁，各种人为致命的污染等，让每一个地球人都触目惊心！我们的命运随时都会因为气候的变化而改变，远有楼兰古国被沙漠掩埋，近有濒临被淹没的岛国居民泪撒哥本哈根会场的情景，的确让人感到震撼！

新学期，我先后组织了若干活动："珍爱地球，从我做起"环保知识大奖赛，环境手抄报，"绿色角"，环保创意征集，学生们喜欢的环保公益歌曲征集，环保科技创作大赛，"珍爱地球"环保征文大赛。我组织了世纪学校首届环保文化艺术节，创办了"拯救地球"绿色环保组织，进行了会徽、吉祥物、会员征集；成功组织了全国小学生环保知识网络竞赛；建立了网易博客"绿鸽，因爱永恒"，充分利用现代技术，进行远程辅导并宣传；并用期待的心情，撰写了《给世纪学校家长朋友们的一封信》，唤起身边的宣传源……一个孩子可以带动几个家庭，几个家庭可以带动一个社区，几个社区带动一个市区，几个市区带动一个省区，几个省区带动一个国家，几个国家带动一个大洲，几个大洲带动整个地球！并利用我和学生的社区实践调查，提出了对本地环境保护的建议，得到了环保局的积极鼓励。我的做法已在当地教育部门得到支持，深受学生和家长的认可，并得到国内，甚至海外人士的积极关注。我时时刻刻告诫自己，能为公益教育事业做点贡献是我这个地球公民应该做的，累点儿，怕啥？

我在奔走呼告，利用一切可能的机会呼吁人们联合起来拯救我们的生存环境，拯救我们的孩子，还我们一个安全温馨的栖息地。我没有想过要走多远，也没有想过过程会有多难，从想成为合格公民的那一刻，就只想去做，坚持去做！但是……博友说我太理想化，说我是理想的环保主义者，我否认！很想问问这些朋友，理想距离现实到底有多远？如果只是沉浸在对事物的理想追求中，而不去动手做，那不就永远生活在虚无缥缈的理想中吗？人人都有理想，人人都渴望别人给你创造新天地。请问，你们渴望谁去做呢？大家都在等待，那就在等待中慢慢忍受污染带来的危害吧！我有了目标，我坚持去做了，的确认认真真地做了，也逐渐影响到周围的环境，已有很多朋友也在关注着我们的公益行动，环保意识在孩子们的心中慢慢增强——我错了吗？我太理想化吗？我只是一个普通公民，却要耗费那么大的精力来倡议环境教育，为地球增添一点绿而呼吁，我真的太理想化吗？还有人说我太简单，这样一个社会化的事情，就凭你一个地理教师能做多少呢？是啊，虽然是无名小卒，可是也能在自己的岗位上尽职尽责啊。我不在乎别人的评论，我在乎的是对环境教育的一片痴心！我的原则是，全身心地做一件绿色公益教育的事情。我不忍心看到生活环境继续恶化，不想让孩子们在污染渐重的环境中成长，我不想看到北冰洋上的动物们无家可归……很不想，很不想！

我的做法是理想还是现实？不去争论，我只想坚持做下去，坚持做下去！

2009年12月张冠秀记录

"大地理"教育在不断的质疑中勇敢前行，我和孩子们勇敢地挑战这个全球性的大问题。当做到一定程度的时候，遇到了上海的知名课改教育家冯老师，他对我也有一段好心"规劝"。

2010年6月初，我遇到上海课改专家冯老师，我们又有一段精彩对话——

无意中走进冯老师的教育博客，尽管还没有来得及做太多的交流，但是从博文中知道冯老师是致力于真正的课堂教学改革的好老师。我们就孩子的教育问题进行了讨论，下面是我们的部分对话——

冯老师：永不落叶的银杏，您在追求完美的结果。希望您在"拯救地球"之时首先拯救孩子，以您追求完美的精神、智慧和毅力，您的行动会有好的结果！

我：是的，我在关注孩子的终身成长，通过环保活动，培养孩子们的环境保护意识，说白了，是想增强孩子对社会的责任意识、大爱精神，载体是环保活动，但是活动是真正的教育活动，受益的是我们的孩子。谢谢您，冯老师，欢迎常来指导，祝您快乐！

冯：环保等课外活动当然有利于孩子的成长，鉴于孩子在学校的主要时间是上课，所以，影响孩子终身成长的主要渠道在课堂，我们应该努力进行课堂教学改革。祝您的活动开展得更好！

我：冯老师，我认为，学习仅在传统的教室里这一理念已经落伍，因为那太封闭孩子们的思维和灵性，我们需要的是伴随实践活动的综合学习大课堂。

面对冯老师的好心规劝，博客对话麻烦，我马上写了以下文字与之答复——

答冯老师：鱼和熊掌可以兼得

冯老师，您好，首先感谢您的真诚建议，感谢您对一个素不相识的普通教师的理解和支持。我想说："鱼和熊掌可以兼得，环保活动和地理教学可以同时获益。课堂教学改革不是单方面可以完成的，是教育机制的推进，是学校的管理策略、教师的理念俱进，是学生对学习的认识与意志，是家长对教育的支持的综合性的改革。"我把我的想法和做法同您交流一下，我不太会说话，文笔又有限，相信您能看得懂。如果耽搁您时间了，请多包涵。

今年六月初，当国家环保部《环境教育》采编部主任周仕凭在知道我们的孩子们活跃在"快乐环保"中的时候，上门采访，对我的做法感到不理解，问我："一个地理老师为什么会对环保感兴趣？"

我说，随着素质教育和新一轮的教育课程改革的推进，自己的地理教育理念也在与时俱进。我认为，在当今的社会，分数已经不是衡量孩子优秀与否的唯一标准。孩子一生最重要的是具备积极健康的思想、对社会的责任感、健全的人格和乐观感恩的心态。而地理是与环境最密切相关的学科，我们赖以生存的地球环境正因遭受到人类的恣意破坏而日趋恶化，温室效应、草原面积锐减、生态系统破坏等环境问题已成为全球关注的焦点问题。于是我就思考：能否把地理教学与环保教育结合起来，让孩子们在环保活动中健康成长、快乐学习？

基于以上观点，我下决心用一个教师的职责去组织环保活动，让孩子们在环保活动中学习，在地理课堂中收获。截至目前我组织了大小几十个环保活动，不了解的人可能会说耽误学习，我说：不会！反而是环保活动大大提高了孩子们对地理的兴趣，我带的班上的调皮学生都能充满信心地讲课。如李百水、陈凯这些别人眼里的调皮蛋却把《日本》一章讲得头头是道，因为日本的环保意识非常强，因为我们在活动中曾不止一次地涉及日本的垃圾分类、环境教育理念。而这些连他们的家长都不能相信，自己的孩子居然变化这么大。我曾写了文章《个性孩子更需要关爱》《一个特殊学生的转化要多久》，就是记录这样的孩子因参加环保活动而在地理课上发生变化的。

地理涉及的面太广了，本身就是一门很有意义的学科。我上课的第一件事是拿出五分钟的时间播报国内外新闻，并对这些事件展开讨论，比如气候峰会、墨西哥湾油罐爆炸事件，孩子们的观点令人惊讶，他们的创意不得不让你再深度学习，而这些都是我们在《世界地理》上要学习的知识点。这是多么有趣的结合！我要求孩子们在每一次环保活动后都写一篇参与感悟，我读着他们的心语，感受着他们的进步，是多么惬意的一件事情。我教的5个班，孩子们的作文水平普遍提高，成为本级部语文学习的领先者。当记者采访学生时，面对镜头，随便一个孩子就能侃侃而谈，因为我们平时的辩论太多了，几乎每节都设计这样的环节，更不用说在环保活动中的激烈辩论赛了。绿色小记者的发言更令当时的领导称赞："这是你们孩子自己写的吗？"我骄傲地说："当然！我办公室里堆放的学生写的感悟都几尺高了。"

人们固定的思维就是"教室内的学习是课堂学习，而教室外的是课外活动"，我不同意这种观点。这是地理教学的"第二课堂"，仅有的书本上的知识已经远远不能满足当今孩子们的需要。要走出去，与自然接轨、与社会握手。地理课程目标中有一点"学习身边的地理知识、学习对孩子终身持续发展有用的东西"，这样的教育理念是我在2002年进一步加深理解的。

从2002年接触新课改精神开始我经历过数不清的心潮澎湃。我曾拿着湖南的《课改通讯》激动地说，课改的春风为什么不早点来？一直到后来，随着各种沸沸扬扬的课堂模式改革一波三折地推进，也没有打断我对课改要坚持走下去的信念。

对有些老师认为的课改只是"一场风"，课改只是"穿新鞋、走旧路"

的说法我并不赞同，我更不喜欢一说课改就谈论体制的问题。教育是每一个人的事情，你是教师就要尽教师的职责去耐心做教育。如果每个人都在等待，都在埋怨：为什么没有给我们创造一个好环境？那他什么也做不了，只能成为死灌知识的倦怠机器。他的心里没有装着孩子的未来，他连自己的课堂都不能左右，他会很不快乐。我曾经在信孚教育集团董事长信力建的博客中跟网友激辩，也是针对教育改革的问题。网友评判说，是家长或校长左右着我们的课堂。我不同意他这种说法，事实上，尽管有些因素受他们制约，但是，如果老师连自己的课堂都不能左右，你的"教学""教育"——作为一生的职业，还有什么意义？

我想，无论什么模式的课堂，都要以体现学生的发散性思维和创新性思维为核心，让孩子们真正地动起来，包括思维上、行为上。孩子是灵动的孩子，课堂是活动的课堂，氛围是欢乐的氛围，在快乐中学习，在体验中成长，能看到孩子舒心快乐的笑脸，这样的课堂是我想要的课堂。有很多人认为，搞课改会影响成绩，错！那是没有抓住课改的灵魂，只有调动起学生的积极性，开创一个活力课堂，让孩子们思维的火花互相碰撞，才能充斥起所谓的魅力课堂。想想，这事并不难，难的是教师的教育理念在新时代停滞不前！

在冯老师这样的课改专家面前，我没有资格，也没有能力评判那些观点，我只是说出一个普通教师的心声，想在自己的范围内跟孩子们走过一段快乐人生而已。

我的理念是在众多的环保活动中，提高孩子的大地理素养，让他们健康快乐地成长。这跟课堂教学改革并不冲突，实质是同路。

由此说，鱼和熊掌可以兼得。

2010年6月26日11:00张冠秀记录

家长方面

2010年年初，当我为组织"全国低碳与气候变化知识大赛"而做环保知识仿真试题的时候，有家长给我电话或者博客留言，提出疑问："我们成人对这类题目都深觉有难度，让一个小孩子答题怎么可能？"

我深深地理解家长的疑惑，于是在博客解答如下——

亲爱的朋友们，当收到你们的询问信息时，我知道您已经在支持环境教育工作了，其实我们组织这次活动的目的是：让孩子带动家长一起学习低碳生活知识，共同提高环保意识。

一个学生来自一个家庭，一个孩子就可以带动一个家庭或多个家庭。可以说教育部门是最大的宣传阵地，成人和孩子的环保意识都需要提高，从可持续发展的角度考虑，环保教育应从娃娃抓起，因为他们是地球村未来的主人。

举几个简单的例子。

我儿子昨天刚9岁，但是知道的环保知识非常多，每一次搞环保知识竞赛，他总能抢答得让别人没有开口的机会，因为我注重平时的交流，我们家经常就些类似问题展开讨论。另外，我爱人很注意爱护花草鸟鱼的生命，说这些都是要好好保护的，从小就教育儿子它们是人类的朋友。去弥河捞鱼，也是因为孩子想养鱼，为了满足儿子的好奇，观察鱼的生长，就从这个地方捞出几条，养一段时间最后全部放生。

开口松子很好吃，很有营养，我买了回家，我爱人说："你把松子吃完了，松鼠吃啥？"我说："全世界的人不是都在吃吗？我还没买过几次呢。"他说啥？"他们吃他们的，我们家以后不要买！"儿子喜欢看《动物世界》《走近科学》栏目，对这个知识也知道，就跑过来说："就是！就是！不要跟松鼠抢吃的呀！"

2009年11月的一周，我提议过"家庭环保周"（后来有了2010年暑假家庭环保周活动的策划），儿子班车上学，我骑自行车，爱人步行上班，从我们家做起。效果不错，儿子都不愿意我开车送，以至于到后来每次到红绿灯的时候，只要有一分多钟的时间，儿子一定要我熄火，看着前面的车"呼呼"地冒着烟，说："你瞧，多少二氧化碳？"我赶紧补充知识，还有一氧化碳、碳氢化合物、氮氧化合物、二氧化硫、烟尘微粒（某些重金属化合物、铅化合物、黑烟及油雾）、臭气（甲醛等）呢，当时也许他不懂，但肯定会有影响的。有一次，我不想熄火，儿子伸手就给我拔钥匙，说："妈妈，你还搞环保呢，关掉！"我说："就一小会儿，这样对车不好。"你猜儿子说啥？"车子坏了可以再买，臭氧层破坏了，谁来补？"这是原话，我记得非常真切。

很多学生回家的表现不错，因为参与了环保，对家长的浪费和生活用品提出合理建议，比如洗水果、蔬菜、饭具用的洗洁精，洗衣服用的洗衣粉等，让他们的家庭处处体现环保。就有家长电话过来说："你咋忽悠的孩子，简直成了监督员啦！"哈哈！

走到哪儿，哪儿就是课堂。家长休班的时候常带孩子接触大自然，会有很大的收获；平时的生活细节中，常给孩子做榜样；鼓励孩子爱问，遇到什么问题就跟孩子交流，这样的孩子也越来越爱问，爱动脑筋。

您说，环境教育还远吗？环保知识的学习还难吗？

2011 年 1 月 17 日张冠秀记录

过多的不理解，让我不得不在博客上公开自己的想法。从我在网易博客"绿鸽，因爱永恒"发上第一篇博文开始，就有一种感动在心中不停地涌动，感谢关注我的朋友们，感谢各位不相识的朋友们，因为有了你们的支持，银杏才不会落叶！

社会方面

因为我做的一切活动都随博客同时公布，我是想呼吁更多的人参与进来，更想把事情做得真实化、公开化。

网友yu0708：你太理想化，你只是梦想而已。（好歹没直接说我白日做梦。）严格地说，理想是经过努力可以实现的，梦想背离现实太远，有时甚至与现实相悖。有时梦想和理想看似仅仅只有一步之遥，可是有的只用几年时间就成为现实，而有的得用一生甚至几代人去接力追寻，却也仍然遥不可及。

我：真正的理想与现实之间有一座桥梁，一座不太长，也不太短的桥。它长得需要你努力向前，走稳脚下的每一步，才能到达彼岸；它短得让你一眼就能看见桥对岸的迷人风景。理想自人的心底萌发，它经过深远的思考，经得起时间的流逝，道路的坎坷，是风雪不断的人生路上长明的指路灯。但理想与现实的桥梁，不是时时刻刻都存在的，有时它需要你亲手去建造。

感谢朋友让我对环保公益教育重新思考，我相信总有一天，会有更多的人加入我们的公益教育。

网友yu0708：理想总是唯美的，现实却是残缺、残酷的。兼顾人的当前与长远点利益，是环境建设中的难题。在没有找到更为有效的办法之前，允许小的利于民生的破坏，是不可避免的。如同现在为了预防艾滋病允许以微毒的注射取代剧毒的注射一样。

我：我承认。"发展经济"与"环境保护"是一对孪生兄弟，是友好，还是决裂？是非此即彼，还是协同前行？难以把握。我们中国——发展中国家，很多利用的是发达国家淘汰下来的机械、技术设备，发达国家们可以喊着"要空气的自由"，而我们不能，我们边发展经济边搞环保——难！但是应该，也必须！我们在慢慢……慢慢地挪步前行。

网友yu0708：大森林里的人一点也没有觉察到环境有没有变化。觉察到变化的人也不都是以自身的经历感受的，而是知识的眼界。你所能做的，也是扩充人们的眼界，眼界宽了行为就自觉。什么建设都必须以人文本，为什么环保工程要逐渐展开，而且各地也不一样？退耕还林给予粮食和经济补助，就是为了百姓的生活不因环境保护而下滑。这没有什么不对。

我：赞同朋友的观点，"以人为本"说得很好，但是这也是一种理想境界，人们都在追寻一条可持续性发展的道路，并逐渐为之奋斗。我们教育是如此，其他行业也是如此。发展要依据各地的现实情况，不因环境保护而下滑，这个我同意。但我也知道"退耕还林、还湖"给予粮食补给和经济补偿的一个重要因素就是维护生态的平衡……谢谢朋友的论述。

yu0708：肯定是完美的理想。理想与现实很难契合。现实到处是为生存而挣扎的群体，他们迫切关心的是自己的吃穿住行，因此把拯救地球看作是天方夜谭的笨人听闻一点儿也不奇怪。这行为也只能是潜移默化影响，不可能是立竿见影。

我：谢谢朋友的关注，感谢您的点评。银杏说，这是每个公民必须要注意的事情，环境在继续恶化您也看到了，由环境问题带来的危害，您也听说了，您强调的是经济水平的落后下人们生活的温饱都解决不了，还有谁去呵护生存环境，对吗？

朋友，我知道这个问题很现实。其实，我根本没想"立竿见影"，我想的是默默地做，坚持地做，长期做下去，哪怕有一点起色，我也做，只愿我能影响孩子们，影响周围的人们，慢慢地，让每一个地球居民都珍爱它！我知道，气候峰会的国家领导人都没有解决的问题，我——区区一个地理老师能做多少呢？谢谢您的提醒，我尽我的公民职责，联合起一切可能的力量，去培养孩子们的环境保护意识，保护我们生存的家园！再次感谢您的关注！祝您快乐！

在环境恶化的今天，环境教育迫在眉睫！从去年起我跟学生们开展了一系列环保教育活动，收到了非常明显的效果，他们对环境保护的意识之增强令我欣慰，有好多同学对某些环境现象提出了自己的看法、并积极采取了措施。

一个学生对环境教育的公开建议

学校是青少年时期学习、生活和交流的中心。目前，我们的大部分时间都在学校度过，作为一个文化传播的中心，国家有必要从学校开始，建立一个庞大的环保教育系统，一套环境教学模式，做到从娃娃抓起。

文化知识为什么能在短时间内快速普及？靠的就是教育的力量，而教育主要来自学校，学校的存在，使知识在很快的时间内传播到每个人的大脑。在环境恶化的今天，我们有必要将"环境"这两个字引入我们的生活当中，从小就真正培养环保责任意识，使我们了解环保理念，了解我们生活的家园正在面临一场巨大的生存挑战。我觉得再多的宣传，也不如直接把环保引入我们的学习之中。我所说的"引入"，是正规的，就是把环境教育真正纳入我们的课程表中，像对语文、数学、英语那样的严肃，我相信这应当是一种强迫性的任务，但是我更相信，这种强迫会走入我们的生活，日积月累，环保最终会成为像语言一样出现在我们的生活之中。我知道这是一个长时间的任务，可为了我们的生活和生命，我们还能有丝毫的犹豫吗？

我们需要将环保变成一种信念，变成一种习惯，我们需要学校和社会的帮助来确保环保的牢固观念。贪婪的人们该醒醒了，不要再继续毁灭自己的家园了！

七年级十二班·宋英豪

2010年9月1日

收到学生的建议，我深知，我们的做法感动了他们，他们不想让老师自己做，想让更多的教育者加入进来，呼吁在生活的大环境下普及环境教育，希望环境教育不是形同虚设，不是只表面文章，不是只应付迎查。从这学生的文章已经看到了他对现实的迫切呼唤，而我们作为教育者，还能没有行动吗？教育新《纲要》中提出的"要质量"，只是狭隘的高分数论吗？也许有人说，无论怎样改革，我们的教育始终先是"生存教育"，而后是其他。我真的搞不明白，给孩子加强社会责任意识、生命意识的道德教育会影响学习成绩吗？当我们的孩子通过环保活动拥有了积极的情绪，对学习充满了浓厚的兴趣时，那些别人眼里的调皮个性孩子在我们的活动中处处活跃时，你知道我的心里是多么地激动！他们辩论会上的雄辩、环保艺术节上的风采、为大连募捐……至今让我难以忘怀。

目前，欣喜的是，学校大力支持环境教育，从教材到活动，重视并采纳了学生的建议。

他们快乐成长的声音告诉我——教育和环境本是同根，可以合作！针对各家各派的疑问，我不得不在博客再发声明《告众友——我的自白书》。

首先感谢开博即将一周年以来，一直关心我的所有朋友，无论男士还是女士，无论长辈还是晚辈，无论海外还是国内。请允许我声明一点，我的网络活动空间是真实的，从网络中我学到了好多知识，得到了很多网友的帮助，所以更想以"真诚"取得大家的理解。

有以下几个问题，是朋友们很想知道的，尽管自己水平有限，但是都是发自肺腑之言，我尝试着答"记者"问。

1. 活动资金问题

对于活动奖品之类的，学校非常支持，会及时提供，奖状、本子、笔等奖品，或采用表扬栏的方式，鼓励孩子们。也有很多时候是我自己掏腰包，买合适的礼物奖给孩子们。频繁的活动引起了社会的关注，一年一届的环保艺术节奖品都是市民赞助的。也许是他们看我和孩子们做公益很赞同，主动帮助我们吧。暑假"家庭环保周"活动，也没有动用学校，自己请朋友做活动的跟踪，并在电视台做的宣传，那一段环保视频曾经在生活频道播出，社会效应很大。在2010年7月24日为大连油管爆炸紧急募捐清油物资的时候，是我和9岁的儿子、儿子的小伙伴、绿色小记者以及周围的市民跟我一起组织的，是市民帮我联系的物流车，亲自送到大连环保协会，运费、联系费等没有动用学校一分钱。我深知学校刚满九岁，尽管在国内渐有名气，但还在起步阶段，虽然目前已有7000多名师生，2个分校，但是我始终坚持"能自己解决的绝不麻烦学校"这一原则。

2. 你的生活观?

对于金钱，虽然目前只能维持生活，但我看得很淡。在生活方面，我坚持低碳，用最经济的钱装扮最靓的自己。我可以穿着几年前的衣服出席任何场合而魅力不减，我可以穿着已经磨破了的牛仔裤狠装拉风，我可以吃着最普通的饭菜依然满脸灿烂，我可以在有学习机会的时候大方出手，打着欠条一点一点偿还学费，我可以在学生需要的时候慷慨买衣买物……我知道人活着是寻求更有意义的价值。对于名誉，我看得更淡，本人活得坦坦荡荡，属于"本我"类型。我收获的只是孩子们的笑脸和健康拔节的声音，也许就是我的整个"大地理"教育生命的内涵吧。

3. 你为什么如此执著?

作为一个老师，如果工作20年来，仍然死死抱着孩子们的分数不松手，唯独用分数评价孩子的好坏，是一件及其悲哀的事情。我只想用自己的微薄之力在合适的年级、合适的阶段做一回真爱的教育。我希望孩子们跟我在一起的日子积极、阳光、健康、向上，至少因我的陪伴，能给他们人生的旅途上带来一抹回忆、一段瑰丽。

在环境恶化的今天，跟孩子们一起关注社会、关注环境、培养爱心、呵护自然已经刻不容缓！我尊重生命，热爱生活，我珍惜生命中的每分每秒，热爱一切有生命力的东西。我在追寻一种爱的教育，坚守自己不急于功利的教育方式，不希望把孩子的未来当作急于眼前功利的替代品。

4. 你在做自己愿意做的事情，你肯定干劲很大，不是吗?

现在我做教师，想科学地度过自己的职业倦怠期，是干劲很大。但假如我不做教师，在其他任何方面我一样干劲很大，因为我尊重我的工作，我尊重我的生命，这是一个人生命价值观的问题。无论做什么，我都会以积极的心态去迎接。更因为生命的短暂不允许我讨价还价，我要让身体的每一个细胞都充满生命力色彩，我的"生活"观，就是要"生机勃勃地活着"，在每一天太阳的东升西落中充实度过。

5.你为什么拒绝来访？

看到这里，你可以知道，我没有时间"卿卿我我"，对于朋友我一视同仁，不管远的近的。我已经说过了，谁想过来就过来，我会做一流的导游，会做一流的招待，会把美丽的世纪园介绍给大家，别忘了，我可是出色的解说员与主持人。如果累了，我可以去心理咨询室为你做音乐催眠或是精神放松，用国内一流的设备帮你调节疲惫的心理。我几乎没有时间琢磨别人的心情，并不是我无情拒绝，你想，课时多，还有众多的环保活动、心理社团活动要带，还有应急检查，还要学习、组稿、改稿、随时迎接国家级大活动……另外，带着儿子上班、做家务等，我巴不得一天能有240个小时！我不得不遗憾，我的打球健身时间在消失，楼道里已经没有了我的歌声。我并不是"无情拒绝"，而是时间真的很紧张，请理解。

就到这里吧，不是大家逼我，我才不唠叨这些家什子事儿呢。谁不忙？这点鸡毛蒜皮的事儿也得说，呵呵！我也不奢望大家都能理解，我尊重各位的看法，深知每个人对生命的态度是不一样的，只是我不想浪费生命。最最可爱的朋友们，你们懂我了吗？

尊敬的朋友们，答"记者问"暂且结束。

轻轻打开古筝，我为自己弹一曲，请茫茫夜色为我侧耳倾听……

2010年11月9日19：20张冠秀记录

累积的思绪一时无法寄托，得到了隋慧成主任，一个痴心研究教育的老领导的指导和关怀。

冠秀老师好：

　　昨天是7月1日，中国共产党成立91周年，香港回归祖国15周年。在这个特殊的日子收到你的困惑——作为一个普通党员的最好礼物，我很高兴。能被一个普通教育工作者挂念着，的确有些意外，更是荣幸。

　　我们虽然接触不多，但是我认为你是一个热爱教育、敬畏学生的、用真心研究教育至真、用真情做真教育、用真理培育真人的教师。你不仅是一个念好经、念真经的经师，更是教学生如何做人的人师和导师。俗话说得好，经师易得，人师难求。你已经把难事攻克了，还有什么困难能难倒你！

　　去年暑假曾经听过你的报告，题目是《做回爱的教育》。我尽管不懂地理，但很受启发，觉得你是心里装着对孩子的大爱大德大道投入地理教育工作的。这些年来你投入到教育中的热情、激情和温情，这些年来你研究并践行真教育的自动、自觉、自强意识和精神，大家是有目共睹的，我也是看在眼里，乐在心里的。特别是你的教育核心价值观、核心价值取向、核心价值目标体系，我都是赞同的、支持的、一直在倡导的。你是一个深度懂教育且持久地经营教育的教师。这样的教师，让我敬佩，让我尊重，让我感动，让我欣赏、欣慰。中国教育的希望寄托在像你一样的教师身上，同时中国教育的现实需要更多的像你一样的真教师。

　　我认为你所做的教育，是真教育，是价值教育，是功德教育，是利在当代、功在千秋的教育，也是我一直希冀所看到的真教育，也许可以用现在的官方表述的概念表达你正在做的教育——素质教育，但也许还没有完整地体现你所独行、笃行的教育实践。但是我敢肯定你所做的教育，绝对不是单纯的分数教育或者应试教育，分数仅仅是你教育全程所带来的附加值而已。你所做的教育具有很强的前瞻性和示范性，坚持做下去，坚定信念，坚守信仰，坚信未来属于做真教育的真人。未来的教育应该是这样的……你现在所践行的做人教育，因为这样的教育体现了育人为本的核心价值观。这样的教育对学生现在的发展与成长以及对学生未来的生存与成功，都有极大的好处。教育应然这样，必然这样，实然如此，自然也如此。

相信并祝愿你的教育梦想变成更美好的现实，惠及更多的学生，带动更大的教师群体，变成更多一线教育工作者的理想。期待并预祝你的大地理教育——人生大智慧教育，取得更大的成就。期待并预祝你的教育人生，获得更大的成功。

慧成

2012年7月2日

我理解这是老领导给我的最好的精神鼓励，这条绿色教育之路漫漫而其修远兮，吾将上下而求索！多年来跟学生的"大地理"教育活动中，少不了思想的波动，有过徘徊、有过犹豫。在众多的书籍和讲座中，特别受益的有是李希贵局长的《为了自由呼吸的教育》和李镇西老师的《我的教育心》，陶继新老师的《向孔子学做老师》，著名学者、作家曹文轩的《阅读和写作》等学术讲座，是他们先进的教育思想对我所做一切给予理论指导，更坚定了我的"大地理"教育实践活动。

求学的行囊
苦辣酸甜

第四部分

当浓重的雾霾

遮挡了我的双眼

众多的质疑，搅得

我把不住航行的舵

走出去，走出去

心底缠绕着疯狂的呐喊

自我封闭的多年

已经不能满足我的心愿

渴望新思想的冲击

不再避嫌

在学校领导的支持下

带着求知的欲望

从乡镇到都市

从省府到国家心脏

考察——研究——再实践

追问——思考——再探索

将行动提升到新的层面

经历了大江南北的洗礼

不再云中望月，雾里看花

一旦锁定了育人的目标

就要勇敢向前

从2009年到2012年，为了专心研究这份挣扎在心田的"大地理"教育，我完全封闭了自己，作为市级初中段地理学科带头人，愧对于地理教研工作，谢绝了一切层次的教研活动和外界的"打扰"，沿着自我设定的方向，执著地往前走。

三年来和孩子们的苦乐年华，是我一生中最重要最艰苦的历程。但在2012年的5月，终于憋不住了，有一种强烈的声音要我必须走出去。我已经深深地感到自己的无力和知识的枯竭，久久封闭后需要重见阳光。真的，今天必须要走出去了，这是一路摸索"大地理"教育的必经关口。幸运的是，领导完全支持我的想法。我想探察原本熟悉又陌生的世界，想建立适合孩子们动手动脑的地理—环境实验室。于是在张照松校长的支持下，我带着思考的梦想之舟，走访于祖国的大江南北，先后到北京、江西、浙江、济南、潍坊等地，一路追寻着"大地理"教育的绿色梦想。我的《北京、济南绿色考察行记》《江西考察行记》《"绿色浙江"考察行记》已收录在我所著的《绿火》一书中（2015年1月，知识产权出版社出版）。

再去北京

—— 访北京著名地理课改专家王能智老师

20年的从教生涯，使我对教育产生了些许思考，尤其近年来在初中"大地理"教育的实践与探索中，尽管取得了一定成效，但是总觉得没有达到预想的水平，可以说我一直在理想与现实之间痛苦得挣扎得一塌糊涂，曾戏说自己是在夹缝中哆哆嗦嗦地求得生存。不知道多少个不眠之夜，不知道多少次路口徘徊，而现在，无助了，落寞了，有些自伤，甚至有时候不知道该不该继续往前走，该怎样走。自2008年到2012年，固执地将自己封锁在那一片所谓的教育心园里，当对教育产生了新的思考之后，又不得不走出家门，外出求学，只为对心中教育的追求之梦，也许是想寻找那丝脆弱思想的同盟吧。

2013年的3月，我从网上搜到一位地理实践教育权威——北京教育学院石景山分院的王能智老师。于是试着打电话联系，从北京教育学院的分机号到办公室的老师逐渐打听，终于，我听到了这位智者的声音。一老一少通话了很久，我把一个基层地理老师的困惑一股脑地抛给了这位老教师。历经沧桑的他语气非常沉稳，邀请我有机会到北京来详谈。所以，尽快能拜见王老师就成了我2013年最大的心愿。

2013年12月20～22日，我应邀参加《环境教育》杂志社在北京举办的全国环境教育委员会成立暨年会，就提前做了准备，一定要去拜访王老师。

再次沟通后，我便坐上了去北京的动车。一路上回忆着多年来研究"大地理"教育的起起伏伏，似乎那种惆怅的思绪又一次填满了心海。到达北京已经20：40，当我从地铁转到石景山区附近的时候，已经是21:30，我在附近宾馆住下，以便早点拜访王老师。

没有同伴的房间有些害怕，但比起没有思想共鸣的孤寂来这种害怕不值一提。好歹迷糊了几个小时，天亮就开始洗漱，吃了自带的面包，收拾行李、退房、离开了宾馆。冬日的阳光已经均匀地洒在了北京的角角落落，冷，但心里很温暖。尽管我带着地图，但还是一路打听着石景山分院的地址，生怕不小心错过。还真坐过了公交车，又折回来，在好心阿姨的帮助下终于走进了分院。王老师已经在他的办公室等我了。

我拖着行李走在楼梯上，当满头银发、笑容可掬的王老师下来接我的时候，我非常激动，踏实的感觉瞬间袭满全身。他有力的大手拉着我往上走，亲切自然不必多说，像是一种久违的心灵之约让我们走在了一起。

走进地理专用教室，看到的是大片的山脉地图和其他专门的地理教具，还有学生们制作的学具，如密密麻麻的等高线绘图，非常实用。不用介绍，就知道王老师对教育的用心了。

王能智老师，1942年12月出生，满族人，是爱新觉罗家族的后裔。北京教育学院石景山分院地理特级教师、地理教研员。1967年毕业于北京师范学院地理系，1970年9月到密云县焦家坞中学任地理教师，1981年10月调石景山区古城中学任地理教师。1994年调到北京教育学院石景山分院任地理教研员，荣获教育部"曾宪梓教学成果奖"，北京市中学特级教师，享受政府特殊津贴，荣获首都五一劳动奖章。石景山区政府召开"王能智老师教改思想研讨会"。2005年暑假30集电视报告文学《中国新教育风暴》在中央10播出。2005年9月被北京教育学院评为"首都基础教育名家"。王能智老师是我国在青少年中开展"探究性学习"的先行者，集若干荣誉于一身。能走近他，是我一个普通边远小城地理老师的荣幸。

王老师善于倾听，平易近人，没有一点名家的架子。我把自己的教育工作经历说给他听，他认真给我分析当前的地理教育发展趋势，从国际、国家到地方的教育政策等逐一讲解，让我受益匪浅。他鼓励我说："能在底层大胆践行你这种思想的'大地理'教育者并不多，真正将地理与环境结合起来的实践教育更不多，这样的教育方式会有很好的发展前景。事实上，随着十八大的召开，习主席号召的生态家园的建设早就在注重各方面的环境教育了，你已经走在了其他人的前面，又取得这么多的成绩，难能可贵。再说，环境本来就属于地理学的范畴，环境是近些年才出现的名词，而今两者结合的教育才是国家政策与实际需要的完美统一。你研究的方向是对的，坚持下去！好好反思、总结、提升。任何一件事情并不是一蹴而就的，记住了！"望着眼前这位真正的教育家，我的心底不由地泛起一阵阵涟漪，受到了莫大的鼓舞，不再为在"大地理"教育的荒漠里辗转而孤独，我感动于寒冬的北京之行。

王老师跟我讲述自己的教育故事。毕业后，他在教学条件相当差的情况下结合石景山的实际情况自编教材，注重实践教学，这是他一生最重要的事情。他喜欢自然，常常带领孩子户外测量、探究，在活动中让孩子们增强学习地理的乐趣，感受地理学习带来的疯狂，石景山的角角落落都留下了他和孩子们实践思考的脚印。

王能智老师认为成长中的孩子，最大的损失并不是考试丢分，而是自信心、探究思想的丢失。自1982年起，王老师就开展探究性学习，奇迹似乎就起步于给学生的那个探究性问题，犹如给出一把钥匙，用那钥匙去开门你才能得到更多，一个真正的问题比一千个答案更重要。王老师说面对一个探究性问题，知识不够，你可以去问家长、问社会……有学生的邻居就是专家，家长会带着孩子去请教专家。这就是重要变化———家庭、邻居、专家、公众，以及报刊、图书馆、环境（自然的和社会的），都可以是教育者。

一杯清茶，两把桌椅，四楼的地理教室里只有我和王老师的思维在碰撞，我认真地记录着王老师的智慧语录。王老师认为人的知识可以分为两大类：一是共有知识，二是个人知识。共有的知识可以编码，教材上的知识多是共有的知识，可传递、可复制、可迁移，但个人的知识则是自己实际经验的积累，是个性的，见仁见智的。个人的经验自己心领神会，不容易迁移，就需要转化为抽象的理论，才会产生良好的迁移效果。

王能智老师从1982年开始的探究教学实验已显示出青少年学生存在的潜力，他的教育理念在30年以后的今天都是非常实用，领先的。52岁那年，当地理不再加入高考分数后，王老师就开始一轮一轮地带徒弟，将自己的思想传递出去，至今已有百余名徒弟，很多徒弟获得北京市乃至全国地理学科的先进、教学能手、带头人等。近年来，随着需要，王能智老师又将自己的研究范围扩大到语文、历史等其他专业，孜孜不倦，任劳任怨，教育已经发展成为他的终生事业。已经72岁高龄的王老师，仍然在一个平凡的基础教育岗位上贡献着自己的余热。他是真正有创新思想、探究精神的育人者，他是北京乃至全国探究性教育的一面旗帜，他是

▲ 王能智老师题字勉励我

绝对正宗的探究性教育的先行者！

72岁高龄的王能智老师给我留下了"自强不息，去华就实"八个大字用以勉励，我牢牢地记下了王能智老师的建议：要忠诚自己的事业；要严格自留；要懂得自己所任学科的教育理论；应该至少是半个专业工作者；应该有一定的通史文化知识；有利于孩子们身心发展的事情要坚持做下去。

两个小时过去了，距离下午的全国环境教育大会的时间已相当紧张，我不得不依依不舍地离开了这位基础教育领域内的权威人物。我和王老师在楼前留了合影，作为千里迢迢进京求学的王老师说的"同志"式的特殊纪念。王能智老师的教育思想激励着一个平民老师不断反思，勇敢前行，在自己和孩子们的一片田园里共享青春无限！

▲ 在北京教育学院石景山分院与王能智老师一起

　　提着行李，满载收获，我走出了北京教育学院石景山分院的教学楼，我不断挥手，请王老师回去，天冷。但是，王老师始终没有离开。他静静地站在那里，天蓝色的羽绒服在接近正午的暖阳里格外亮眼，银色的白发在寒风里闪着光，像一尊雕塑。他一直目送我远去，用内心的执著和强大支撑着这颗柔弱的心灵。

（发表于《赤子》2014年3月刊）

收获的笑容

永久灿烂

第五部分

本想在茫茫荒原

收获绿色一眼,谁料

无论是荆棘还是戈壁滩

遍布了七彩鲜花

美丽健康,积极向上

一段故事,一个行动

一行泪水,一个笑脸

无不彰显着幸福的欢颜

来吧,亲爱的小伙伴

让我的微笑,

把你们疑虑的坚冰融化

来吧,亲爱的朋友们

让我的拥抱

把你们犹豫的爱心点燃

传递人间正能量,是我

一个平民老师一生不懈的追求

再远而曲折的路都不怕,因为

有你暖柔无边的爱

飘飘洒洒

第一章　绿色的花絮

自从我实践"大地理"教育以来，孩子们的成长故事时刻充盈在我的内心，是他们的爱一路支撑着我。此刻，我无法用笨拙的语言表达，谨让孩子们最真诚的声音跟大家分享我们的喜悦吧！

1.记住你并不难

教师节前的一天早上，我刚开机，一声信息迫不急待地传来。我一看是个陌生号码，没大在意，但当我看完时，便有一阵感动。信息是这样的："老师，提前祝您教师节快乐，有您这个老师我很高兴，也祝愿您在以后的生活中事事顺心，我是赵川。"

赵川？众多的学生在我的脑海里挨个出现，哦，我想起来了，不是那个曾在门厅里哭得很伤心的男孩子吗？现在该上高一了吧。

思绪把我带回了上个学期——

一天我去一楼的开水间打水，当路过门厅的时候，看见一位家长在训斥孩子，等我回来时那位家长还在大声呵斥。尽管孩子已经泪流满面，但是家长看上去依然没消气，我本想一走了之，但孩子的抽泣声让我不得不走过了长廊又折了回来。当我走到孩子身边，发现原来他是我七年级代过课的学生，就快步走到家长面前，面带微笑地说："您好，我曾是孩子的地理老师，我可以问问孩子是什么情况吗？"好歹家长给了我面子，我请家长在大厅里坐了会儿，然后拉着老学生的胳膊，来到一个僻静的地方，问清了原因。原来，在早上跑操的时候，他忘记把垃圾袋带出去。班级管理方面是很严格的，要求家长过来一起商量监督孩子。

我明白了，就走到家长面前说："这件事情我跟他班主任交涉吧，现在正处在中考的关键时期，先稳定孩子的情绪，安下心来搞好学习要紧。麻烦您跟老师主动说明情况，咱大家的目的就是一起让孩子能顺利地走进高中，您看这合适吗？"家长的态度已经趋于缓和。我趁机转过头，从口袋里拿出片纸巾，一手扶着学生的肩膀，一手给他擦了擦眼泪。尽管快初中毕业了，可在我眼里他依然是个孩子。我笑着跟他说："赵川，老师记得给你上课的时候，你总是帮着老师拿课本和试卷，尽管你不是课代表。上课还总是积极回答问题，在老师接送学生的时候，你也帮着老师点名，每次见了老师总是礼貌地问好。你是个品质非常好，各方面非常优秀的孩子。现在正值毕业前夕，各位老师都在尽职尽责地教你们，压力也很大，老师要求的事情要尽量去做好，别惹老师生气，管理一个班级也很不容易。以后你如果有什么不顺心的事情就去跟我说，好吗？你看能否主动跟老师承认错误，我再去跟你老师说说情。你老师发火的目的只有一个，就是让大家都能安然度过这段时光，顺利进入高中，你说呢？"这时的赵川已经情绪平稳了，随后，我把他送到楼上，并跟老师说明了情况。此时的赵川已经安静了下来，去教室安心学习了。

这件事已经过去很久，我当时并没有放在心上，觉着这是一个老师应该尽的责任，可是孩子却记住了我，在节日来临的时候送上他的祝福。我常想，做一个普通老师，尽管没有做什么轰轰烈烈的大事，但是如果能在学生处于困境的时候，真诚地伸出援助的手，哪怕是一句话，一个眼神，也能让学生记住你，真的！

2. 有种爱，难以割舍

最头疼的班级一般是有故事的班级，总给你留下美好的回忆，这种回忆让你思考，催你前行。

　　周五的早上，我有第一节课，按照惯例，在前个晚上就布置好课前任务，整个课前由我的课代表全权负责。因为我不在花园小区住，开车至少需要15分钟，早上的时间很紧张，起床后晨练半小时还要做饭，然后带儿子上学。我只能预备铃前来到，到点上课。这已经是我多年的习惯，更想把那部分时间交给学生。对于我的要求：来到教室就是全身心的学习，下课该怎样玩闹无妨，我要的是"课堂效率"，这一点孩子们早都知道。

　　今天，我跟往常一样来七年级十二班的教室，但老远就听到什么大伙在"超级辩论"，当推开门的那一瞬间，孩子们都"唰"地低下头，装模作样地学习，其实他们连课本、地图册都没有取出。我的脸沉了下来，再也无法保持微笑地走进课堂（曾给自己规定的一条教规，无论何时走进教室都要面带微笑），我也想用"同学们，你们在开什么辩论会"过渡完了好上课，但是，坦白地讲，此刻的我做不到。因为那几天的环保艺术节活动让我疲惫不堪，晚上儿子睡后熬夜搜材料做课件，白天上课还要应付好多的事情。如果来到教室看到孩子们在努力学习，我会很高兴。

　　但是，眼前的这一幕令我头顶着火。不过，在关键时候，我还是记起了不知谁说的，"在你发火之前默数十秒，对你对人都有好处"。我接受了这条建议，坚持了十秒，在孩子们的不自然的目光中走上讲台，把电脑打开，开始了我的演讲："孩子们，咱课前的任务记得吗？""记得。""昨晚老师临走时交代的不清楚吗？"他们说："清楚，还在黑板上写着。""那为什么就不能把握好课前的自习时间？不是口口声声地说全力支持老师做的这一切吗？不是说老师是你们最好的朋友吗？那你们为什么这样做？你们要把老师一直粘在教室里才能学习吗？为什么不珍惜你们的自由空间？还说，'老师你的脸都瘦了，注意休息'，都是骗老师的吗？孩子们，你想想，你们不能回家，我在网上搜集新闻，让你们及时了解天下；老师知道你们都是聪明的孩子，我们经常为国际争端问题展开辩论；教室里有异味，我自费去潍坊商品城给你们买来一双双防臭鞋垫……你们忘了吗？这样的课前准备都做不好？不想学习的请你出去！"我就这样劈里啪啦的一通，把话甩出去了。结果，没有一个人出去，"好，我走！演讲完毕！"这好像是教学以来的第一次，因为我觉得离开教室是一个教师很无能的表现，连这么点小事都处理不了，但最后我还是决定离开。合起电脑，冲出教室，两行眼泪飞落下来。不过临走还是不放心，扔下一句话："其他班复习什么，你们自己打听，这个教室，我——不——进——了！"一甩长发，转身而去。

保准儿，孩子们给吓着了，一会儿课代表和几名班干部红着眼圈去叫我，我也心疼，陪着流泪，但是我还是照计行事。班级没有维持好纪律，我只能批课代表，职责不清楚，组织不到位。我说："你们可以想干啥就干啥，没有演讲完就继续演讲，我今天拒绝进你们的教室！"

第二天，有课，十二班跟十一班连堂。上课了，我在发复习试卷的时候，很不想进教室，想敞开门，从边上放给学生拉倒，坚守我的诺言，想先冷他们一天。但是，在敞开教室门的一瞬间，我又被感动了，全班孩子们整齐地站着，班长和课代表在讲台上，所有的孩子们都低着头。一见我露面，班长宋英豪就说："老师，对不起！"其他的孩子们跟着齐喊："老师——对不起！"哼，老师是干啥的，我才不上你们这些机灵鬼的当呢！没说一句话，沉着脸，走上讲台，把电脑打开，班长用几近沙哑的嗓子喊道："老师，对不起！"孩子们和着。我的天！别这样好不好，难道让老师的眼泪用盆子来接吗？我低下头用眼睛的余光扫着这帮捣蛋鬼们，故意沉思了一会儿，然后才用不屑的口气说："好了，好了，我的调皮蛋们！别来这一套好不好？我原谅大家了，老师也有错，我向你们道歉，当时我完全可以用另一种方式调整课堂的。"

有些生气，有些心疼，我不敢抬头，长发遮住了流泪的眼睛。

跟孩子们在一起是我的快乐的源泉，我时常被浓浓的爱包围着，被纯真的情感动着。这种爱难以割舍。

3. 环保无处不在

自从很认真地做"大地理"教育以来，得到了很多朋友的支持和理解，也有好多人认为我的做法不可思议，觉得这样大的社会问题我一个普通女子怎么可以做下去？我懂得里面的爱惜与支持，但是你想，我不做，谁做？我不呼吁谁来呼吁？等待别人吗？我们生活的家园还能等到何时？等到支离破碎的时候再行动吗？现在不是已经满目疮痍了吗？地球不能说话，你就可以恣意蹂躏它吗？它的愤怒是不给你警告的，会是直接进行生命处罚。因气候变化引发的太多的自然灾害不是能说明问题吗？为什么这样普通的问题却让人费解？

环保距离我们多远？环保问题无处不在，环保就在我们身边。不能一谈"环保"就把矛头指向工业、农业、交通运输业。诚然，这三大部门是最大的环保克星，要发展，要GDP就要造成污染，但是在发展的同时可以利用环保措施啊，如节能设备、净化装置等，最大的限度在减轻污染的基础上发展经济，可他们为了自己的眼前利益就可以毫无顾忌地把大批的污染物直接排入地下通道。地下水污染了，海洋污染了，我们生存的环境污染了，人们的身体出毛病了，过早地失去了生命，永远离开了曾经哺育他们的家园，到死可能也不明白污染就是杀手！人们就在恶性循环的圈子里转啊转！除了这些，生活中人为的污染多吗？一年一个家庭能造成多少环境问题？水、电的浪费现象又如何呢？今年我给初中部两千个学生的寒假作业之一就是让学生调查家庭或社区的水、电的利用情况，结合全国的用水用电量资料做一下比较，分析出数据，相信数据会有些骇人。有兴趣的朋友可以看看我的博文《寒假社会实践调查问卷》。

一方面我们竭力呼吁环保，另一方面我们要做好自己，从自己的家庭，自己的社区点滴做起，从身边做起。别忘了，仅我们中国就有13亿人哪！全世界呢？如果按照世界人口发展特点的话，别说目前60亿，80亿也很快就到了……从我做起，这很难吗？

将我的生活习惯跟大家分享——

习惯了，见了灯就关。天亮着，教室里看得很清楚，走廊里很明亮，太阳老高老高的，还开着灯干啥？一路走过去，关掉。这个动作很难吗？伸出手，中指很优雅地靠近开关，轻轻一按，"啪嗒"一声，时间一秒钟，结束动作。我由此得了学生一个"灯官"昵称，后来，孩子们跟老师说，这个"灯官"我们一起来当吧，谁看到开着灯谁就关掉。

习惯了，看到地上的废纸，顺手捡起来，放到该放的地方。这个动作很难吗？慢慢地蹲下身子，尽可能让身体挺直，用拇指和食指轻轻架起纸片，然后步履轻盈地把它放到可回收垃圾箱，时间不过一分钟，结束动作。由此，儿子会在中百商场附近自觉捡垃圾，在人民广场看见垃圾就送它们"回家"，的确，蹬着滑板捡垃圾也是一道靓丽的风景线。

习惯了，看到水龙头滴滴答答、叮叮咚咚地奏着《自由畅想曲》，便上前关掉，动作很难吗？拇指和食指轻轻一转，哈！一圈优美的华尔兹，时间一秒钟，结束动作，让喜欢的音乐响在心里吧！

习惯了，看到小树受罚心里就不安。那天看到一个网友的博客照片上，一块大石板压着一个半截的树杈，上面有警告人们"严禁烟火"的提示语。刚看到这个就急了，问朋友："那边的人们怎么这么狠心，树杈都残废啦，还压块石头！"那朋友给问蒙了，经过激烈的解释，终于明白了，他说："那是假的，是水泥的，是人造木头！"我说呢，公园里也看到过这样的景象，倒忘了，一看朋友的图片，马上急了，创意还真行，容易引起共鸣，本事！我连忙说："最近搞环境教育走火入魔了，打扰啦。"

环保无处不在，环保就在你身边！来，朋友！让我们携起手来，让环保成为您的新型生活习惯。

4. 我的爱对你说

"老师，我爱上地理了，我特喜欢上你的课，我们都喜欢你，老师！"一直为地理愁得哭鼻子的七年级十二班的杜昊林在临放假的时候跟我说。我故意把头一歪，说："真的吗？不再看见'地理'两字就过敏啦？""不会了，地理真的很有趣，经纬网我也攻破了。"我打趣说："那可不得了，终于从网中'巧奔妙逃'啦！哈哈！爱上地理不是你的错，喜欢地理老师也不是你的错！"

不只他一个，付志浩也是如此。一个学习成绩中游偏下的学生，从开始的"怕"到后来的"着迷"，变化简直让人惊讶！每次素质检测都是96分以上，次次是A。有很多老师说，他偏科厉害很不好，我也跟他说好好学习其他科目，但他就是疯狂地"迷"上了地理这门自然科学，经常讨论什么"天体运动""天象奇观""火山、地震""沙漠化""矿产资源"等话题。像这样的孩子很多很多，不单是课本知识掌握得好，而且能运用到实践中去，他们的环保创意和制作令人称奇！如宋英豪、桑茂盛、刘洋、张瑞林等同学，已经引领了几乎一个男生团队。

有人说学地理偏男生，男生好入门，对抽象的"地球的运动、经纬网、地图知识"好理解，女生的思维决定了学地理困难。但是我的学生好像打破了这个常规，女生的兴趣不亚于男生，素质检测的成绩也不比男生低，尤其在实践活动中变现得更为突出，她们的伶牙俐齿和超强的动手能力让人惊叹。比如王艺蒙、张静、孙姗姗等同学，也引领了一帮女生团队。

这些孩子的浓厚的兴趣让我感动，大半年来的环保活动给我很大启示，孩子需要这样的动态课堂，课内的知识远远不能满足现代学生成长的需求。在每一次的组织活动中，有太多的孩子参与其中，他们的激情迸发出青春的色彩，他们的创意让你拍案惊奇！

在孩子们的感染下，我越来越感到兴趣的魔力。记得博友中的严老师，跟我交流时的一句话让我记忆犹新："让孩子们充满兴趣的学习。"是的，最好的老师是兴趣！

我从没有偏袒过哪一位学生，上课都是转着圈提问问题，有时一节课两到三圈，采用抢答的方式，孩子们都喜欢。我们的课堂经常笑声不断，课上总在第一时间观看世界新闻，总会及时对环境现象展开辩论。上课我从不拿课本，课本的那点知识早已烂熟在心，哪行哪字可以免检，带的就是电脑和水杯，上课、下课总有学生抢着拿水杯和电脑、开门。我这时会很幸福地享受孩子们的爱，有种"前呼后拥"的感觉。课下没有布置作业的习惯，连大周的休息都是给其他科目让路，我主张课堂效率和趣味社会实践。

我平等对待每一位学生，如果说偏袒谁的话，那我对个性孩子更有钟爱，因为每一个孩子的智力差不多，差的只是兴趣。当他们的情绪一旦调动起来，简直势不可当！而在环保活动中往往是个性孩子们贡献最大，他们的思维相当灵敏，对这些孩子的教育更应该多一些精力投入。回想，为什么学生们这么疯狂地喜欢地理，不知是环保活动带动了学生的地理兴趣，还是由地理产生了浓厚的兴趣而去参与环保活动？在我的教育词典里没有"差生"这个词，在我的眼里没有差生的概念，每一个孩子都是我心中的宝。我愿跟追随孩子们的浓厚兴趣，在充满奥妙的新型教育中探索。

5. 感动着，快乐着，收获着

在孩子们中间，每一天都被一些事情感动着，这些感动，让我紧张的教师生活充满了快乐和幸福。

昨天刚刚被七年级十二班的课代表桑洪峰感动，写了随笔《我接受了孩子的礼物》，今天又被眼前的一幕感动了！越是快到学期的结束，面临着即将分开，孩子们越是跟你配合默契。这不，昨晚上布置的一张试卷，要求明天上课前做完即可，但今早就都齐唰唰交了上来，随便翻试卷，红色的对错明显地标着，试卷的中间附有一张纸条，上面写着："老师，卷子做完，我批了！"然后加画了一个笑脸，署名李嘉辉。

我拿起试卷默默地翻着，心中说不出的感动。一张张试卷上都留下了李嘉辉的辛苦，在接近考试那么紧张的情况下，各科作业都很多，居然还能做好作业的收交与评阅。那清晰的标记，分明是孩子对老师深深的关爱和支持啊！曾想起孩子们在网上留言，说老师不要太累了，我们都支持你的绿色环保工作！而这个李嘉辉，我的七年级九班课代表，更是如此。每次休大周时他都去博客留言，说："老师，休班了，好好休息，我支持你的环保事业！加油我的老师！"

品着这份感动，不得不让我想起另一个班的课代表张静，一个文静但很有管理才能的女孩，一直默默支持着我的一切。当我忙于环保活动策划、组织的时候，不慎忘记了上课，而班级的秩序井然，原来是张静讲完了本课的知识点后，在教室的走廊里来回巡看其他学生的学习情况，班上的孩子们就是在这个小女孩的带领下上完了一课。在平时的环保活动中，张静总是领先其他班帮助老师做好班级事务。在最近的复习中，有几张试卷是要评分的，当我要说下节课我们要讲评试卷的时候，张静说："老师，我已经讲完了第三章和第四章的，而且同学们都已经用红笔纠正好了。"哦，不！孩子们，别让老师感动啊，我可经不起这样的感情"诱惑"！

说好了，不要掉眼泪；说好了，我们还会重逢在另一季节；说好了，我们会成为一生的朋友！

感动着，已经长大的孩子们；快乐着，2010年的春秋冬与夏；收获着，懂得感恩、懂得大爱的张张笑脸！

就是这群孩子，让我激情飞扬在青春无悔的空间；就是这帮挚友，让我的绿色教育梦想不再虚幻！

这片天，会很蓝；这方水，会很甜；这友谊，会地久天长到永远！

6. 我接受了帅气男孩的邀请

一个班级有优等生是希望，这种希望能让学校辉煌；有诚实的学生也是希望，这种希望也许来得更久远些，同样使人深深眷恋。

周四，我接到了一个电话，是一个帅气男孩打过来的，好久没有听到他的声音了。还没等我问候，他已经很快地跟我说："嗨，老师，我工作了！"哇，不可能吧？这么快吗？"祝贺你！""谢谢，老师周六有时间吗？我要请你吃饭。"吃饭倒是小事，想要了解这个学生的成长经历倒是真的。跟朋友们网羽中心打球的事情，尽管早就约好，也毫不客气地放弃了，心中有一种迫切的愿望想见那个我带过的14岁的男孩，两天里的闲暇时间，眼前都是他的影子。

周六放学后，我又接到了他的电话，要我在家等着，一会儿开车接我。我提前站在了路口，想早一点看到这个曾经的男孩。

站在树下，静静的等待，思绪把我拉到了2005年——

刚到世纪初中部的那一年，我接的七年级四班中有这样一个男孩，叫刘建新，他对学习不感兴趣，曾经成为别人的笑料。分班的时候他们就告诉我说，谁谁是哪类学生，我认为对孩子不要这样贴标签，每个孩子都有他闪亮的一面，谁也不愿意被人说三道四，都有自尊心。他经常主动打扫卫生，几乎把班里的杂事和卫生全包了，品质非常优秀，你还说孩子哪里不好呢？评价孩子的标准不能只看学习成绩。

孩子在班里受排挤，做班主任的就不好受，除了在班里及时鼓励他，还对其他学生进行品德教育，让他感到班级的温暖。

有一次，刘建新不愿意上生物实验课，我去教室，看到了他，说："这样能动手的课你应该很喜欢啊，怎么不去呢？也不跟老师请假？"他说："他们老说我，我不去！"我就在教室里跟他聊天，看能否轻轻叩开孩子的心扉。教室里只有我们两个人，刘建新慢慢道出了心里话。他告诉我，自己有三个姐姐，他是家中唯一的儿子，父母很宠他，他对学习没有多大兴趣，看到课本就头疼。我问："还有没有其他兴趣，比如音乐、美术、体育之类的？"他考虑了好久，说绘画还可以。于是我向美术老师的特长课申请，能否收下他，一旦有了一门兴趣，他会很快乐。但是美术老师很为难，因为他主要带参赛学生或有基础的学生，目前还不能收。我一着急，几乎跟美术老师顶起来，说他很有绘画潜力。也罢，跟刘建新商量，按照我的简要计划，让他在课上画地图，课下有时间我教他画素描。以前我也粗略学过这东西，画技不行，但能凭嘴皮子稍加指导。

往事还在眼前飘着，这时被一声："嗨，老师，你好啊，几年不见，越来越漂亮了。"声音未落，一辆豪华轿车在我眼前停下了，一个帅气的男孩打开车门，满脸微笑地下来了。还没等我回过神来，男孩的大手已经伸到了我的眼前。我顿了一下，这个嘴巴甜甜的阳光男孩就是我五年前的那个特殊学生吗？现在已经是很自信、很潇洒的大男孩啦。

同行的还有他的两个朋友，一会儿，我们说笑着到了海鲜城。刘建新的车开得很稳，我说："你工作多久了，这么快就买上了车？""刚半年呢，这不是我的，我给老爸打的欠条，等我挣出来了再还他钱。"哇！我又有一阵感触，他的故事更想听了。

菜还在上着，没等我问，刘建新已经跟我打开了话匣子："老师，你还记得我们在一起的时候吗？那段日子你对我太重要，你曾让我狠画地图，我都画了好几个本子，画的素描也有好几打纸，只可惜我跟你的时间太短了。"是啊，我怎能忘记，为了刘建新曾跟其他任课老师争辩，想摆平别人说"对他的教育是不可能的事情"。"老师你还记得吗？你总叫我回答一个问题。"我说："呵呵，好像不记得了。"刘建新笑了，说："你一见我上课不画图了，你就叫我回答'地球上最长的纬线圈是什么？'我到老也能记住是'赤道'了。"我一听，跟他的朋友们哈哈大笑起来。那个时候的细节似乎忘了，"没有吧？有那么逗吗？"那时只是觉得别人能回答难度大一点的问题，对他，需要分层教学，要降低要求，但是也要他回答啊，课堂是我们大家的。刘建新说，每次答完总有种优越感，不过同桌老对他笑。

哈！五年了，这小事还记得啊。

尽管我跟刘建新在一起只有半年，但这男孩却记住了我。到过年的时候，由于特殊原因，整个级部重新调整，我的班被无情分开。分班之后，我没有再带刘建新，过了一段时间他就转学了，走时问我要了电话，以后每逢春节和教师节一定能接到他的问候。后来他换了电话的时候也告诉我，在他离开后的五年里，虽然没有见过面，但我们浓厚的师生情谊一直存在。

在他初中毕业的时候，面临选择，他问："老师你说我是去高中呢还是去职业学院？"我当时感谢他对老师的信任，就建议他说："去职业学院也好，学习一门技术比上高中、考大学更实用些。"他听了我的建议去学习机电类，现在还没有毕业，在实习期，但是他已经靠自己的本事找到工作了。

我说："现在找工作这么难，你是怎样努力的呢？"

"老师，你可能不相信，我很多的巧合让我很顺利。自己先后给几个公司打过工，边实习边考察，有时工资还不够自己吃的，全当学见识，还得让爸爸填补生活费。后来我开始学车，十一月正式学的，当月考下来，十二月初就应聘到了工作，给当地某个公司老总开车，不过这也许是一个踏板。"我很奇怪：当年老师、同学不怎么宠爱、对学习没有丝毫兴趣的他，居然……刘建新继续说："自己是从报纸上得到的招聘消息，先后考察了几家后，选择了现在比较满意的单位，在上班的第一天，老总就让我去了无锡跑业务，中间都不能让人替，后来的几天也是几个领导部门也是轮番轰炸地对我考验。最后，终于顺利成为本部最年轻的司机。"我着实惊了一下，自己开了几年了，都不敢开长途，对一个新手来说，真不容易！

"建新，还记得吗？你挺能帮老师干活的，班里的卫生也多亏了你，咱班里一直是级部卫生第一名呢。""我学习不好，不能给班里再添乱，只能从另一个角度加以补偿吧。"这个习惯一直让他保持到现在，始终是岗位上的积极分子，顺利找到工作对吃苦耐劳的他来说并不难。

我们交流着，我心里充满了对刘建新的欣赏。这样的一个男孩，一个敢于吃苦、奋进的男孩，他的路会越走越宽。临走，他说："老师，等我结婚的那一天，我一定请您喝喜酒。"我笑了，满脸幸福。对他这样耿直、善良、懂得感恩的好男孩，更是期盼着他事业有成、家庭幸福。我默默祝福着他的美好未来。

7. 绿色花儿越开越多

暑假的一个中午，正在准备午饭，一条信息伴着优美的音乐而来。算啦，忙着一家人的饭呢，还是饭后再说吧。

半个小时后，打开信息一看，是一个学生发来的："老师，我发现一个地方整天开着大管子放干净的水！"没有署名，但我知道肯定是教过的学生或是绿色小记者。我马上问："在哪里？你怎样处理的？"信息很快回了："没事了，我打电话给了日报社，他们派记者前去调查了。那个地方我看见了几次，原以为有人使用，但结果不是，找不到人问，就只好电话给报社了"。嘿！这个小机灵鬼儿，还很有门儿，处事策略高明。于是又问："你是谁啊？不愧为是绿色小记者！""张顺，嘿嘿……"果真！是我的爱徒之一。

很久了，从认真地跟孩子们开展活动以来，不知道有多少大人、孩子、同事的不信任、不理解，不知道受过多少为难。曾经在我的网易博客中说过，每组织一个活动都有"举步维艰"的感觉，我必须有出色的协调能力去

"周旋"。任教5个班的地理课，我希望的是学习成绩不能落下，还要有丰富的课堂拓展活动，培养孩子们的情感能力，多年了还算很坚强地挺过来了，但回想起来，有时候感到真得好累、好累！有时候一直在追问自己："为什么你非要去做？为什么你这样傻傻地执著？这些与你有多大关系？你单薄的力量又能改变多少？"我说不出口，说不出什么是真正的理由，说不清究竟是为什么，但是我只想做一回爱的教育，我希望看到孩子们在活动中的快乐的笑脸，希望看到孩子们在地理课上高昂的情绪。我始终确信用我的引导让他们不是死学课本知识，而是还要学到教室中永远得不到的东西，他们的人生也许因我的短暂相伴而增添一份瑰丽色彩。

不只是张顺，还有刘洋，在上学期休大周回家的时候，看到村庄的附近有污染的河流，大量的工业废水排出厂房，没有通过除污就排到田地里，于是按下手中的快门，收集到了第一手资料，给我发了过来，我们一起通知了当地环保部门。

当我们为7·16大连油管爆炸而紧急募捐清油物资的时候，有好多的市民和孩子、家长，不分年龄大小，不分职位高低，冒着酷暑前来支持我们的活动，家长和孩子们一直跟我整理到晚上八点，一口水都没有喝就离开了。远在东营的李嘉辉同学跟我说："老师，东西如果先寄到学校会很周折，我直接从东营寄去了。"寄去的东西比我们的大宗物资到达得还快。还有昌乐的不说姓名的小学生告诉老师一定来募捐，我说："只要本市区附近的，远的不方便就算了。"但是他说："不行，我也是环保志愿者啊，我不去谁去！"感动，留给我的只有感动！

我始终坚信通过系列环境教育活动，或多或少地会提高孩子们的环保意识，提高大家的生活质量。尽管需要时间，需要过程，但我觉得能等，教育本身就是一种慢的艺术，只要做就有成效，最怕的是只观望，看着环境恶化无动于衷。我更相信通过生活中的环保教育，会带动更多的宣传源，无论家庭还是学校，绿色花儿会越开越多，他们会更加珍爱身边的环境，逐步树立强烈的社会责任感。退一步说，即使这一切没有多大的改变，还会让我们的孩子对记者或写作或其他的行业感兴趣，至少他们也学会了细致的观察和思考。

无论前方的路有多坎坷，有这么多绿色花儿的支持，我会坚守这种爱的教育！

8. 救救小鸟吧！

一个妈妈走南闯北做绿色公益教育的同时感染着自己的儿子，儿子是我最忠实的秘书、助手、合作者、实验者，多年来，很多"大地理"教育活动都是在儿子的帮助下完成的。

快到晚饭时间了，我赶着点去学校，担心儿子再去四楼的办公室找我，就想在楼下截住他。刚进入校门的瞬间，正好看到儿子向教学楼跑，我喊了声："孟航——"他急忙跑向我，大声说："妈妈，快救救它，它要死了！"跑近了一看，原来是一只小鸟，静静地躺在儿子的手里，求助似的睁着双眼，两只小腿在半空中抓着，像要对生命的最后挣扎。我刚忙问："这是哪儿来的？"儿子说："我在学生公寓后边走，突然看到小鸟从楼顶上掉了下来，我马上跑过去捡了起来。妈妈，快救救它吧，它还动，它还活着！"

我看到小鸟的伤势很重，是内伤，从这么高的距离掉下来，啥都不好救。但看着儿子的焦急，我很欣慰，儿子很有爱心，能爱护小动物。我问："怎么救它呢？"儿子说："妈妈，我们去卫生室吧？"为了儿子的爱心，我就跟他去了卫生室，南门跟卫生室的距离有近一公里路，怕时间来不及，儿子就快跑着，说在"追赶生命"，别人根本不明白我们为什么这么急——仅是为了救一只小鸟。一路上，儿子还不时地把受伤的小鸟双手捧着放到胸口，不住地祈祷。等我们一溜小跑到卫生室的时候，儿子打断正在给小同学看病的医生，把双手捧着的小鸟放到桌子上，对医生说："阿姨，快救救小鸟吧，我们看看能否找到受伤的部位，也许只是骨折，我的手臂骨折过治好了，小鸟的也能救好！"但此时，小鸟的身体已经硬了。阿姨看着已经丝毫不动的小鸟，眼睛是疑惑的。因为不想打击儿子，我不等医生说话就暗示说："看来小鸟不行了，是内伤，你问问阿姨是吧？"医生跟我配合得很好，儿子捧着小鸟很失望地走了出来，说："妈妈，如果有个动物医院多好，也许他们能救这只可怜的小鸟。"儿子很小的时候就知道小鸟是人类的朋友，动物也是有生命的。儿子把它埋在了校园的银杏树下，让它的身体为植物输送营养吧。

从儿子难过的脸上，我看到了绿色教育要坚持做下去的希望。

9. 期待环保教育再次爆发

2011年10月23日的下午，参加潍坊市第一届科普剧比赛回来，在去体育馆的路上看到儿子在秋千边上玩，我让儿子过会儿去阳光心灵活动中心找我，因为周五下午第四节是我的心理社团带团时间。

当我回办公室放下演出的道具和电脑等东西，到心理咨询室的时候，看到张乐华老师已经开始讲课，我的课只能拖后。我返回办公室整理完道具，再去餐厅找儿子，着急回家。一周以来，光为这个科普剧，我把所有能休息的晚上都搭进去了去。但是，此时我已经忘记说让儿子在心理咨询室等我了。今年我感觉得了老年痴呆症一样，放东西或者说什么话，一秒钟就忘，但就是不忘做工作。在餐厅等了好久，没有见儿子，只好给心理咨询室的张老师打电话，正好儿子在，但是真让我着急，因为他掉进了人工湖。

我赶到咨询室，儿子出来了，说："妈，你去哪里了？我等了你好久，你不是说让我来这里等你的吗？""抱歉宝贝，我忘记了。"旁边的同学说："他掉进湖里了。"儿子这才说："衣服已经干了。"我很生气，也很心疼，就说："你干吗去啦？""我去湖边捡垃圾了。""你不会用东西捞过来吗？湖边够不着的可以不捡！""我用过树枝，但是还是够不着啊。""你不会放弃吗？"儿子犟了起来，噘着小嘴说："那么多零食袋子在人工湖里漂着，水都臭了，你也不管管这事。你闻闻，我的身上都臭死了！"这时，儿子的鞋里还有水，裤子还能拧出水来。"我捡了那么多，还没有完呢！""你也不能为了捡垃圾掉进湖里。水都这么凉了，生命重要还是垃圾重要？"儿子说："可他们还在乱扔，我不捡谁捡？""妈妈不是不让你捡，是要你在保全自己的前提下去做事情。你这个调皮蛋！"其实，我经常教育儿子，在马路上或其他地方看到什么新奇东西也不要去捡，尤其是在没有安全保障的情况下，千万不要去做。但是，这次儿子较起真来了，"湖水又不深，我的内裤还没有湿！"我哭笑不得，他的衣服已经湿到屁股以下了，就说："有本事你不感冒！""是，我保证！"

那天下午，也是我带环保社团的时间，因为两个社团和演出的冲突，我在前一天已经交待社长，让所有成员在全校范围内找到环境问题的所在，顺便见到垃圾就捡，做到校园环境的卫生。我和儿子在秋千边分手后，他看到有人在捡垃圾，就加入到环保大军中来，即便掉进湖里也不说，其他的成员也都做得很认真，满校园地排查，并做了记录。今天演出刚结束的孩子，更是自觉加入到环保队伍中来。我感动了，每一次活动都会给孩子们带来或多或少的自觉行动，越来越多的人申请加入到环保社团。我已经看到了，绿色的苗苗在成长。

有人问我说："你们学校不早已经是省级绿色学校了吗？"我说："我注重的是孩子的长期环保意识和社会责任感问题，有牌子并不意味着环境教育工作的结束啊。"自去年我带孩子们参与低碳生活教育活动以来，收获颇丰，孩子的节俭意识和环境意识大有提高，期待这样的环保教育再次在世纪爆发。

10. 个性孩子更需要关注

七年级十一班的李百水又一次引起了"轰动"——

大课间，他看到我，就抢上前去对我说："老师我要讲课，小《日本》我全包了！""吹去吧，你！"我故意不屑一顾，"上课铃响了，你还老找不着人呢，哼，你啥时候用过心？人家十二班的陈凯比你厉害大

▲ 皮蛋儿李百水在讲授《日本》

了，一节《日本》讲的头头是道，还非常大方，等你呀，得了吧！""老师，你相信我，我真得都记熟了，还能画图，不信，下节课你看我的！"嘿！还较起真来，老师我就等着你的这句话呢！

说真的，随着一次次的环保活动的开展，百水的表现超积极，他的地理学习积极性也确实得到了提高，我又专门为他写了博文《个性孩子更需要关注》，跟大家分享百水的故事，并在《世纪教育》发表，借此鼓励。还有，把他做的并不完好的"地理—环境剪报"天天摆在我的办公桌前，有老师和学生过来，我就给他们看，说起他的进步。从此以后，他的生活多了些忙碌，整天乐不颠的，一上地理就来了精神头儿。这不，吵着嚷着要讲课。

好！就给你这个机会！

终于轮到十一班的地理课了，我提前几分钟去候课，老远就听见教室里很吵，走进一看，百水正在黑板上画图，下边支持的粉丝还不少，有的在指点怎么画图，有的跟他大声说："百水，这儿你别忘了讲！""那儿你别漏掉了！"同学们急得要命，都想帮助百水。他满脸汗水地在黑板上忙乎，我走到教室门口了他也没看到，继续准备。

我站在教室门口静静地看着他——这个调皮蛋，大半年了，从坐在教室里一字不动跟你哈哈脸，到主动要求上前讲课，经历了大半年的时间，其间有我们的多少心酸和苦楚，有多少努力和坚持？

上课铃响了，我拿着笔记本微笑着走向讲台，还没有说这节课的内容，台下的百水已经坐不住了，半撑着身子，要向前去。我故意不叫他，先布置这节的学习内容，让同学们自主学习，五分钟后突然来了个大转弯："同学们对日本的知识能否掌握？"没有几个回答的，因为留的时间不多，不熟情有可原，"谁上来讲讲本节知识？"话音未落，百水早窜上讲台："我来讲，老师你看我的"！掌声鼓励中的百水不好意思，有点激动，有点脸红。

"好吧，百水老师，讲台属于你了。"我坐在了他的位置，看看这个调皮蛋是否真的努力了。

"日本是一个岛国，有北海道、本州、四国、九州四大岛和周围的许多小岛组成……"百水在黑板上边画图边讲解，从地理位置、领土组成到地形、气候、资源、经济逐渐讲来，还不时地补充点小趣味知识，台下的同学们也来点提示，百水老师和同学们有了互动，整个课堂的学习气氛空前热烈。

我微笑地看着眼前的一幕，想着这个调皮蛋点点滴滴的进步。是啊，能如此自信地主动要求讲课，对他来说，简直太不容易了，能讲到这个程度，对他来说更是了不起。好样的！百水加油！不是吗？每一个孩子都有他进步的理由，只要你眼里有他，只要你把爱分给他一部分，给他一个展现自己的平台，多给他一个表现自我的机会，他就会自由快乐地飞翔在成长的天空！

11. 一个男孩的快乐成长故事

追踪时间：2009年9月—2011年8月

案例背景：

桑洪峰，一个很内向的男孩，在七年级（2009年9月）的时候我曾教他地理，他对地理的学习兴趣并不突出，爱偷玩，对地图知识更不喜欢。

经过2008年几乎一年的初级试验后，我才决定自2009年启动"大地理"教育研究课题，把地理知识与课外、课内环保活动结合起来，不但教授地理知识，还注重情感态度价值观的教育，培养孩子们学习地理的兴趣和人地协调的大环境观。

由于认识不足，桑洪峰同学在被动的情况下参与了环保活动，参加了几次后，便越来越想参与。课堂上我发现他善于问问题了，而且经常把我问倒，他特别喜欢地理课的辩论。我知道桑洪峰对地理已经有了浓厚的兴趣。以后，他越来越喜欢参加环保活动，还时时充满着对地理课的渴求，而且是很积极、很愉悦的心态，并一直是环保活动的骨干力量，地理中的学习成绩也是摇摇领先，他的进步让我惊讶。无意中的"心智仪"的检测，一看结果更是不可思议，他对地理的兴趣是100%！这证明了大地理教育的价值和意义。

今天我找到了他发表的文章和给我的礼物，一起展示给大家，因为他对地理课的喜欢和对环境保护的愿望，一直感动着我。桑洪峰是懂得感恩的孩子，即使在紧张的高中，仍时常到办公室看望我，他已经成为非常健谈的阳光男孩。这是2010年6月（七年级学期末）的一个故事：

▲　我接受了孩子的礼物

桑洪峰的环保地球仪

已经接近学期的尾声，知识的巩固成了重中之重。今天上午的课上，我把《世界地理》下册的《南亚》《西亚》《东南亚》的知识点又串讲了一遍，孩子们听的倒是认真，还算欣慰。但是连上三节课，感觉有些累，课间想去倒水都不想动了，回办公室就趴在了座位上，只想休息一会儿。

没多久，一个声音传来，"老师，我给你个礼物，你要吗？"听的出，是十二班的课代表桑洪峰的声音，我不想动还在趴着，嘴里说："别忽悠我啊。""没呢，放在你桌上吧？"算了，抬起头，慢慢睁开疲惫的双眼，嘟囔着："这孩子，花钱可不行！""没花钱呢，自己做的。"在看到礼物的瞬间，我的眼睛瞪大了，哇！太好玩了！我看到了一个可爱的小礼物——一个药盒盖里放着一枚特别的地球仪。

桑洪峰问我："老师，你说这个是用什么做的？这个叫'环保地球仪'，都是我用可回收的垃圾废料做的。"他远远地拿着，我看不清楚，还没说呢，同事早嚷开了："我饿了，给我吃那个鸡蛋吧？"这话把我的课代表逗乐了，笑了起来，拿到我眼前说："老师，你舍得给她吃吗？"我仔细一看，原来是蛋壳做的，很巧妙，如果不好好看的话，跟真鸡蛋一模一样。上面画了整个世界地图，七大洲的轮廓相当清晰，其中的分界线、运河等也都明白标出，红笔流畅的勾勒，在米黄色的蛋壳上衬得非常漂亮。

桑洪峰介绍说："因为地球是椭圆形的，选择用鸡蛋壳比乒乓球还逼真。当初做的时候，本想扁着画，但是效果不好，只好竖起来做，但是地轴的选取与固定又遇到了麻烦。中间的这个是地轴，我原来用线做过，但是不行，紧不起来，转动也不灵活，后来就用消炎棒做了。当时用了好多鸡蛋的，蛋壳容易碎，孔必须要小，做起来难度很大，但如果孔大了，会一下子被人看穿是鸡蛋壳。为做这个，我给妈妈做了一大盘子炒鸡蛋呢……"我快乐地听着孩子的发明故事，跟他哈哈地笑起来，同事们也把这个传来传去看，都称赞是好发明！

我问他为什么这个时候想送给老师礼物，他说："这学期快要结束了，我特别喜欢地理课，老师为我们付出了那么多，很辛苦，想做这个给老师当作纪念。"我的眼睛湿润了，老师不要听这样的表达，别让老师掉眼泪好不好？想想过去的日子，我们在一起快乐过、充实过，为地理时事激辩过、为环保活动的创意红过脸……是啊，做我的课代表很受为难，要求组织能力、应急能力第一位；做我的课代表不容易，要求不但自己会讲课，而且教会其他同学会讲课；做我的课代表很辛苦，做好课代表业务的同时，学习成绩必须一流（桑洪峰每次的考试都是满分）；做我的课代表不容易，要求参加环保活动必须积极。一年内我先后组织了二十多个课内、课外的环保活动，这些课代表都是我最得力的助手……

桑洪峰先去上课了，我的疲惫和倦意全无，静静地望着眼前的"地球仪"，世界地图在蛋壳上的鲜明勾勒，弯弯的海岸线和疆界线，看上去仿佛是孩子们的纯真笑脸。是他们！没错！是与我朝夕相伴的可爱的孩子们！看，一个个率真的孩子依次快乐闪现在我的眼前，于是，一个个美好的片段在我的心头蔓延……

2010年6月21日16:40张冠秀记录

因为我在校兼职心理咨询师，在2010年的9月去整理资料中无意发现了桑洪峰的兴趣测评结果报告，因为需要，在经过他和家长的同意后把这份资料保存了下来。

这是2010年在学校的心理"心智仪"测评报告：

测评结果描述：

从学习兴趣测评结果图中，我们可以清晰看出该同学在语文、数学、历史、地理等七个学科中兴趣强度的比较，蓝色多边形形象地描绘出了该同学的兴趣倾向。

专家评价与建议中其中一条就是：该同学对地理学科有浓厚的兴趣，这有利于他主动的探索并掌握这些科目的知识。希望该同学在兴趣的基础上把握主动，积极探索，学以致用。

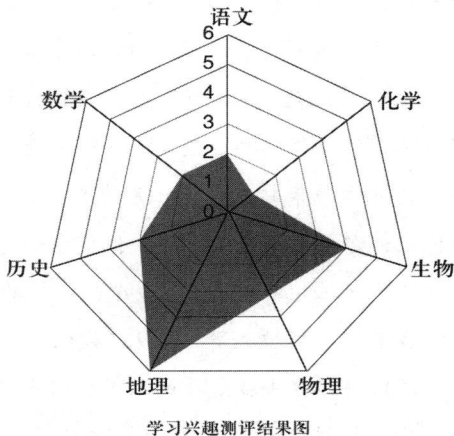

学习兴趣测评结果图

▲ 桑洪峰的学习兴趣测评测量图

2010年6月21日

后来桑洪峰同学升入八年级（2011年），虽然我没有跟级走，但时常询问他的学习。尽管减少了众多实践活动的参与，但他对地理的兴趣已成定型，对地理已经产生了内在驱动学习动机，在每一次的考试中他的地理成绩几乎总是满分，在最后的会考中他得了个"A"。

桑洪峰同学不但在地理成绩上有了突破，在写作上也大有进步，在很短的时间内就在国家级期刊《环境教育》上发表了两篇文章，写作能力大有提高。

留下那片净土

桑洪峰

我家的小区前，有一片还没有被开发的黄土地，这片土地上的植物稀疏，上面仅有几颗歪歪的小树和杂草，周末的时候是孩子们玩乐的天堂，但平时很少有人去关注它。

有一天爸爸拿着照相机照下了它，我问爸爸："为什么要照这片土地？"爸爸说："这个地方很快就要消失了，难道你没有看到这个地方将要建楼了吗？已经开始圈地了，不久后，这个地方将会建起一片居民区，我现在把它照下来留作纪念。"是啊，现在我们能玩闹的地方越来越少了，回忆童年，在乡下，可以捉蟋蟀，捕蜻蜓……可是今天的生活尽管舒适，但能给我带来快乐的地方越来越少了，小朋友们只能在豪华的建筑物里度过他们的童年，当他们偶尔看到一个小刺猬，他们会惊奇地问妈妈："这是什么呀？"

不止是陆地在遭受"洗劫"，海洋的命运同样悲惨，污染不断，生物濒危。我看了《环境教育》第122期的《血腥的海豚湾》后，第一感觉就是异常悲哀！海豚会去救落难的人类，但人类不会救濒临灭绝的海豚！自然界的生灵们、植被们为人类创造着财富，维护着生态平衡，但是人类却不能觉醒，恣意捕杀、滥砍滥伐！所见的凄凉让人知道再也没有像《桃花源记》里描述的那样的地方了。

一片片高楼矗立在土地上，像一个个卫士，可就是这些卫士占领着人们仅有的耕地，生活中的绿色只能只出现在人工的绿化带和庭院的花盆中。

望着窗外，看着这片土地即将慢慢消失，我感到了我个人的渺小，我感到我力量的微弱，绿色还会在将来出现吗？

想不到，2011年的8月6号，我又收到了桑洪峰的一件作品。原来他对地理仍然依恋，环境意识的增强驱使他将地理的资源开发知识运用到生活中来，他利用酸奶瓶和鞋袋子，制作了有创意的"便携式垃圾收集器"，绿色教育理念在他的身上体现出了非常好的成效。

从以上桑洪峰同学对地理的兴趣发展主线上，我们不难看出"大地理"教育的好处和对孩子持续发展的意义。并非是个例，而是一大部分学生都出现了这样的进步，只是程度有所差别。我们必须清楚一点，因为实验的时间短，学生们的年龄特点有差距，接受能力有差距，有的兴趣培养得快，有的慢些，这是很正常的事情，需要慢慢地积累教育方法。

我将学生们从"地理的兴趣启发"—"对环境保护的热爱"—"文章发表"—"生活小制作"联系在一起，形成了大地理教育的良性循环，而这一切不是刻意准备的，这是我从几年堆积的众多资料中无意发现了这样的案例，就粗粗整理了下来。

不知是地理知识带动了环保活动，还是环保活动提高了学生的地理学习兴趣，当向着地理教育的终极目标——人的教育，迈进的时候，这些"出乎意料的无意"都变成了必然。记得陶继新老师曾跟我说过："教育是一种慢的艺术。"我们需要时间，需要在一定程度上去等待，需要调动各种可行的办法激发学生的学习兴趣，引领孩子们领悟责任和感恩。只有当老师认识到学科与育人的理念对学生们的发展有着终生的意义的时候，这一切都是那么的有趣。

12.　一个调皮学生的转化教育案例

今天的上课令我欣喜，因为我对一个学生长达半学期的跟踪教育终于见到了效果。

不容易，真的不容易，这个曾让人头疼的特殊学生居然在讲台上侃侃而谈，把整个《日本》讲述得近乎完美，尽管还不能绘出全部的地图，但他的勇气已把人折服，今天的表现不得不让人对他重新审视。台下孩子们的掌声此起彼伏，鼓励这个曾是大家眼里的"小混混"。到底是什么让他勇敢地走上讲台？欢迎走进一个调皮学生的转化故事。

一、问题的提出：

十二班的陈凯（化名）是春节后转学过来的，以前在世纪学校上过学，一年后转走，但现在又回来了，我并不认识他。一次上课，看到班里多了个穿深蓝色卫衣的男孩，心想："这是来了个什么样的孩子呢？"你看他，基本的坐姿是没有的，书本更与他无缘，上课铃就甭说了，根本听不见，丝毫没有课堂意识，难道又是一个"调皮蛋"？别了！这样的孩子在十二班已经够多了，纪律都不好维持了。你跟他说，上课要准备好书，按时走进教室，他会歪着脖子耷拉着肩膀，咧着嘴巴跟你傻笑，还答应说："没问题！"但是，答应归答应，仍然没有一节课能在铃声前坐到教室。另外，在课堂上，他一会儿说，老师我肚子疼，我必须上洗手间；一会儿说，我感冒了，我要去卫生室；一会儿，又看不到他了，走近课桌一看，瞧！这位正坐在桌子底下玩玩具呢。老天呀！简直头疼！已经初一啦！还好，你说他，他从不恼，就跟你说："老师我干嘛去啦。"嗯，还有礼貌。

遇到这样的孩子怎么办？不管？哪能成？家长对世纪学校信任才让孩子转到这里来。任他所为？那可不乱了，其他的孩子咋上课？你还讲课吗？其他任课老师们都说班里让他搅得不得安宁，再加上另外的几个调皮蛋，一个班的纪律维持成了老师上课的难题。

二、解决的措施：

面对这个调皮的学生，我陷入了深深的思考。抛开任课老师和学生的评价，从另一个角度上考虑，他是个孩子，是一个处于特殊时期的孩子。据了解，他在小学阶段一直是前十名的学生，需要家长和老师的科学管理和积极关注，这样脾气的学生，用"强制"的办法根本行不通。而你绝对不能跟他生气，越是生气，他会觉得好玩，越是想怎么做就怎么做。回忆着他的种种所为，一个特殊的教育计划渐渐萌发——设置每一周的转化项目，让他每个时段都有事做，让他主动喜欢我的课——说到底，我不想放弃这样的调皮蛋！

第一周——没有课堂意识

一天，当我走进教室的时候，陈凯没在，我问其他孩子知道他去哪儿了吗？没人知道，我便出去找，也没有看见。十分钟后陈凯从后门溜进教室（他从不走前门），"你干嘛去啦？我要'报警'了！"他说："别，老师，我没事，上一节老师拖堂，我去洗手间了。"又补充说拉肚子，其他同学说他很会编造。我没理他们的话，只是用我的水杯盛了满满的热水，递给他，说："你先用这个热敷，吃什么东西啦？吃凉了吧？一会儿我给你开药，相信我，我学过医，下课后你去取药，好吧？"他抬眼看了我，怔了一下，说："不用吃药，下课就好了。"（隐意：下课就玩去了，一玩就好了，这是"上课恐惧症"。）

下课后，我跟陈凯说："以后身体不舒服就告诉老师，别这样折腾自己啊。还有，你能在打铃后准时坐在教室里吗？老师就这一个要求。你不在，我会到处找你。老师胆小，在我的课上看不见你，会很不放心。你能理解吗？"陈凯脏乎乎的脸上有一丝丝的改变，歪着脖子说："理解，我尽量吧。""尽量也比不做好，都这么大了，这点小事你能做好的！"

第三周——能基本按时坐在教室里

两周的努力让他基本能坐在教室里，每次上课，只要他坐在教室里，我都说："你来了？"他就笑着用夸张的表情和手势说："我来啦！""那我就不用'报警'找你了。""当然，老师就不用担心啦。"这样一个上课最基本的要求，坚持了两周后终于让他形成了习惯。

第六周——让他课上忙起来

接下来的事情怎么办？不能老在教室里歪着身子斜着脸，啥事儿不做啊。我就跟他商量说："能不能做点什么？"他说："我不会，啥也不会。"我说："你会玩吧？""会！""那就好，喜欢旅游吗？""那是！""外出的话首先要会看地图，跨国旅游就简单了，跨国工作也简单了，一脚就能迈到美国，两脚就能迈到澳大利亚，三脚就能去跟企鹅、海象握手，更不用说去'浪漫之都'巴黎了。还能滑雪、看地道的斗牛赛，说不定你还会成为出色的斗牛士……""我不懂啊！""有老师呢。"就这样，一言一语，他答应画地图。

于是，我给他安排了特殊的任务，就是每节照画一幅地图，大体能知道是哪里就行，只要不是把印度画到澳大利亚，不在乎画得多准确。就这样降低要求，三周过去了，终于画熟了课本上的四个地图（每周是两节地理课），好歹我能得看懂。一上课我首先问："你的地图可以给老师看看吗？"我就高举着他的地图本，跟同学们说："来看看，大家说他画得有无进步？

鼓励一下吧?"同学们就来一阵掌声。

第八周——能完成随堂作业

后来,有一次布置假期作业,要求做完填充册上两章的地图。我问:"陈凯,你能否做完? 会做吗? 照着地图册找。""没问题!"休假回来就上交了! 人家都做完了两章的,而他只做了一个地图! 跟他急吗? 不行! 我并没有立即让他补完,而是想慢慢来。之后,我每次上课都要问:"又做地图了吗?"他总嘿嘿着说:"又做了一个。"哈! 好在每次上课他总能增加几个。

那天,是休大周回来的第一节课,没等我问"地图做完了吗",他就两手高举着地图册,两腿踢得要过腰了,用这种夸张的姿势走到讲台前说:"老师,我做完了! 除了不会的。"我郑重地打开地图册,果真! 字还可以,能看出来,于是我一页一页地给同学们展示,赢得了同学们的掌声阵阵,这时陈凯不再脏兮兮的脸上能看出红晕——他真的努力了! 他激动了!

第九周——主动参与"绿色小记者"等环保活动

几年来,我在学校大胆实验地理"第二课堂",开展了各种课内外活动,目前的"地理—低碳生活教育"活动已经深入学生内心,以"活动促进学习"已经大有成效。比如在"中学生低碳生活论坛""让吸烟成为过去时""地球一小时"活动等都有同学们参与的影子。陈凯也不例外,他跑前跑后,成为我组织活动的好帮手,把自己融入进班集体和活动中。2010年6月3日,《环境教育》杂志社在寿光世纪学校建立了全国第一个绿色小记者站,更是给了陈凯一个展现自我的机会。细想,从一开始对环保活动的无所谓,到成为我的好帮手,到主动报名参加"绿色小记者",这一切,无不体现了他的大幅度转变。

第十周——能走上讲台讲课

我的课堂教学环节之一是每节都有学生上前讲课,上新课时一般是记忆非常优秀的同学们来讲,因为时间短、任务重,所以会选择这些同学作为

"首席讲师"。但是，随着陈凯的慢慢转变，我似乎从陈凯的眼里看到了希望，于是问："下节课，你敢上来讲课吗？知道多少讲多少，可以吗？""我怎么能行？""不敢啦？上节课做试卷最快的十名同学中不是有你吗？你都这么认真了，还怕谁？""讲就讲！"

但等到下节课的时候，腮腺炎让陈凯回了家，原有的计划没有成功。我问班主任要来他的家长电话，回想着几个月来的进步，毫不犹豫，拨通了号码……

三天后，还没有完全消肿，陈凯就回来上课了。我一知道消息就请其他同学叫他去了办公室，只是询问了他的病情。他看上去像是长大了许多，没有继续歪着身子。

不知道准备了多久，他终于站在了讲台上，尽管还是没有画出漂亮的地图，大部分用手比画，却讲出了日本的每一部分概况，最后就出现了文章开头的一幕。

这就是一个调皮学生的转化过程，也是我半个学期的教育实践。尽管在转化的过程中也遇到了麻烦，但让我从他的进步中看到了希望。从陈凯的"没有课堂意识—能坐进教室—能做随堂作业—能积极参与环保活动—能上前讲课"的转变过程，对他来说已经是一个巨大的进步。进步是可喜的，成绩是骄人的，但并不是就此停止关注，因为他长期形成的陋习不是短时间就能改变好的，半学期的进步有暂时性，还需要持续加固。我想，作为真正关注教育的人，应该联合班主任、任课老师和家长共同关注，才能促使孩子的持久进步。

学校教育是个大花园，花园里有早开的花，有晚开的花，只要我们用爱教育，努力倾听花开的声音，才能想法办法促进花儿的健康成长。无论花儿何时开放，每一朵都会向你送来它的娇艳和芬芳。

教育后记：在当今教育现状下，像陈凯这样的孩子太多，管理起来大有难度，他们往往不是智力有问题，而是缺乏学习的动机，打闹、旷课、跟老师周旋成了家常便饭，学习目标缺失，态度消极，还深受社会浮躁氛围的冲击……这也是当今教育的一大弊端！对于这些学生，怎样激起他们的学习兴趣和生命激情？能否挖掘他们的兴趣所在，开辟特殊课程？特殊学生的教育是不是应该成为新型教育的一个重要研究课题？——也许这正是我们每一个教育者需要迫切考虑的问题。

（发表于《新课程导学》2011年3月刊）

13. 都是月亮惹的祸

在2011年12月10日红月亮出现之前的一周，我就及时跟孩子们说有天象奇观，到时注意观看。我自己一直有个习惯，每次上课前总来个国内外新闻热点扫描，寄宿制的孩子们信息来源少，及时地补充相关材料对他们的学习、生活都有帮助。

到了这天，是周六，我只跟八班的孩子们提醒了一下，如有条件的话，可以看到十年来最美的红月亮——月全食天象奇观。建议通校的孩子如有天文望远镜，就同家长一起观看。

第二天去九班上课的时候，一到教室孩子们就像炸了锅，"老师，昨晚给你打电话，你关机了，忘记月全食了吗？"我一拍脑门，最近上课太多，回家就忙着洗衣服、打扫卫生，倒把观察天象的事情给忘了。遗憾得很，本来是想跟孩子们一块儿交流的。

没有跟九班的孩子们说，他们是怎么知道的？孩子们说是八班的同学透露的风声。我当时担心有安全问题，没有告诉所有的学生，但是希望孩子们能亲眼看到月全食，这样的天象观察助于增强孩子们学习地理的兴趣。

孩子们叽叽喳喳，说直接用肉眼就看到了红月亮这一美景。有的说，自己一直没有睡觉，从月亏一直盯到月全；有的说，我刚想跑到阳台上看，被值班老师逮住了，后来出去的时候只看到一小点；有的说："红月亮真是太美了，梦幻一般。"有的说："我们宿舍有计划行动，每十分钟派一个人出去阳台观看，回来报告具体情况。这样宿舍六个人都看了一部分，我们集体看到了月全食的发生过程。"这是谁如此聪明？哈！又是王文彦，东营的小聪明孩儿！

听了这些，我深有感触，觉得孩子们的学习劲头十足，但又有些后怕，万一他们出现安全问题，我就over了。如果有个天文台之类的该有多好？这更加坚定了我2012年给领导提建议的心思。我们要创办活动室，包括天文台、气象站、动手动脑的适合中小学生的地理—环境实验活动乐园，在有组织有秩序的情况下学习，不是两全其美？

14. 谁是最可爱的人

四月的世纪园已是花红柳绿，色彩缤纷。下午的环保社团活动时间，我带孩子们行走在校园的各个角落，进行环境维护。

他们戴着蓝色的工作帽，走进运动场，由北往南进行拉网式清理。操场上满是玩耍的孩子，但是环保社团的孩子们依然坚守自己的本职工作，默默地奉献着。

突然听到有人大喊："老师，快！这里！"有大发现！我跟几个女生马上循声跑去，原来在运动场东北角的沙坑处，有一个下水道口已经被花花绿绿的垃圾食品袋子塞得满满的，下水道阻塞会对运动场的排水带来不利。有几个同学已经把铁框子掀开，这时七年级一班的朱茂森同学全然不顾脏污，直接把手伸下去一点点地往外掏垃圾，其他的同学配合，用塑料袋接着。我不由得心底一颤，就是这些可爱的孩子跟我走过风风雨雨！没有孩子们的支持怎能做到我多年的坚守？感动，一个个最纯真的环保志愿者！我赶忙走向前对大家说："能及时发现问题，敢于解决问题，大家做得好。但是不要盲做，可以借助工具，这样，既能保护自己又能做好事情。"于是大家找了树枝和其他的工具，一起清理。

不久，下水道口干净如初，孩子们又走向下一个目标——人工河。人工河畔是师生休闲的好去处，里面有各色的鱼以供观赏，但是河面总会有垃圾漂浮。而这次孩子们改变了方式，在安全第一的情况下，借用打捞垃圾的工具沿河清理。此时正值晚饭时间，引来不少孩子的关注，环保社团的孩子们还及时向他们宣传乱扔垃圾的危害。

校园环境活动结束了，而他们活泼的身影总在我的眼前闪现。有时想，什么样的孩子是最可爱的孩子？成绩第一？品质第一？责任第一？叫我评判，我说不出，但我总觉得眼前这帮不怕苦、不怕累的孩子就是最可爱的，他们的心灵最纯洁，他们的想法最简单，他们的做法最可贵！他们就是最可爱的人！

15. 七月，伤离别

学生在校的最后一天，我总是选择离开，尤其在七月。

马上要放暑假了，学校的忙碌用任何词语都难以表达，学生、老师进进出出，各种材料堆满课桌，领书包的，抱被子的，打招呼的，匆匆又匆匆，但彼此都明白，一切只为学期的顺利结束。

中午，我推开环保室的门，看到孩子们仍在坚持创作。我说："孩子们，别忙了，大家都回去休息吧，做其他老师布置的任务，咱这个假期后完

▲ 七年级七班升级离别照

成就行。"可是孩子们说："不啦，老师，我们还有时间，晚上可以填写布置材料。"我久久地凝望着这群可爱的孩子，感动哦，眼前看到的不仅仅是他们的优秀作品，而是一个个积极上进的快乐心灵，他们就是出色的大艺术家！

瞧，八年级的李栋，你怎么也想不到一个大大咧咧的大男孩竟然心灵手巧到如此地步，一张小小的彩色便条纸，在他的手里却像魔术一样变成一朵漂亮的鲜花，女孩子们都争着向他学习，我更是目瞪口呆。

马晓茹，一个扎着两个大辫子的活泼可爱的女孩儿，竟然有超级的作画本领，有的孩子画的眼睛不很传神，但是一经晓茹的手，那可就变了，只需

一笔则神灵活现，传神之至。而且她的想象力极其丰富，令人佩服。

游晓芳则是一个细腻的女孩儿，作品的名字超级梦幻，作画一丝不苟，每一笔都要好好研究，可谓细心之至。

郑伟琪则是一个出色的手工家，任何一张纸和小瓶，到了她的手里都是一件艺术绝品。

还有贾如杨、刘爽、王思贤、范益瑄、李宜璇等小智慧果们……他们都是我的最爱！

出了环保室，转向我带的班，没有直接走进那个教室，而是在走廊里徘徊，用余光看着教室里的孩子们。很想进去跟孩子们打个招呼，因为下个学期不会再教他们，但又有点犹豫。这时有的孩子问："老师，你怎么不来我们班呢"？其实，孩子哪懂我的心？一年了，我跟孩子们有过哭、有过笑，有过风风雨雨，有时还被孩子气得眼泪哗哗的。不是开玩笑，这么大年龄了，还真属于情感脆弱型，带着两百多个孩子，性格脾气各样，还不时地出点馊主意"折腾"你，你不哭才怪呢。不过要放假了，还是觉得留恋这帮调皮蛋，想念他们玩闹的样子。

一个班一个班地道别，调皮蛋们就给老师数着手指头，接话把儿，开玩笑，我知道这些小家伙的意思，等他们长大才能明白老师的感受。最后走到六班，这班有特别多的艺术人才，我们上着课经常来段相声，唱段小曲，他们就哗哗地鼓掌。班主任总是说我太宠这些孩子，其实孩子们很纯真，学习氛围浓，娱乐氛围浓，成绩好着呢，这样多快乐！最后给孩子们唱了一曲《萍聚》，来了张全家福。

明天上午就要放假了，我却不想去学校，看着孩子们离开会有一种伤感，我怕离别……

祝孩子们在新学期健康快乐！

16. 花瓶里的生命

新周开始后，我一再要求孩子们上交自己的作品，还是有个别同学拒绝执行我的指令。无奈，我周旋不过这帮调皮蛋儿，刚想走出教室，却被一声惊呼又吸引了回来。

"老师，快看，发芽啦——"只见七年级十四班的王姝然从桌子洞里小心翼翼地掏出她的宝贝——一个花瓶。花瓶是一个废弃的饮料瓶，中间割开了一个较为标准的长方形的距离。我和同学们都瞪大了眼睛，看着她手里高举着的作品，很不解，因为实在看不到有生命迹象的东西。王姝然却一脸激动，说："老师，你再看看啊！"我和孩子们小心地拨弄着她特意准备的富含有机质的花土，"哇，看到了，终于看到了！"你瞧，一个针尖般小小的嫩芽，已经顶开薄薄的沙土，娇羞地露出了小脸，静静地窥探着外面的世界，身体的另一端还被长长的扁扁的种皮保护着，如同连着母体的婴儿。只凭种子，乍眼一看，根本不知道什么种类。王姝然跟我们介绍说："这是波斯菊，一种很好看的

▲ 用废弃饮料瓶种植物

花。"我是花盲，只知道是花，却不懂得分类记忆，但是我的眼前却立刻想象出波斯猫的形状，还有陶渊明笔下赞誉的菊花，可两者结合起来怎么也不是波斯菊的样子罢，呵呵。这时的孩子们早已挤在我的身旁嚷开了："老师，给我看看，我看看。"小盖子（盖龙飞同学的昵称）"扑通"一声跪爬过来，双手把住这个宝贝瓶子，仔细地端详着小生灵。不过嫩芽很大气，煞有气质，挺在那里，任你观察，仿佛是骄傲的公主。

随即，刘逢元犹豫着贡献出自己的草莓，说草莓是在姥姥的帮助下栽种的，花瓶用的是废弃的酱油瓶子，也是在姥姥的帮助下剪裁的。祖孙两代合作的草莓已经开了花，刘逢元盼着早点吃上草莓呢。这时董千琳也动了心，想展示自己的作品了。她激动地从桌子洞里取出一个大塑料袋子，解开扣，再翻开一层塑料袋，再解开扣，把一棵蒜苗展示给大家看。我看着董千琳的小心呵

护，着实痛心了，一个生命是怎样在她的桌子洞里，被多层塑料袋封起挣扎地进行最后的呼吸！显然，这棵蒜苗已严重缺氧，刚发出的芽也变黄了，有一寸高了，但驼着背。单株蒜苗的母体本来就是几近干枯，如何再孕育新的生命？

肖雨欣的作品迟迟不愿上交，她说放进自家的车里了，那里温度还高，有利于苗苗的生长。听到这里，我不得不仰天长叹："呜呼，悲哉！"没有阳光和空气的生命能维持多久呢？孩子们早已习惯了我夸张的肢体语言，以为我又要跟他们开玩笑，但是这次我是动了真格的，我真的怜惜于幼小生命的存活。种子的发芽还好说，但是移栽的苗苗却深深刺痛了我的心。苗苗原本生活在大自然的怀抱里，现在却被畸形地禁锢在瓶子里。我的孩子们忽视了一个很重要的生命常识，一个小小的种植活动竟有如此大的学问，塑料瓶的艺术性、环保性，种苗的选择，还有种植的条件，阳光、水分和温度，都是决定植物能否生长的重要因素。然而，孩子们学了生物课，却只会利用书本背诵，不能在实践中应用，更不懂得对生命的呵护。他们都把花藏在自己的桌子洞里，没有阳光雨露的花不会长大，不经历风霜的草哪能见彩虹？恐怕草莓只有花开没有结果了。

我不得不反思自己的这次活动，原本是出于环保公益的想法，建议大家利用物资回收循环使用的原理种植自己喜欢的植物，汇集起来可以组成精致的色香味俱全的小花园，但是我却被眼前这一幕惊醒了，没有相关知识作前提，我的设想只会成为泡影！

继而，我想到的是当今的教育。很多家长把孩子捧在手里怕跌着，含在嘴里怕化了，小心翼翼地供奉着孩子，然而孩子却不领情，恣意生活在奢侈的氛围中，挥霍着梦幻的青春。"玉不琢，不成器"，最终的结果就是孩子在过分呵护下畸形成长。还有我们的老师，是不是过多地把孩子封闭在小小的分数空间里，只为孩子的暂时成绩操心，不支持他们参与实践活动，这样的急于功利是否有利于孩子的成长？教育应该是一件朝朝暮暮、暮暮朝朝、几十年如一日辛勤耕耘的事业。

一个小小的环保活动，激起了我太多的思绪，也许源于我久存于心灵深处的对教育的真情吧。

第二章　花开的声音

自然之师

祝成功

（一）

你的笑容灿烂，无遮无拦。所以，这间教室里阳光普照。而我们，或者是一粒种子，或者是一株植物。反正，小小的心被你的笑容涤荡着，溢满了破土成长的冲动，进而成为一种不可抑制的生命力。被唤醒了，被激发了，我们的生命欢呼起来，勃发出一个姹紫嫣红的春天！

（二）

而我们在这之前，似乎都习惯地相信老师是蜡烛："燃烧自己，照亮别人。"蜡烛在燃烧时流着泪，那种自怨自艾的痛苦，压得我们透不过气来。但我们必须感恩那微弱的烛光，因为别人告诉我们，老师是为我们憔悴到这般模样。但我们看不到自己被照亮的脸，我们的周围仍是黑暗。瑟缩在这黑暗里，我们谦卑地低着头。偶尔一抬头，那支摇曳的红烛又一颗滑落的烛泪，便又烫伤了我们萌生的欲望。

（三）

你有一个规矩，饭前先喝暖胃汤，违者受罚，那就是多喝一小碗。饭厅里一排排摆放的汤碗满盈盈的，都是你亲手为我们盛上的香香甜甜的情谊。于是，我们从你洒脱的背影中读懂了柔软的爱心，我们从你并不经意的上翘的嘴角上读到了自己的幸运。我们不仅是拥有阳光，我们还拥有雨露。

　　听一听吧，这拔节的声音！一点点努力地生长已经不需任何理由，我们要生长，我们必须生长罢了！

（四）

　　而在这之前，在另一间威严的教室里，有一个学生，因为背书时间太久嗓子嘶哑，喝了一口水，竟被老师赶出教室。他甘受老师的惩罚：在太阳底下蹲马步，汗如雨下。因为只有这样，才能洗刷他的过失——对老师不尊重，上课不专心，犯了自由主义的错误。

　　那时，我们听说，老师所做的一切都是为我们好，我们强迫自己相信。我们要自己习惯于忍耐，我们用古代的名言教育自己："宝剑锋从磨砺出，梅花香自苦寒来。"而这，也是老师为我们抄下的座右铭。

（五）

　　你对我们说："走着瞧，我一定要把你们的潜力逼出来。"然后，你让我们来应对各种各样的难题，让我们不断碰壁。终于，我们流着泪来哭诉了，你却只有一句话："我相信你们的能力！"我们真的有这样的能力吗？但看到你坚定的神情，我们明白，我们不可能被你捧进温室，我们只能挺一挺腰，再扎一扎根，努力抵抗风风雨雨。此时，你有一颗坚硬的心。

（六）

　　而在这之前，老师曾对我们说："你们真是笨得可怜！"我们深信不疑。老师的脸上挂着高傲的微笑，将答案抄在黑板上——那是一方圣地——然后说："背过！"

　　我们背呀背呀，忘记了自己来自哪里，要到哪里去。我们惶惑地抓着老师的手，感受老师悲天悯人的情怀，也痛感自己的无能与无力。

（七）

　　你才是我们的老师，今天的老师，永远的老师。你才是我们的朋友，从今天开始，我们便把你定格在我们永远的岁月里。

致地理老师

祝成功

我的课桌投下九月的阳光

曾几何时都是这样的影像

粉笔的微尘模糊了彼此的视线

却总有歌声响在那已逝的过往

过往

过往

那是你的课堂

是你画下那个版图

告诉我们它广阔无疆

是你转动那个球体

告诉我们它运动的方向

地理会考，

是你在最后的三十天告诉我们

永不放弃

就有梦想

梦想

梦想

那是天堂的种子

播撒在我们心上

你用心血浇灌它成长

等待

它可以萌发成一双翅膀

我们用它来搏击好望角的风浪

风浪

风浪

风浪之中也有阳光

照亮我们贫瘠的渴望

那是你用生命期待的成长

成长

成长

花儿开谢会迷失曾经的脸庞

流水东逝会把时间拉长

但不变的是曾经的誓言

和我们的歌声

永远

为你而唱！

记忆中的地理课

微风习习，提笔想写记忆中的地理课，不知该从何时说起。现在我马上就要迈进大学校门了，有一种记忆总也抹不去。回忆六年前，我们带着对知识渴望的眼神，充满对大千世界的幻想，带着无比激动的心情徜徉在和老师互动的欢乐当中，那蓝色的地球仪，交织的经纬网，五花八门的地形……在我的脑海里是那样的记忆犹新。在张老师的指导下我们学习的不光是纯粹的文字知识，更重要的是一种人文素养和人生哲理。我们乘坐校车在寿光多个地理景点实践，还有难忘的菜博会采访的活动，俗话说"实践出真知"，我们享受到了生活的美好，学习的快乐，人生的五彩绚丽。

地理课上张老师采取我们最喜欢的学习方法，以快速抢答的方式提高我们的积极性，锻炼了我们的敏捷度。张老师很快带领我们融入到地理课上来，老师每天的新闻播报是我最喜欢的事情，我们住校，很多的信息不能收到，张老师总是与实践活动相联系，让我们学习干劲十足，在最后的中考地理上取得优异的成绩。我喜欢这样的地理课，更喜欢这样优秀的老师。

张老师身上散发着一种激情无限的活力，她对工作无私奉献的精神令我们感动，值得我们学习。我钦佩张老师的人格魅力，永不服输的精神，顽强的毅力。那时，我们的班无论在学习上还是在文明班级、运动会、演讲中的评比中都是第一名。就拿拔河比赛一件小事情来说，她给我们加油的干劲让我们体会到了苦尽甘来的幸福和阳光总在风雨后的道理。

今天，我已经走进了大学，回忆跟张老师一起的日子，我学到了人生的活力和动力，我要把这种精神传承下去，永远做您的学生。

想您的学生：王华坤

2011 年 8 月 15 日

我与绿色同行

赵祥彬

曙光初露，蓝天白云下，青青碧草上，闲开着几朵色彩斑斓的鲜花。细雨过后花上那凝香的露珠引来了在空中划出翩翩弧线的彩蝶。可幼小纯真的我却对那活蹦乱跳的蚂蚱情有独钟，玩起了"警察抓小偷"的游戏。那放轻步调，弯腰悄悄靠近蚂蚱的姿态，一下扑空的淡淡失落，抓着蚂蚱翅膀看其无奈乱蹬大腿的得意，也许都只能从记忆的烙印中找寻了吧。

幼时的那片令我充满美好回忆的绿色草地，早已被鳞次栉比的楼层所取代，昔日绿草簇拥的羊肠小路也被柏油路所代替，而曾有甜美记忆的美景也一去不复返了。我曾经热衷于种花养草，想重现幼时美好的光景，可花盆中的花草再繁茂，也突破不了我家小院的范围。

稍大后，在九年级，一个偶然的机会，我被张老师找去，问我是否愿意参与环保活动。也许因为自己略高一筹的写作水平吧，我参与了第一届环保征文活动，从那时起，逐渐有了"环保"的概念，也懂得了环保并不仅仅是种草养花，还有植树，还有节水、节电、节纸。我不再使用一次性纸杯、筷子，慎用塑料袋。后来在张老师的带领下又有了"低碳生活"的意识，使用清洁能源，尽量减少温室气体的排放量。

虽然一再努力，但总显得有些势单力薄。后来张老师组织起"绿色小记者"的队伍，并取得了《环境教育》书刊的支持。我迫不及待地报了名，成为一名绿色小记者使我获益匪浅。我看到了还有成千上万的人们在传播绿色文明，听到了无数人呼唤绿色的声音，感受到了千千万万的人们点滴绿色之行汇成绿色海洋的力量。一篇篇绿色小记者的文章令人鼓舞，那永无边际的绿色波纹正逐渐在环保教育大地上荡漾开来。

我已经上高二了，要不是张老师当年的引领，我不会坚持在实践中播撒着绿色的希望，在书刊上分享环保的经验与喜悦。试想未来，相信我们走过的那片土地会充满绿色生机，到过的那条河将更澄澈，头顶的那片天也将更加晴朗，我们定能创造出比幼时更好的美景！

在点滴小事之中，永远做大自然的好朋友！我的一生将与绿色同行。

想念我的老师，想念七（4）！

山西财经大学 苏英杰

我想念张老师，因为她不仅是老师，更是朋友，甚至在我们每个人身边扮演着妈妈的角色。因为张老师和同学的陪伴，我愉快地度过了我的七年级。

想起我们曾经在一起的日子，看着照片中稚嫩的自己，看到曾经的同学，看到喜欢的老师，心里感到的是一阵阵的激动，有时会笑出来，满满的全是幸福的滋味。这些都太珍贵了，这是什么也换不到的宝贵财富，记载着自己曾经走过的岁月，自己的成长。这些串联起来值得用一辈子去回忆，也正是这些在一起的日子，让我们永远都记得彼此，这份感情，永远不会过时。

跟张老师在一起的日子是快乐的，依稀记得那次我们班级共同度过的圣诞节，那番情景至今历历在目。那一晚，我们班成了全校关注的焦点，收到的全是其他班级羡慕嫉妒恨的感叹。我们自己动手来装扮我们的教室，请来外教，还有其他任课老师，大家一起度过。各人准备歌舞才艺，将教室变成自己的天地。最后在晚会结束的时候，老师送给我们每人一个小圣诞老人，至今我还保存着。当时收获的是精神上的快乐和愉悦，现在看来，也正是那次活动，让我们彻底表现自己，发掘潜能，树立起了别人不行我能行的自信。

　　始终忘不了老师带我们在操场上放风筝的场景，当时别人可能在被老师批评，可能在教室里自习，而我们，在老师的带领下，在大操场上自由自在地放风筝。每个人放的风筝可能记不清了，但是全班放风筝奔跑、大笑、喝彩的场景却深深地印在脑海里，也许这种彻底释放自己的状态才是我们那个年纪所最需要的。

　　除了欢乐的时光，跟张老师在一起的日子也处处充满了感动与爱。现在回想起来，当我们之中有人生病时，张老师嘘寒问暖的情景。清晰地记得张老师亲自熬汤给我们喝，那汤非常可口；中秋节时，全班一起吃月饼、谈愿望的快乐，晚上老师进到我们宿舍和我们一起聊天的温馨；还有老师外地出差回来，不仅给我们带来了礼物，尤其是说"亲爱的朋友们，你们还好吗"时，我想当时每个人应该是激动而又欣喜的；还有我们考试成绩不理想时，老师不断给我们打气，终于我们拿到了全级第一的成绩，每个人都可以骄傲地说"我们是第一"，更是在听到老师说"我们班第一，我们班不差"时，心中充满了骄傲与自豪。还有好多好多，这些给了自己太多的感动，太大的动力，通过张老师，现在我也懂得在接受别人关爱的同时，毫不吝啬地给予别人自己的爱，关爱身边的每一个人，不掺杂任何世俗的东西，以一颗纯真的心与身边的人相处，你得到的也将会是一份真挚的感情！

　　与张老师在一起的日子，有太多的感动与欢乐，留下了太多美好的回忆，文字却始终难以全面地再现。这是一份心里面的感情，那些史无前例的活动让我们释放并找到了最真实的自己，赋予了我们自信、活力、动力和朝气，帮我们找到了自我定位而不断迈进。七（4）带给我太多太多的感动与幸福，更给我们留下共同无穷无尽的美好回忆。我爱七（4），爱始终在我们身边的老师、同学和朋友，七（4）永不褪色。

　　致我们终将逝去的岁月，重拾回忆的美好，愿我们共同奋斗在路上。

守护我们心田的人

赵立伟

我永远不会忘记，有一个人曾不辞辛苦地守护着我们的心田。她有着一头飘逸的长发，大大的眼睛，面对学生时总是带着微笑，走起路来风风火火，好像总有忙不完的事情要做。她鼓励学生积极参加地理课外实践活动，希望每个学生都能找到自己的位置。她把环保事业当做自己一生的公益追求，积极地筹办各种环保活动，她是一个有理想的"大写的人"，她就是我七年级的地理老师——张冠秀。

上她的第一堂课时，我几乎崩溃了。她讲起课来有些"歇斯底里"，有时语速过快，有时肢体动作夸张，我跟不上节奏，一节课下来，总是迷迷糊糊，幸好课下我还可以理一下，当然我对老师也没有多少好感。

时间过得好快，月考很快就到了，我本以为发挥得还可以，却没有想到偏偏在地理上出现了失误——答题卡涂错了，导致地理不及格。而且我的运气偏偏那么差，出成绩的那一天，遇上了张老师，我一看见她就下意识地想溜，却还是被她的火眼金睛发现了。我在心里默默祈祷着世界末日的来临，一边这样想着，一边缓缓地转过身，带着僵硬的笑脸，像一个被人当场抓住的小孩子，抬起头迎来的却是带着柔和微笑的老师。她柔声对我说："这次成绩不理想啊。"我僵硬地点了点头，她又继续说："这次失误了没关系，谁都会犯错，不要太难过，下次努力哦。"原本以为会挨一顿臭骂的。我呆了，那么"疯狂"的老师也会有如此温柔的一面。从那以后，我开始试着去接受她、理解她，渐渐地，我喜欢上了她的课。

时光荏苒，一个学期已经过去了一半。最近的几天，总感觉到老师的身体不太好，老师脸色有些憔悴，我有些担心。有一天，老师突然请假了，听别人说是去北京看病了，那颗本来就悬着的心，更是提到了嗓子眼——什么病会那么严重非要到北京治疗呢？老师以后还教我们吗？过了几天，老师终于回来了，虽然老师的脸上还是挂着笑，可从她的眉宇间还可看到些许疲惫。老师说她的耳朵不好了，一听见高一点的声音就疼，而且终生不能治疗，目前缓解的最好办法就是马上休息半年。听到这些我们都为老师担心，可老师还开玩笑说："像我这么爱好唱歌的人要是听不见了，会怎么办呢？也许……也许将来我会改学国画的。"我们都担心老师以后会不教我们，也希望老师能听医生的劝告，快停课休息。但是张老师却还像以前一样，忘我地忙碌着，默默地奉献着，她不会因为几个月就要学期结束而让我们更换老师，这对我们是怎样的一种精神激励啊。

一转眼，七年级就要结束了，我们更珍惜与张老师一起的时光，每一节课，每一分钟。在我们放假的前一天，她发了一张纸，把自己想对孩子说的话用文字表达了出来："亲爱的孩子们，一年来，我们有泪有笑有风雨走过，课堂上有你们的精彩讲课，环保活动中有你们的大力支持，是你们的微笑支撑着老师选择了坚守，我会好好努力，继续加油！爱你们的张冠秀。"看到这样的离别赠言，有很多同学当场就满脸泪花了。

到了八年级，与张老师见面的机会很少，只能偶尔在餐厅的路上碰上她，看到的是她匆匆忙忙的身影。她的生命里只有工作和孩子们，唯独没有自己。我们永远也不能忘记，在我们七年级的时候遇上这样一位辛勤善良的老师，一直呵护着我们的心灵，她在我们的心田上播下了一颗颗爱的种子。

老师，您是我们心田的守护者，不管以后我们将来走到何方，我们都会永远地记住您，让那些爱的种子生根发芽、开花结果。

环保路上，我不孤单

寿光一中 张静

说实话，要不是她，我还真走不上环保的道路。只想着从幼儿园开始就接触"保护环境"这四个字，却始终没有行动，也没有在心留下哪些深刻的印象。那时候的自己确实是"语言的巨人，行动的矮子"。

自己走在这条路上已有三年之久，指引我走上这条绿色之路的就是刚迈进初中时我的启蒙老师——张老师。从最初的加入，到现在一次次的活动，不仅为美丽的家园增添了色彩，更是充实着我的生活，让我爱上环保，让我保护家园的责任感越来越强烈。

那是2009年的冬天，首届环保文化艺术节在我的母校世纪学校开幕，座无虚席，每个环节都富有新意，令在座的老师同学叹为观止。可是谁知道在这次环保文化艺术节的背后张冠秀老师付出了多少？没有很多人来分担辛苦，只有总策划人兼组织者张老师带领我们几个环保小达人一点一滴地劳动，从刚开始的想法到开始实践，再到召集同学们参与，还有场地、音响、拍照等，这期间多么忙碌啊。忘不了中午同学老师都回去公寓休息了，张老师办公室的门微掩着，老师还在拖着疲惫的身子为艺术节写文章，而这些没有人会注意到。艺术节上同学参与的积极性横扫了屋外的寒冷，家长、领导的支持就是张老师的动力。艺术节顺利闭幕，张老师笑了，那种笑容真得很美，是她告诉了我环保道路上不仅仅是参与，更是快乐自己，快乐别人。

还有寒假里的"环境剪报""三月，让我们领养一棵树""5·31世界无烟日"，迎"6·5世界环境日"……各式各样的活动让我的校园生活，初中生活变得有趣起来，不仅仅消灭了学习的枯燥，还体会到了成长的快乐。参与这些环保活动，更让我增添了许多阅历，认识了更多的朋友，领悟了人生的真谛在于奉献。语言的作用是激励人心，而我们在活动的同时也高呼过无数次口号了，不仅要在语言文字动作上下工夫，更在实际生活中呼吁倡导，让更多的同学加入到我们的团队中来。还深深地记得七年级毕业时，我问张老师："老师，您还跟着我们去八年级吗？"张老师语重心长地说"不行啊，孩子，我坚守在基础年级，要让你的学弟学妹们加入环保中来，让更多的孩子参与环保，懂得珍惜。"这是两年前的对话，我至今记忆犹新，张老师的这种精神让我在未来的道路上有了动力。

而现在，我已经读高一了，我会带着张老师的谆谆教诲，与同学相伴，踏上新的人生列车，开始新的旅行。在这里，我只想说，环保，不是一种时尚，却是一种生活习惯，让我们这些"未来花朵"去珍惜现在的资源。所以说，我的"环保之路"是漫长的，但我的脚步却不会停止，我愿意在这条路上，开心地走……

忆往昔，绿梦如烟

寿光一中 杨丽萍

第九十九次梦到那棵茁壮的小树，那块灰黄的土地，那些天真的笑靥，那些细碎的往事。

我想，这是因为那段时光，那些环保活动，在我心中有着特殊的意义，留下了不可磨灭的影子，所以才会这般频繁地出现在我的梦里，一次又一次地提醒我，那些日子，该像河水一般生生不息地一直流淌下去。

那是三年前，初见张冠秀老师，她像孩子一般活泼，笑声爽朗不带一丝愁绪。她的地理课堂新颖活泼，让我们这一帮习惯了"严师出高徒"的学生很是向往。后来才知，原来张老师致力于环保教育事业，这种没有报酬，但出钱、出力、操心不少的教育，张老师却做得很认真，很尽力。我们一大帮学生，或是被老师感动了，或是真心想为环保出一份力，反正，后来我们学校就出现了几百个"绿色小记者"。这其中就有一个我。那以后，我们在烈日炎炎下捡过矿泉水瓶，在满目青翠中种下了属于自己的小树，在漫长的暑假中去过干旱严重的地区……一桩桩，一件件，填补了空虚而漫长的闲暇时光，为苍白的求学生涯抹上了绚丽多彩的一笔。

我不知道在别人眼里，我们的环保活动有什么意义，其实也并不在乎别人怎么看。我关心的只是我们所付出的，能让我们的环境有哪怕一丁点儿的改善；我在乎的只是那些受到环境问题危害的人们，能够感受到哪怕一丝爱和温暖，那么我们做的一切，就得到了最美好的回报，最温柔的安慰。

我想张老师也该是这么想的，不然，她怎么能在如此繁重的教学工作里，还这般乐此不疲地再贡献出自己那仅有的一点闲暇？

今晚，不知还能不能再梦到那些日子，那些因着小树、草儿、鸟鸣和热浪而似绿烟的日子。

现在我已经上高二了，但是我始终不能忘记，也无法忘记的那些跟张老师一起的绿色日子。

忆往昔，绿梦如烟。

绝无仅有的她

林文清

当你淡淡然低头准备"小憩"片刻但听到一阵豪迈的喊声时，抬头就会发现某位长发美女丝巾飞舞一手叉腰一手猛劲敲黑板地图，其力度……力拔山兮气盖世！此女子绝对乃女中豪杰，其主要体现于外貌神态动作语言心理……

此女子极好辨认，当你在漫漫人海中低头前行时，你就会发现远处一只美丽的蝴蝶飘啊飘，不用说，能驾驭的了三种以上色彩的人都是霸气到侧漏的！犹记当年，地理课上昏昏欲睡拿书挡头的同学们正要趴下时，一阵甜死人腻死人麻死人的声音幽幽传来——"想当年，我身穿大红袍参加比赛，没想到拿了个第一……"即将熟睡的同学们立马一个激灵坐直身子，就见讲台上一人……果真是穿着红棉袄。

再者，你绝对没有见过一个人讲课的时候是那么慷慨激昂心潮澎湃，其语速可以快到媲美光速！她可以喘一口气从第一课背诵到最后一课后面的页码数，面不红心不跳，其神态无不透露着一句话——氧气这种东西对我这种讲究效率的人完全没必要。诵到同学们开始大喘气时悠然停下，给同学们加一个评论——这节复习课进度太慢了！真担心你们会走神！

她还会让你知道，什么是威武霸气！要知道，在她的课上讲话做小动作，是有"生命危险"的。

请看这个场面——某两位同学正在下面唾液横飞侃侃而谈，完全忽略了正在讲课的老师，就在同学们正准备提醒时，听到了这样一段话……"西亚被称为五海三洲之地说话的同学请你离开教室五海分别是阿拉伯海红海还有哪几个谁——回——答？"然后，敢回头的同学就会发现两位被说的同学一脸惊诧加无辜。而老师她呢，飞过无数眼刀将其"千刀万剐"。

还有一点非说不可，就是她前卫的思想。记得她说过："中国和美国之间只隔着一个太平洋，只是一个太平洋而已，我要游过去……"在旁边听着的同学一律是整齐的圆圈嘴，满脸诧异，但这块知识点是永远地记住了，同学们说她的思想套路就是没有套路，是完全不受束缚的，没有人的思想能够与她完全碰撞。

总之，跟她在一起的日子很独特，是一种任何时候都没有过的感觉，是快乐？是幸福？不如说是独一无二的。我真的是很想膜拜一下那个绝无仅有的女老师。

跟张冠秀在一起，说实话，感觉真的很好！

想念与老师一起走过的时光

萧惟丹

真的，不知不觉中，我的七年级就要悄悄逝去了，这一年里有心酸，有欢乐，有痛楚，也有幸福。我更深深铭记与您走过的日子，与您度过的时间——我亲爱的地理老师。

风也过去了，雨也过去了，大家共同携手经过了人生中一段美的旅程。

即使现在只剩下那回忆的碎片了，我也心满意足，毕竟我们经历了，不是吗？与您一起的生活，我收获颇多，不敢说已有满腹的环保知识，却也略知一二。在您的帮助下，我参加了大大小小的环保活动，还获得了全国奖项，而我总能在这些活动里快乐成长。

转眼我们就要挥手告别了，心里不免有几分不舍，回望这一年，再坎坷的路我们也走过了，未来的路，相信我们都能过去！我十分敬佩您，敬佩您"活到老学到老"的精神，您让我发现，榜样就在身边；您让我发现，全心全意置身于环保不是梦！

或许，我并不够优秀，或许我没有过多的语言来表达这段难忘的回忆。但最起码，我会心中铭记着您的谆谆教诲，怀念着与您一起走过的时光，勇敢地踏进八年级的大门，乐观地面对以后的每一天！老师，我真的谢谢您！

给真正的老师

韩佳澍

亲爱的张老师，不知道您还是否记得六年前那个提着箱子满校园跑的小男孩儿，那个在辩论中侃侃而谈的男孩儿。六年来，我可能只是您教导的众多普通学生之一，但是，您的操守，您的责任感却注定会让您成为上千名学子人生中不平凡的导师。

2009年的秋天您发起了一项环保知识竞赛，以及第一届环保艺术节，我有幸从竞赛中胜出，入选了您的环保队伍，开始有更多的机会与您接触。到现在还记得那阵子和队员们一起陪您跑这跑那，讨论艺术节的各项事宜，帮您在学校里做各式各样的宣传等。记得您每天放学后都回家完成许多工作，将自己大部分的时间贡献出来，也因此，仅仅用了一年的时间您就组建起了一只国家级的小记者团队，这些都让我很震惊。您每天将环保教育挂在嘴边，面对环境污染的图片和视频痛心疾首，为了推行环保教育一个接一个地举办大型的活动，为了感染学生一遍又一遍地推敲活动的流程。看着每一场活动，当学生们的脸上浮现或兴奋或若有所思的表情时您脸上的幸福感，说实话，让我的心里有崇拜，有兴奋，但更多的是不解。不解于您身上总是有那么一种力量，让同学们在课余时间与您一起工作时无比兴奋，让我在忙碌中不感疲惫。

第二年，我转回家乡去上初中，带着这些疑问和激情，每当在学习和活动之间需要选择的时候，我总会想起您；每当可以为社会、班级，甚至是同学出力的时候，我也总是会想起您。不管那事情是多么艰巨，或是多么渺小，我知道，是您的话，肯定会去做的。那三年，我从没有担任过班干部，但初中毕业那年，同学们都在感谢是我把这个班级联结成一个整体。

高中之后，我开始读乔布斯的书，接触了苹果文化，明白了"改变世界"这四个字的真正分量，我才真正开始明白，是怎样的一个人，坚信能够凭一己之力保护环境，掷地有声地发出号召，又是怎样的一个人同时让她的学生有这份信心去改变世界。是怎样一种精神让您保持激情，让曾经被您教育过的孩子们的心中永远驻守信念？如今的我走在出国游学的道路上，经受了很多的非议和误解，也听到太多同行者们发出绝望的悲鸣，但我却坚持着一个信念，学成归来改善我们的国家，因为我知道，如果是您的话，也会选择同样的路吧。

许多人说您教会我们的是环保意识，但是，事实是，您教会的是一份责任，一份信念，为社会，为世界尽一份力的信念，一种从古至今不论任何时刻都在宣扬的一种为人类奉献的信念。如今，我相信那些像我一样曾经接受过您的教导的学生都在路上，我们怀着同样的信念。请相信我们，不会辜负您的希望，会一直奋勇前行！

感恩十年，感恩有您

苏杭

2005年至今，一晃而过。十年，是一个什么样的概念，是我22年人生的二分之一。十年了，我始终记得，始终感恩遇到她的日子。

13岁的我，懵懂无知，带着少年人的朝气与傻气进入了七年级十二班，遇到了她。十年前我在对她的称呼上犹豫不决，是朋友，老师，同志抑或其他？最终选择称她为朋友。十年后的今天，我仍然选择用朋友来称呼她。这是一个会像妈妈一样叫我杭子的女人，一个喜欢唱《你是我的玫瑰花》和《铿锵玫瑰》的女人，一个始终充满正能量的女人，一个十年前我就想成为的女人。何其有幸，我能成为张老师的学生，成为她的班长。记得第一次见面，凭直觉就觉得她很干练，是一个女强人。果不其然，她事事出挑，落落大方，雷厉风行。我喜欢她每次纠正我的小驼背，喜欢她与我们在一起进行各种活动，喜欢她每个节日给我们准备的小惊喜，喜欢她出差在外却时时牵挂着在校的我们……印象最深刻的是老师去江苏学习，出差在外，到达的第一时间告诉我们，向带班老师询问我们的状况，学习回来还贴心地给我们每个人带了小礼物，给我们分享她的学习经历。我始终记得她在讲台上慷慨激昂地指点江山，记得她在办公室伏案备课的身影，记得她深夜检查宿舍的认真负责。回忆往昔，感动的日子实在太多，短短言语根本诉说不完。岁月无言，感动却始终深埋心底。

十年了，我成长了很多，从稚嫩的少年到如今的青年，她的谆谆教诲一直指引着我做人，做事，前进，成长。每次遇到困难险阻，耳边仿佛总会听到的那句，"杭子，怕什么，加油！"这声音陪我度过每一个黑暗的日子。

十年前的我从未曾怀疑过她，我的朋友，会成为一个更加出彩的人。十年后的今天，我很有幸地看到她，为了自己对教育的热情和对学生的爱，始终在成长，始终在进步，还出了自己的第一本书，我从心底为她感到欣喜。这样的她，是真正的铿锵玫瑰，是我真正想要成为的目标。十年前的她是，十年后的她，更是我的榜样！张老师，我将永远记得我们在一起的时光，我将永远感激您带给我的成长！

感恩十年，感恩有您。

致我最亲爱的老师

寇素涵

"寇儿，真想跟你拥抱一个，你叫老师的眼睛湿润了。"这是张老师跟我说的第一句话。那一刻，即将大学毕业，正在实习公司上班的我，也忍不住悄悄红了眼眶。

十年了。若不是老师提醒，我都没有意识到，在不知不觉中，已经过了十年。

多年以前的那些年少时光，如今每每想起，仍然让人怀念，让人热泪盈眶。十年以前，我还是一个扎着马尾、略带腼腆的小丫头，离开父母的怀抱，独自在外求学。张老师出现了，她的脸上总是带着笑容，看着她，你会觉得一切的困难都不是困难。她既有火一般的热情，像阳光一般照亮了一颗幼小的心；又如大海般的宽广温和，每每在你需要帮助的时候，一回头，她就在你身边。那实在是一个很需要温暖和鼓励的年纪，现在想来，老师的每一句安慰与教导，犹在耳边。即使后来升学，或即将步入社会的现在，都时刻激励着我。

在那之前，我从不知道一个老师可以为学生付出那么多。在我们的心目中，她是良师，是益友，是母亲。每晚睡觉前，她都会去宿舍看我们，我们睡了，她才走，往往到家都接近十一点。有一次，班里一个同学生病了，她为了帮自己的学生买药，夜里十点多跑去敲药店的门。这样的事，还有很多很多。她自己也有孩子，却把绝大多数时间花在了我们身上。在学习上，她要求严格；在生活上，她无微不至地照顾我们。她陪着我们生活，陪着我们学习，陪着我们跑操，和我们一起喊出那些青春誓言。

这篇文章几乎是一口气写出来的，因为想说的，实在是太多了，更因为这些话，一直都深深地刻在心里，哪怕是十年，二十年，一辈子，都不会忘记。

老师，您为我们付出了太多太多，这所有的一切，我们都记在心里，您所有的教导，我们也从未忘记。不管过去多久，您永远是我们最亲爱的老师、妈妈。

最后，真的很想说一声："老师，您辛苦了，谢谢您！"

感谢的路上
因为有你

第六部分

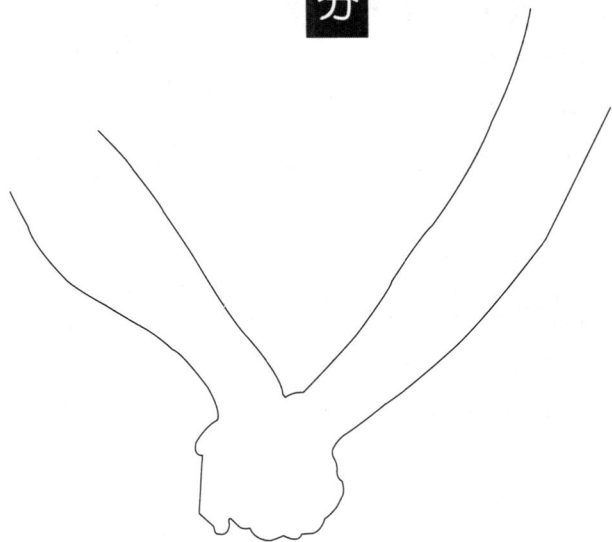

轻翻书卷，酸涩难言

唯有两行清泪

悄然滑落消瘦的脸

假如没有你

我不知道如何走到今天

假如没有你

我不会在教育的海浪中奋力搏击

假如没有你

我的生命或许早已是一片瓦砾

网络的，现实的

教育的，非教育的

环境的，非环境的

儿童的，年长的

一撇赞许的目光

一段支持的话语

一袋积攒的易拉罐

一本好的研究专著

足以令我貌似坚强的心儿执着

你是静静悄悄地来

又是静静悄悄地离开

你是所有支持的力量啊，来自

对孩子们暖融融的关怀

和对大自然最纯粹的爱

　　这本书稿存放已有4个年头了。待到今日，翻开书，慢慢回味跟孩子们一起走过的岁月，有苦涩欣慰，有幸福酸甜，有喜悦泪水……感谢我走进了世纪学校，才有今天"大地理"教育思想的萌芽、实践与阶段收获。可以这么说，是心理专业学习帮我开启了"大地理"教育的内涵，是3年硕士的求学帮我点亮了"大地理"教育的理论明灯，是频繁的实践活动为我擎起了"大地理"教育的灵魂支柱。我怀着虔诚的对心中所谓绿色教育理想的追求，近10年来，走过了这段苦乐交织的探索年华。

　　在多年的"大地理"教育活动中，感谢大家的支持，这种支持来自学校、家庭、社会。

　　感谢徐庆义、张金龄、仲晚晴妈妈等社会志愿者和企业家无偿为我们提供活动奖品；感谢不知名的市民，把自己辛苦积攒的一大麻袋易拉罐，悄悄地给我们制作组送来，又不留一点声息悄然离去；感谢我的历届社长柴雪婷、郑文迪、李晚晴、祖旭、刘玉轩、孟航和数百名固定的环保志愿者学生，一次次的课外环保活动都牵动着你们，是你们无怨无悔地支持着我的绿色实践教育！感谢数不清的家长，每一次大型环保活动都牵动几千个家庭。感谢你们，与我风雨走过，是你们永远的支持让我的"大地理"教育实践得更加精彩，是你们参与的热情把我深深打动！更是你们以及那些素不谋面的人帮我在"大地理"教育的海洋上扬帆起航！在实践中学习，在公益中潜行，不断探索新教育的奥秘和内涵。我真心希望在"大地理"教育的系列活动中带领孩子们走向健康快乐成长的港湾。

　　感谢网络上所有认识的和不认识的朋友！自2009年建立博客以来，得到了众位网友的支持和厚爱。在这个虚拟的网络里我收获的是真诚和关爱，只怕我笨拙的文字无法表达对他们的感谢。感谢湖北荆州教科所的周宏老师，是他及时地对我的研究随笔做出点评，并鼓励我努力做下去；感谢深圳的严伟民总编，是他对我的公益环保活动积极关注，给我以深刻和理性的支持；感谢昌乐教育局的鲁秦老师对我上地理环境拓展课的经典点评，是他向老师们推荐了我的教育理念；感谢内蒙古资深的杨洪亮总编、北京的鲁迪教授寄给我专业研究指导书并给我教育梦想的提升与协助；感谢吉林的博友"雨点"，如果没有他的"天方夜谭""令人耸闻"的警告，我就不会对自己所做的"大地理"教育做深度思考，也不会去找"环保公益者理应受到法律的保护"的条文和学习更多的环境教育知识。在持续的"大地理"教育活动中，还得到了许多网友的支持，在这里表示衷心地感谢：

湖北省教科所所长周宏老师：我历来有个观点——成果不一定是篇洋洋万言的结题报告，不一定是一部沉甸甸的专著或文集，也不一定是一件创新作品……在环保课题研究中，引导孩子们做了力所能及的事，并让孩子们在思想上真正认识到了环保的重要性，这就是最优秀的成果！应该予以奖励和推广！

"荆棘鸟"：这样的环境教育活动坚持下去才是长久之计。而且环保意识如果养成了，等将来参加了工作也会是一个注重环保的人。

昌乐教育局"鲁秦"：这样有生命力的课堂，大大激发了孩子的求知欲，孩子们可以做着，可以站着，用自己喜欢的方式学习、讨论，这样开放的课堂壮大了发言的胆量，谁说孩子们上课没情绪？谁说孩子们的语言表达能力差？在这里，他们思维的火花碰撞出超人的智慧，这样的课堂，孩子们喜欢，学习效率高，教师的课堂管理又省事，何乐而不为呢？只是我们平时稍微用一点心，身边的资料随时可以当作教材！我们需要这样的课堂教学！

湖北教育局"享受教育"：这就是生命课堂，生命教育，这样的教学，学生必有心灵的收获！

岳瑞源：人类过度的消耗资源和污染环境，已经把一个健壮的地球折腾的体弱带病。水土流失，珍稀物种濒临灭绝，耕地不断减少……这一切都是因人类不注意环境保护造成的，如果人们再执迷不悟，势必将自食恶果。

李柄辉：张老师，我是你的学生，当看到这个网站对我非常有感受，我也非常喜欢。以后我会常来留言关注！你的环保资料，我会认真仔细的学!! 我也支持!! 顶顶顶!! 珍爱我们美好的家园环境，让我们共同携手去做吧！

"鲁迪"：我教了三十多年书了，说实话，我对中国教育非常不满意，觉得中国教育简直和中国男足不相上下（易中天语）。但看了你的热诚投入和孩子们的赞誉，觉得中国教育还是有希望的。基层许许多多教师还是非常努力和非常可爱的。但愿中国教育能在众人的呼吁声中有所改观，走上正轨。我对现在的许多青年也不满意，觉得他们大多对工作马马虎虎，对祖国、全人类不大关心，对自己一己的眼前利益却分外操心。但看了你的工作，觉得我有点以偏概全了，青年还是有希望的。（感谢鲁迪教授给我快递了自己的研究专著，帮我提供了写作指导理论，谢谢！！）

"文阁"：永不落叶的银杏，记录着中国人文的辉煌，传承神韵付出一路艰辛……绿色花儿越开越多，绿色花儿越开越艳！向银杏老师致敬银杏辛苦了，你的责任感和爱心深深地打动了我。对自然的尊重，善待，得到的是自然的爱抚与慷慨馈赠。今天播下一份绿色种子，明天收获一片蓝天绿地！行动起来，从我开始！行动起来，从现在开始！孩子们的人生因你的短暂相伴而增添一份瑰丽，绿色低碳因你的执着坚持必将满园春色花开艳！

"雨中情"：的确，气候变化危害之大，环保教育迫在眉睫。如果我们没给人都能从自身做起，从小事做起，才是爱护我们的家园。佩服你的执着！

"天行健"：低碳、环保，永恒的话题！真正做到需要全社会的重视和努力，个人的力气弱小，但人人从我做起，将是一股巨大的力量！

美国"梓栋"：支持博主！灵性提升，灵魂觉醒！只有当我们慈悲且支持纯素食，就是不伤害其他众生，我们才能免于被伤害，我们如果保护他人，自己也会得到保护，更多人持纯素食时，人类的灵性意识会更提升，也许届时可如您所愿地开启与自然界其他众生的沟通之门，爱及生灵，永续和平！2010-12-08 17:15

"忆之年华"：张老师，在你身上我总觉得教师的职业很伟大，我崇敬的三尺讲台很有价值。不觉又要感慨那些孩子了。

感谢我国著名作家、学者北京大学博士生导师曹文轩教授，儿童文学作家安武林老师对我和孩子们的写作指导与鼓励（专著《绿火》），感谢北京大学环境学者、博士生导师郇庆治教授鼓励孩子们"争做地球环境公民、共创祖国绿色未来"；感谢陶继新老师欣赏本研究是做"真教育"，感谢国内外各大教育参观团的鼓励和支持，感谢加拿大美德乐副校长尹杰对我们的赞誉和支持，说能在中国这样做实践教育很不容易。正是有这样的鼓励才为我和孩子们的"大地理"教育洒下一路阳光，一路欢歌！

感谢寿光世纪学校的所有领导、老师和孩子们！是张照松校长在我们一次次组织活动的时候对我说："只要对孩子们成长有利的事情你就去做吧，各部室的工作我给协调！"这是何等的支持与厚爱！感谢老领导刘玉祥副局长的持续关注，感谢现在实验中学高文春校长（原世纪学校副校长）、朱荣光、马宗国副校长的支持，感谢高鸿、宁杰、任红香等同事的帮助……感谢我身边的每一位朋友，是你们及时向我伸出了援助之手，我才能面带微笑地坚持到今天。

感谢中国语文学会会长顾之川教授的鼓励，他曾在全国文学校园开题会上两次强调说："我特别关注了一个'绿鸽环保社团'，地理老师张冠秀介绍了他们开展的一个社团活动，他们组织学生参加环保相关的活动，到外地野外去调查，回来之后组织学生写作文，写关于环保方面的作文。到各大报刊去投稿，大大激发了学生写作的积极性。就是把他们的社团活动和语文学习、语文阅读写作结合。不断有学生在国家级的刊物上发表文章这是非常了不起的，而且把地理和语文有机地结合了起来。用环保志愿者的活动，让学生掌握这种方法养成这样的能力，要逐渐培养学生主动学习的能力。"

感谢北京市基础教育家、全国地理权威72岁高龄的王能智老师的鼓励"自强不息，去华秋实"；感谢我先生和儿子的理解与支持，我们每一个家庭成员都是志愿者，我们在生活中彼此监督共同前进；感谢前来参观的所有国家的有志人士的支持。

本绿色教育活动涉及面较广，《赤子》记者安树春曾专刊采访《痴情一生为教育 丹心一片为环保》，《环境教育》记者周仕凭曾专刊采访《田野中绽放的绿色希望》，北京大学博士生导师郁庆治曾特别撰文并发表《环境教育中的"教育"与"被教育"》。近年被《寿光日报》、寿光电视台，《潍坊日报》、《潍坊晚报》、《齐鲁晚报》、《山东教育》、《人民教育》以及网易频道、中国环境教育网、中国资源网等多家媒体报道过，在此表示忠心的感谢！

而今，"大地理"教育系列活动已经进入正轨，按照特定的绿色教育思路有条不紊地进行。重要一提的是，我非常庆幸的是工作在寿光世纪学校这所有名的素质教育基地。也感动于省地市教研员甄鸿启、刘献臣、李福宝老师的大力支持，激发了我的工作热情和干劲，往往在一个活动刚结束时马上又出现另一个活动的创意，几乎满脑子所谓的灵感。很多人说我简直就是大活动家，我说不是，我只是在尽一个地理老师的职责，尽一个公民的义务。但要问我教育什么？我不懂，只知道——教育是一首动听的自然之歌，一幅美丽的山河美景，一段壮观的节日盛会，一场高昂的热点激辩。教育是自由生命的或圆或缺的清新朗月，是心海苍穹的片片甜美回忆，是指尖上跳动的串串欢乐音符，是大手牵小手的温馨故事……那教育到底是什么呢？我真的不懂，只知道教育是师生共同谱写的一段爱的神话……

　　我期待孩子们的地理—环境实验室尽快建好，如果能在活动体验中启迪他们对环境从意识到实践再到追求绿色思考的人生，则是我"大地理"教育的终极愿景。

　　如果有机会，我会背着行囊，走遍《世界地理》《中国地理》上学习的每一个国家和地区、行政区划，看一看热带雨林的原始部落，走一走非洲的大草原，还要去南极跟企鹅来个拥抱，与自然融为一体，把自己对地理–环境的感悟，用镜头和文字绘成一幅幅生命的画卷！

　　希望越来越多的志愿者参与"大地理"绿色公益教育。

附录：部分活动照片

环保部宣教中心的领导鼓励我们
（西安世园会实践活动）

韩佳澍带领社团成员做校园水环境测量活动

喜欢这些变废为宝的孩子吗?

同呼吸,共奋斗!

参观团络绎不绝

各级政府部门支持我们的教育活动

美国优秀的老师雷夫和我们的孩子们

有活动,就有快乐